[清]罗绕典 著

曾主陶 主编

刘时雨 副主编

第五册

岳麓書社·长沙

罗绕典集

湖南省新闻出版发展基金会资助项目

总　目

目 录

目 录

黔南职方纪略

补　遗

目录

3

对联 ·············· 219

附　录

黔南职方纪略

曾主陶　点校

黔南职方纪略　自序

《录》曰：《禹贡》纪地之书，九州之末，系之以锡土姓。《书》序云：帝厘下土，方设居方，别生分类，作《汩作》《九共》。说者谓别生即别姓，《九共》即《九丘》，志九州之书。《周官·职方》纪九土之山川泽浸，亦及于民人男女之多寡。常道将之撰《华阳国志》，郡县之下，各著其大姓暨蛮夷种落。诚以先王度地居民，必地邑民居交相得，而志地之书，亦必土地与人民交载也。由是言之，则纪民人者，志地不易之准则，而余以为于志黔尤宜。何则？黔居西南，介楚、蜀、滇、粤，据南条之脊，地高寒而瘠薄，赋税所入，不足以供官廉兵饷，唐宋常弃之而不顾，诚不欲烦内地以事遐方也。然王者无外，必利其租赋而始抚其民人，则有利之之心存，而示天下以狭小，诸所为国政，亦必日就薄弱，而不足以自存。此天宝以后境土所以日蹙，而终宋之世不得一振也。或曰唐宋之世，黔南之地为羁縻，为化外，咸自有君长，各安其国俗，奚待天子之抚存，分为郡县，治以流官，而后其民举安也？此其说又不然。人之囿于一隅也，而异俗以生焉，故其俗鄙陋，有伤于教。必督之以长官，徙五方之民以观感之，始日就于平正通达之途，而无所固蔽。春秋之末，牂牁常不通中国矣，而庄蹻以楚民楚俗化之，百余年即有盛览，能词赋，追随乎园令。唐蒙之开南夷也，徙蜀中龙、傅、尹、贾诸大姓于牂牁，于是牂牁遂同蜀俗。久之而尹道真诸人出焉，彬彬乎汝颍士大夫之学术矣。厥后谢氏、赵氏世笃忠贞，保有牂牁，为国家藩扞，亦云盛矣。天宝以后弃而不问，南中遂寂无人物。元明再辟以来，又复日新月盛，岂真际会为之？乌江、赤水之乡，周衰而汉盛，唐宋薄而元明敦邪？实守土之吏与夫五方之士夫所以感化导率者异，而俗因以有淳漓耳。夫如是，则汉晋之置吏与唐宋之闭关，其仁愗不待智者而决矣。故曰：为会计计，不有黔可也；为人才计，黔故可臻淳懿之乡。即不有黔，内地之人才，未必不足也。为王者之仁覆无外，不使一隅终处于汶暗计，则黔不可不有也。

我国家之尽力于黔也，重科举以进其良士，肆剪伐以除其顽苗，置守令以扶其教化，宿重兵以弭其觊觎。数政举而费已不赀，然不以其不赀而愗置，则帝泽之溥也。僻壤鲰生，不知天下之大势，且曰有黔所以通滇，不知滇黔之情形等，于黔无利者，于滇乎复何有哉？试举岁计而核之，居可知矣。故开黔者，圣王无外之盛心，而非利其土地也。司马子长造谤史，谓汉世宗因蒟酱、邛杖而开诸郡。噫！甚矣其谑也！夫开黔则必设吏，设吏则必来五方之民，此其相因之势有固然者。来五方之民，有善必有莠，有醇必有薄，有勤必有逸，不能以有莠而并绝善，以有薄而兼拒醇，以有逸而概斥勤。则度地居民之政，于黔为急务，审矣。

我皇上统驭之初，中丞长白嵩曼士先生，奏请编察通省客户，备有成籍。余承宣于斯，盖三年矣。一日出故府所藏，得而读之，见其考据往古，钩稽见在，具有本末，因芟削为是书。惟遵义、思州、仁怀为未备，盖吏失其册也，又求府厅诸志，为补遗佚。末傅之以土司、苗蛮。书虽无多，而十二府、三厅、一州之土地人民，咸有其梗概。官斯土者，常披览而赅存之，未必不有补于吏治也。书成，因述其巅末如此。

道光二十又七年十又二月丁未，安化罗绕典。

黔南职方纪略　卷一

贵阳府

贵阳府，在汉为西南夷，为牂牁国，为牂牁郡。唐为牂州，为牁州，为南宁州，皆羁縻州也。宋开宝间，为大万谷乐总管府，为八番。元至元间，设顺元路宣慰司，隶潭州行省，授诸番为八番安抚司，改金竹寨为金竹府，置乖西军民府、贵州等处长官司，俱听宣慰司节制，而贵州之名始见。明洪武间，夷长密定等内附，置金竹长官司，寻升安抚司。顺元宣慰使霭翠与同知宋蒙古歹归附，置贵州宣慰司，设使及同知。又置贵州卫、贵州都指挥司。其时，贵州宣慰司领长官司二十三，金竹安抚司领长官司四，俱隶四川布政司。又置贵州前卫，并龙里、新添等卫，俱隶都指挥司。永乐十一年，设贵州布政司于贵州宣慰司治。十八年，设贵州按察司。隆庆二年，改程番府为贵阳府，移治布政司，治所遂为省会。万历间，设定番州于旧程番府，以贵筑长官司治新贵县附郭，以贵阳为军民府，以金竹安抚司置广顺州。崇祯间，削宣慰司安氏水外六目地，置敷勇卫及修文、濯灵、息烽、于襄四所，以副宣慰宋氏乖西地置开州。康熙三年，水西平，裁宣慰司所领长官司，皆归府辖。十一年，改龙里卫为县。二十六年，改贵州卫、贵州前卫为贵筑县，改敷勇并修文等四所为修文县，贵阳府裁"军民"字样。三十四年，省新贵入贵筑县。雍正四年，平定广仲苗，移贵阳同知驻长寨，分定、广两州新辟地属之。建置大概如此。

今领县四，附郭贵筑，东五十里为龙里，百一十里为贵定，北五十里为修文。领州三,府南一百里为定番,西少南一百十里为广顺,东一百二十里为开州。分防同知一,西南一百七十里为长寨厅。

郡治居十二府之中,南据兴义,与永丰州界;西联安顺,与清镇县界;北接遵义,与遵义县界;东倚都匀、平越,与麻哈州、湄潭县界。山脉自西来,至定番而分为南北两枝,其南干迤而东南,由都匀、八寨、古州至黎平以入楚、粤、闽、越;其北干迤而东北,历安平、清镇至老鸦关折而南,结为省治。其水则南明河绕于东南,陆广、麻线诸河环于西北,皆归乌江以入蜀。惟定番州之蒙潭为蒙江之源,入破蚕,过泗城,达番禺,以入南海。龙里、贵定之间有瓮城河,则又为郡城下游之水,流至岩门以入乌江者也。其他如水外六目之地,因水西地居陆广、鸭池诸河之西,安氏以为内地,六目地居河东南,故名水外。

雍正间,设长寨厅。乾隆二年,又分定番州地设大塘州判。乾隆十五年,拨贞丰州、罗斛州判地隶定番州。而府属形势益增完固。惟大塘之南境与罗斛之东境,皆直抵粤西泗城府凌云县及天峨分县,并南丹、那地两土州各境,为府属边隅之地,实苗蛮丛集之区。长寨未设厅时,定、广仲苗阿近、阿卧等勾结劫掠于前,阿捣、阿捞等聚众抗阻于后。盖府境谷隆关、散干寨等处,内结安顺之十三枝、普定之五枝,外通粤西僮僚,恃险负隅,实为盗薮,故屡致蠢动也。今则声明文物,日盛月新,其昔日凶顽强悍之风,有不可以同日语矣。

贵阳府亲辖地,明初即设为省治,迄今五百余年矣。盖自元设元帅府以来,征调各省戍兵,留实斯土。明因之,改设卫所,分授田土,作为屯军,并设都指挥使以统率之。于是,江、广、楚、蜀贸易客民,毂击肩摩,籴贱贩贵,相因坌集。置产成家者,今日皆成土著。

城以外地,自唐宋以来,多为土司所有。雍正七年,因土权叠害,大加裁抑。于是革中曹副司刘姓之职,其存者尚有有印长官司中曹正谢姓、养龙长官司蔡姓，并无印长官司白纳正周姓、白纳副赵姓、虎坠司宋姓五司。后虎坠旋革，补设青岩土千总班姓，管辖苗民，与中曹正副、白纳正副，皆聚处一隅，名四司里。自是苗民各安耕凿，一切催输缉捕之责，皆经差役乡约，而土司遂无权矣。四司与巴乡、养龙、麦西、水边、蔡家关共六里，为贵阳亲辖之地。惟养龙地方在府治之北，远越修文，界联遵义，距府三程，极为纡远。其民皆汉多苗少。

统计六里有苗产客民一千零三十一户，贸易、手艺、佣工并无苗产客民三百一十二户。共客民一千三百四十三户。

贵筑　地处府属亲辖六里之中，所管之里计十有七。由贵州、贵前两卫改者其里九：捕属、红边、光明、王潘、南隅、西隅、谷上、谷下、官庄。由新贵裁归者其里八：东、南、西、北各分上下。而扎佐巡检一员，即驻于旧扎佐长官司地，今为南上里地。新贵八里，悉系土著汉民，并无苗户。由卫所改之九里，本系明代屯田，汉多苗少，情形与府属等。

统计九里内有苗产客民六百三十户，贸易、手艺、佣工并无苗产客民四百九十八户。共客民一千一百二十八户。

定番州　即元至元时，两淮招讨司经历刘继昌招降之八番安抚司，明时之程番府地，幅员最为广阔。今州属尚领土司二十一，内卧龙、小龙、方番、卢番、金石、木瓜正、上马桥正七司，皆长官，由部承袭，颁给印信号纸；程番、韦番、罗番、大龙、小程、麻向、木瓜副七司，皆长官，由部承袭，颁给号纸，无印信；其已废之洪番、上马桥副两长官司，今皆由外给委土千总；卢山、牛路、木官、大华正副五司，亦由外给委土舍。而卢山司卢宝善，嘉庆二年带领乡勇有功，赏给土守备衔。此外尚有从程番、方番、韦番、洪番、牛路各司拨出之寨，名曰归州寨，为州属亲辖之地。州属苗多汉少，苗自仲苗、青苗、白苗三种以外，又有谷蔺苗、八番老户，然皆剃发改装，与汉俗同。且向化既久，日臻帖服。近城四十里，一望平坦，田亩甚多。卢番、大华正两司各寨，悉系苗民，并无汉户。洪番司并无苗寨。

计一十八司并归州各寨，买当苗产客民七百五十七户，贸易、手艺、佣工并无苗产客民三百九十一户，住居城厢内外并各司场市、置买苗产、不填丁口客民一百七十户。共客民一千三百一十八户。

罗斛州判 雍正五年置，隶贞丰州，割自粤西泗城土府，以红水江为界。乾隆十五年，因道路纡回，邮递不便，改属定番州。其南及东南悉界粤西，东接都匀府属之平州司，西北抵安顺府属之归化厅，地居州治之西南。由州判治东北行经罗路塘，以达州境之木星箐，为入州要道。山势稍平处，间有田亩，其高原广种木棉，较植稻粱获利加倍。苗民善于图利，是以种土客民甚少，即附寨客民亦甚寥寥。所管地方计九甲半，分为六十一亭、三屯、四村。每甲多至十余亭，少亦三四亭。每亭有五六寨者，有一二十寨者，各亭皆设亭目一名。三屯有屯目，四村有村目，皆系黄、王两姓沿袭。乾隆三十七年，准由外袭。委土千总八名，土外委二名。嘉庆二年，加土守备一名，土千总五名，土把总四名，与贞丰州制相同。亭目之下，又有把事、头人。其各场市，别设保长、乡约，以资弹压。田无顷亩，赋无科则，征收之法，按照土府旧制，每亭约纳丁银若干，秋粮若干。其田旧有站田、夫田、亭目田、把事田、粮田诸名目，今则陋规尽革，名号犹存。其苗有名补侬者，有名青苗者，习尚相同，男服汉装，女仍苗制，风俗亦称淳朴。

境内计买当、租种客民二百五十八户，贸易、手艺、佣工并无苗产客民二百四十一户，住居本城、买当苗产、不填丁口客民四十三户。共客民五百四十二户。

大塘州判 设自乾隆二年，分州属之卢番、韦番、程番、罗番、卧龙、小龙、上马桥各司，并都匀府属之丹平、丹行二司，上、中、下克度三里，通州、降隆二里之地。是以东南一面，直接都匀府属之牙舟司，南界粤西，东接贵阳，西北两面悉环州境。

境土狭小，不及罗斛之半。其苗类俗尚与定番同。

境内计买当、佃种苗产客民六百六十五户，贸易、手艺、佣工并无苗产客民一百七十一户，住居城市、买当苗产、不填丁口客民二十九户。共客民八百六十五户。

广顺州 在元时为金竹府及古巩县。明初夷长密定内附，升为安抚司，世袭。正统间，始改姓金。万历四十年，安抚土舍金大章献土归流，始建治，改置流官，授大章土知州，予四品服，准子孙承袭，后遂隶州于府，编里十，编枝十八。康熙元年，削土官金汤立服色土知州职。五十五年，长寨枝苗滋事，移同知设厅于长寨，遂拨纪堵等七枝归厅管辖，复拨板当枝隶归化厅辖。今尚存来格、从仁、久安、长治、首善、归德、维新、忠顺、太平、来远十里，松岗、改雅、摆塘、猛猖、梭把、开弄、归善、谷增、潮井、鸡场十枝。梭把以下六枝，向系苗民，并无汉户。嘉庆间，始有遵义及各省客民住种其地。州境南抵定番，北抵安平，西倚长寨，东界青岩。青岩为贵阳、定番两属交接之处。十里皆界联贵阳、定番，十枝悉环卫长寨。州属苗种甚多，自青苗、白苗、花苗、僮佬、仲家以外，尚有紫姜、骨里、克孟、牯羊各种，共十余姓。然皆服田力稿，各安本分。客籍颇多读书应试之人，科第文名甲于各属。是以苗风日易，治化蒸蒸。

境内计买当、租种苗产客民一千六百八十三户，贸易、手艺、佣工并无苗产客民二百七十一户，住居场市、买当苗产、不填丁口客民四十六户。共客民二千户。

长寨厅 蕞尔弹丸，围列崇山，仅近城数里间有田。夙昔苗众多事之时，以羊屯为城郭，以金屯为巢穴，遂至逞志妄为。归流而后，移驻重兵，设参将以镇之。由府至厅，经定番为大道。谷隆一关，泥丸可塞，洄府属至要之区。今所辖仅九枝，上四枝之者贡、长寨、摆偷、谷隆，下四枝之纪堵、牯羊、板虫，七枝皆自广顺拨属；忠顺一枝自定番拨属；生苗一枝则自归化厅拨来者也。厅属虽苗多于汉，然而其地内联定、广，外卫以大塘、罗斛，已成苗疆中腹地。

统计买当、佃种客民二百三十四户，贸易、手艺、佣工并无苗产客民八十四户，住居城市、买当苗产、不填丁口客民二十二户。共客民三百四十户。

开州 明洪武间，为水西宣慰宋氏十二马头地。水西蛮叛，征南将军顾成讨平之。永乐七年，以其地改属长宁卫，后仍为安氏所据。崇祯四年，始改设州。地居修文、贵筑、遵义、平越之中。今分里十：曰耻里，其附郭者也，曰孝，曰忠，曰信，曰廉，中隔洗泥河，为上五里；曰弟，曰义，曰思，曰亲，为下四里。十里悉系长宁卫旧屯地，并无苗户、苗产。惟有土司二：一曰乖西正长官杨氏，所辖八排，以落旺江为界，分为江内四排、江外四排；一曰乖西副长官刘氏，所辖四排，界居耻、清二里之间。两土司所管地方，亦皆编入十里之内，曰思里。虽间有苗民，俱系客民佃户，且其地归流既久，汉多于苗，境内本无苗产。

龙里县 即龙里卫所改，与贵定地皆居下游驿道之冲。旧有龙里、羊场、大小谷龙四长官司，今皆裁革，仅存羊场、大谷龙土千总二名，龙里、小谷龙土把总二名。龙里一司，分上下二排，其外又有不归土司管辖之东、南、西、北四乡，东苗一里。总四司、四乡、一里。地方狭小，又复逼近省垣。

汉多于苗，计买当苗产客民五百四十户，住居城市、买当苗产、不填丁口客民二十六户，在寨佣工并无苗产客民十二户。共客民五百七十八户。

贵定县 即新添卫所改，旧辖四长官司。平伐与大小平伐三司有印信，新添司无印。归流日久，汉多于苗，土司无权，与龙里等，道里袤延倍于龙里。今四司之外，尚有东排、西排二土弁，又别有不归土司辖之东、西、南、北县属五乡。总四司、二土弁、五乡。

统计买当、佃种苗产客民八百二十八户，贸易、手艺、佣工并无苗产客民二百八十一户，住居场市、买当苗产、不填丁口客民二十八户。共客民一千一百三十七户。

修文县 地居大定、遵义之间，本敷勇卫四所之地，今改为至孝、仁和、信顺、崇义四里。每里分为八甲，甲内悉为汉寨。昔日尚有底寨正副两长官司，所辖之零星散处苗民，今日皆为汉民佃户，久已编入汉民户口。

合计贵阳府八属，有产、无产并住居城市、乡场有产不填丁口各客民共九千二百五十一户。

安顺府

安顺府，昔为安顺州。明万历二十年，升州为军民府。康熙二十六年，始裁"军民"字样。其未设府以前，秦属夜郎地，汉属牂牁郡，唐为戎州都督府、羁縻盘州及罗甸国地，宋为普里部。元初，始内附，置普定府，又置习安、镇宁、永宁三州，后又置罗甸宣慰司，隶湖南省，复隶云南，寻废。大德间，改普定府为路。明洪武间，仍改路为府，筑城于今城东二十里，隶四川布政司，寻置普定卫，隶四川都司。十六年，改习安州为安顺州，安顺之名自此始。十八年，废普定府，以三州属卫。二十三年，置普定、威清、平坝、安南四卫及乐民、平夷、安南、安笼四所，又置新兴所，属普安卫，置安庄卫于镇宁州。二十五年，又设关岭、鸡背二所，属安庄卫，俱隶四川都司。永乐间，改普安安抚司为州，隶贵州布政司。正统间，以安顺、镇宁、永宁三州俱隶贵州布政司，以普定卫隶贵州都司。成化中，移安顺州治于普定卫治，即今城也。自安顺州升为军民府之后，领镇宁、永宁、普安三州。崇祯间，削安宣慰水外地，置镇西卫定南、赫声、柔远、威武四所。明时，安顺军民府共管三州、七卫、十所。

附郭之普定县，设自顺治十一年，即普定卫所改，裁定南所入焉。清镇县设自康熙二十六年，即威清、镇西二卫地所改，裁赫声、威武二所并入。安平县亦设于是年，即平坝卫所改，裁柔远所并入焉。并裁安南卫，设安南县。又并安庄卫入镇宁州，并普安卫入普安，移通判驻安笼所，改为南笼厅，俱隶府。雍正五年，升南笼厅为府，割普安州县并安南县隶之。八年，设通判驻归化。九年，设同知驻郎岱。今领州二、县三，分防同知、通判各一。

地踞省城上游，为滇南孔道，真腹地中之雄郡也。府属四至：东清镇县与贵阳府之贵筑县接界；西郎岱厅与兴义府之安南县接界；南归化厅与兴义府之贞丰州并贵阳府之定番州罗斛州判交界；北系府辖之地，与大定府之平远州交界。东南与贵阳府之广顺州界，西南与兴义府之永宁州募役司界，东北与大定府之黔西州并贵阳府之修文县界，西北与大定府之水城厅界，此又府属之四隅也。

府城在省城正西一百八十里。广三百里，袤二百里。盘江之水界其西，三垒河之水界其北。府东六十里为安平县，又东稍北六十里为清镇县；府西五十里为镇宁州，又西稍南一百四十里为永宁州。郎岱厅在府城西一百六十里，为镇宁之西、永宁之西北。归化厅在府城南而稍西一百六十里，为永宁州之东、镇宁州之东南。

郡以东地势渐平，原田每每流泉灌注，滴澄、甲池诸河之水，北入陆广河，以达乌江，而围绕于安平、清镇之间。郡以西则地益高、山益峻，重岩复岭。虽新驿出于郎岱，旧路经自永宁，而地瘠民贫，要隘四阻，行者几回九折之车矣。此又一郡七属之形势也。

安顺府属亲辖地五起、十三枝，共计一百六十一寨。其八十八寨悉系苗民及土著汉民，并无客户，其七十三寨有客户。

民之种类，于苗民之外有屯田子、里民子，又有凤头鸡。凡此诸种，实皆汉民。然男子汉装，妇人服饰似苗非苗。询之土人云，洪武间自凤阳拨来安插之户，历年久远，户口日盈，与苗民彼此无猜。

新垦之田土有限，滋生之丁口渐增，纵有弃产之家，不待外来客民存心觊觎，已为同类中之捷足者先登。此安顺府属虽系五方杂处，四达冲途，而客民之托足无由，实基于此。

今通计府属各苗寨，典买苗产客民四十八户，租种田土、未典买苗产客民三百六十五户，未典买苗产亦未租种田土客民一百八十六户。共客民五百九十九户。

普定县 地方开广，较府属稍大。旧时卫地，今分四里，永丰、疆靖、奠安、中兴是也。益之以定南所地，设定上、定下里，共为五里。其地有夹入安平县所管西堡正长官司地内者，有远在安平县南鄙、界联广顺州境者，有错综于府属各起枝之间者，视别属较为夹杂。又有丁当、桐运、阿树陇、白石岩上下五苑，亦号五枝，其地离城窎远，联属一处，介居镇宁、郎岱、归化诸厅州之间，外接兴义府之贞丰州界，为废宁谷土司之地。向日本系苗民居住，山高径僻，近日客民之羼入者亦无。

今计县属五里五枝，典买苗产客民一百零二户，租土耕种、未典买苗产客民八十三户，未典买苗产亦未租土耕种客民一百一十七户。共客民三百零二户。

郎岱厅 本西堡副长官温氏故地，归流之后，分为七枝。西堡枝即温氏所居，其余土弁皆嘉庆初新设，历年来故绝褫革者不一，现存十四名，分管各寨。其七枝，厅城为本枝，居西南隅，与安南、永宁界，应袭土千总陇廷桂，并新设土把总三名，土外委五名分管；正东为西堡枝，与普安县界；居上枝、下枝、本枝、西堡枝四枝之中为六枝，世袭土千总陇济川，及别设土把总一名分管；西北隅为上枝，与大定水城界，新设土外委分管；正北为下枝，与平远州界，土弁已绝；正东为纳色枝，与普定、镇宁连界，新设土外委分管；东北隅为化处枝，与安平及平远州界，新设土外委分管。厅属崇山峻岭，四面拥护如城。自镇宁州西行，甫入厅境，即层层上跻，高入云表。虽打铁关、拉邦坡为新驿所经，商贾往来，行人辐辏，而鸟道羊肠，泥丸可塞。西陵渡奔涛骇浪，又复环卫于前，真府属中最要之区。且水西诸厂，由厅捷径可达。肩承背负、攀藤附葛者，终日络绎于途，以故客户亦多。

今计厅属典买苗产客民九百七十八户，未典买苗产客民四百四十八户，住居城市、乡场不填丁口客民一百三十二户。共客民一千五百五十八户。

归化厅 本康佐正副两长官司归流之地，旧驻威远通判于石头汛，即今城也，城建于雍正八年。厅地自归流以后百有余年，客民之自外而来者各省俱有，亦有已成土著，聚族结寨而居者。境内皆层峦复嶂，僻处一隅。苗民不解谋生，积储既寡，客民之深入其中，租种山土之外，亦别无余利。地分为十二枝，东则羊肠、板当、驼鲁、黑则及毗连长寨厅之鲁可五枝也；西则于家、火烘、红播三枝，毗连贞丰、永宁两州并普定县白石岩之枝也；北则猪肠、洛河两枝，皆毗连府属及镇宁州之枝也；南则薛家、生苗两枝，逼近梅花箐，界接定番州罗斛州判之枝也。

通计十二枝二百七十八寨，内一百八十七寨悉系苗民，五十三寨悉土著汉民，其余三十八寨均有客民，并有挖种山土、零星散处之山民。其有苗产客民一百六十七户，有苗产山民二户，无苗产客民四十七户，无苗产山民五户。共客民、山民二百二十一户。

镇宁州 本领十二营土司苗地。康熙中，裁司并入于州。雍正初，又并安庄卫入焉。共二十七枝。安庄卫地各枝悉系屯民。其十二营司所改，共有九枝：曰阿岔，曰华楚，曰公具，曰蒙楚，曰陇革，曰木岗，曰阿破，曰补纳，曰齐伯房。其地在州城之西北鄙，林峦深邃，荒壤遐陬。内则毗联于郎岱、普安两厅县之间，外则大定府之平远、水城实扞其圉。其中土多田少，客民虽无所图利，然亦不可谓绝无也。

今计州属有客民者九枝，内典买全庄客民四户，典买零产客民一百八十户，未典买苗产客民一百九十六户。共客民三百八十户。

永宁州 旧设长官司三员：曰顶营，曰沙营，曰募役。别设盘江土巡检一员，不管地方，专司铁锁桥事。后三长官司及盘江土巡检俱奉裁汰，而于募役设流官巡检司一员，其顶营、沙营两司，仍设土弁，以资约束。盘江亦别设土弁一名，管辖寨落。今州辖三司之外，又分上三马，曰打罕，曰八大，曰乐举；下三马，曰乐运，曰播西，曰乐坝，皆有土弁管辖。每马寨落不满十寨，不及三司之多。此外又有阿果、六保两枝，六保亦称六哨。又有上下五铺、八十石、江外三处，皆无土弁，悉归乡约管束。其江外一处，插花兴义府之贞丰州界，在花江之下，大江西岸。州地幅员虽小，而所辖悉系苗疆，只因旧驿直达州城，且又归流既久，于是土著汉民日增月盛，故为苗汉夹杂之区。然而山高箐深，既乏水源，又鲜平衍，土多田少，性寒而力薄，于禾稻不宜。地又多瘴疠，耕者少至，是以客户廛入者无多。

统计州属三司、六哨、两枝之处，典买苗产客民二百五十八户，未典买苗产客民二百三十三户。共客民四百九十一户。

清镇、安平两县 本前明卫所。清镇县分为五里，每里五甲，共二十甲。安平县分为六所，前、后、左、右、中五所，即故平坝卫地；柔远一所，又分柔东三排，柔西三排，皆从前安插屯军之地。本无成寨苗户，间有苗民，亦在分授屯田之列，与汉民耦居无猜，今日皆成土著。惟安平县之西堡正长官司地，在县治之西，府境之西北，有与普定之定上、定下插花者，有与郎岱、镇宁、水城、威宁各厅州地犬牙相错者。六归河之水环其外，簸朵河之水会于东。距县城远者二百余里，近亦百六七十里。康熙五十五年，土司沙毓奇与汉夷民人争地，殴毙人命革职。改土归流，拨县管辖，分为波堕、戛卧、戛底、大弄、六骂、蜡柳、补止、底冈、利笼、那史、那穹、落东十二枝，共一百六十七寨。

今计西堡司各枝苗寨，内典买苗产客民一十九户，别寨居住不填丁口、典买苗产客民一百一十四户。共客民一百三十三户。

合计安顺府八属，典买苗产客民一千七百五十八户，租土耕种、未典买苗产客民四百四十八户，未典买苗产亦无租土客民一千二百三十二户，城市、乡场未填丁口客民二百四十六户。共三千六百八十四户。

黔南职方纪略　卷二

兴义府

兴义府，昔名南笼，设自雍正五年。其未设府以前，在秦为夜郎，在汉为牂牁郡，在蜀为兴古郡，唐为盘州。蒙氏叛唐，其地遂为南诏东鄙，东爨、乌蛮七部落居之。其后爨酋阿宋逐诸部，据其地。宋时号为于矢部。元属普安路，隶云南行省。明初为灵钵寨陵元堡。洪武间，设安笼守御所，管三十六寨，属普安卫。弘治十一年，普安夷妇米鲁叛，广西安隆土官岑轼助兵讨平之，割安笼所阿能等十八寨以赏其功，隶广西。万历四十三年，阿能土目三狼杀安隆土官岑峰，其子光裕请贵州兵讨诛三狼，仍以赏功之十八寨归隶贵州。康熙二十五年，改安笼所为南笼厅，移安顺府通判驻焉，属安顺府，南笼之名于是始见。雍正五年，升厅为府，分安顺府之普安州普安、安南二县隶焉。又割广西泗城府并西隆州所属红水江以北，置永丰州以益之。嘉庆二年，仲苗滋事，起于府属之普坪，蔓延府、厅、州县十四属。大兵戡定，始改南笼为兴义，改永丰为贞丰，而裁普安州之黄草坝州判，设兴义县以属府。十六年，升普安州为直隶厅，设同知专辖其地。今府属所辖，州则贞丰也，县则普安也、安南也、兴义也，统计一州三县。西控滇疆，南连粤壤，泂上游之雄郡，实边陲之要辅焉。

府治在省西南六百里。由府治东北行九十里为贞丰州治，由府治北行二百二十里为安南县治，由府治北而西行二百三十里为普安县治，由府治西而南行一百六十里为兴义县治。其四至：东抵贵阳府定番州罗斛州判之桑郎界，西抵云南曲靖府罗平州之沙阴界，南抵广西泗城府西隆州之红水江界，北抵安顺府郎岱厅之毛口河界。东南与广西南丹州、泗城府界，西南与广西西隆州八达隆陵营界，东北与安顺府之归化厅、永宁州之铁锁桥界，西北悉沿普安直隶厅界，四隅大略如是。山雄峙于五城，水合抱于四境。府屯有远在兴义县之南者，地多插花，形势不相联络。新驿则偏处普安厅之北，站皆借设，血脉尚属贯通。

普安厅与普安县分界之处，庚戌河划之于西；大定府与普安县分界之处，黄水河限之于北。东为盘江，其上游则永宁、安南之所分焉，其下流则归化、贞丰之所分焉。自东而南为清水江，至者香则贞丰州之册亨州同，与定番州之罗斛州判之所分焉。红水江发源于滇之罗平州，由府境西南入折而东，自三江口以下，黔粤之地南北中分；又东合清水江于者香，入粤西之右江，由浔、梧经粤东以达海。境内群峰雄踞，带水回环，幅员广阔，道里袤延，此又兴义一郡之大局然也。

兴义府属亲辖地，广百三十里，袤百里，分为三里。近城二三十里为安仁里，悉系屯民。东南两乡为怀德里，西北两乡为永化里，尽属归流之十八寨苗地。十八寨今则一寨分为十数小寨。旧屯地除割归兴义县外，尚有喇坡、者达诸屯，错出于县境之南，且又相错于四乡诸寨之中。盖屯地原设于苗人巢穴之内，诚以地方之田土有限，苗民之户口殷繁，既将苗地安插屯民，不得不仍令苗民耕种屯地，其羁縻控驭之初，法至善也。迨后历年久远，屯民日渐滋生，族党亲故，援引依附而来。汉黠苗愚，不特屯户将分授之产展转当卖于外来客民，即苗佃任其播弄，渐多退佃，以致汉佃参半其间，各郡屯田，比比皆是。而于兴郡则又地居滇省冲途，右挹水西，左联粤壤，四通八达，江、广、川、楚客民源源而至者，日盛月增。当未经兵燹以前，汉苗之夹杂混淆，早已不能判然有别。洎乎嘉庆二年，仲匪滋事，兴郡民苗或遭焚劫于寇仇，或被流离于沟壑。天戈南指，又复扫灭槛枪。后虽有复业民苗，终觉人稀土旷，且又层峦叠嶂，环卫重重，颗粒无由外运，居民之日用饮食所需，无一不减于他郡。遂致比年以来，下游各郡以及川播贫民，偶值岁有不登，携老挈幼担负而来，或入滇，或入粤。由郡经过因而逗留者，每岁冬春，日以数百计，于是汉佃亦多。且汉苗各佃，同住一庄，情性本相水火，庄主远居城市，耳目所不能周。苗佃、汉佃彼此纷争，讦讼不休，互助角力，或酿成巨案。庄主不必加租逐佃，即此因案拖累，已不可胜言。此则安仁里旧屯地之情形也。

今建府城之地，即明之陵元堡，设安笼守御所处。其灵钵寨去城西七里，山有九峰，居九头目，名为党类。赖子山亦名九头山，大概苗民皆系土司佃人，亦即土兵。往时分地而耕，纳租于主，是为公田。其余众苗通力合作，土司按亩收利者，则为私田。改土以来，土司裁汰，公田悉入粮册，遂为粮田，而私田仍归于寨头马目等，以为口食之资。苗民耕种私田、粮田，输纳而外，出谷以供头人，是主田之名犹有存也。近年土目头人日益贫困，将私田、粮田展转售卖于汉人，以致业易数主，于是刁狡苗民纷纷讦告，不认主佃之名。汉人之加租逐佃者，固有其人；顽苗之借图霸产者，亦复不少。不特兴义府属为然，即上游各郡比比皆是。此府属永、怀二里之情形也。

自用兵以来，官又勘明逆、绝二产，别招官佃，汉佃客业，滋益多矣。又府属西乡之坡冈箐，中有僻路可以越册亨地界，径渡红水江之南。而小曹旧州一带，其中又汉多苗少，且为奸宄之逋逃薮，亦不可不急为稽察也。

今计安仁一里，旧大寨六十余，今分为一百三十余寨。其各庄主半系居住城厢，间有居住寨内者。计典买全庄客民一百三十一户，管一百三十二庄，招汉佃一千二百二十八户。其东、西、南、北四乡苗地，客民、蓬民典买苗产者四千六百四十一户，未典买苗产客民、蓬民八百零三户，附居各场市、不填丁口有产客民四十五户，无产客民一千零五十四户，共六千五百四十三户。统计安仁里四乡庄佃各户，并客民、蓬民及不填丁口之户，总七千九百零二户。

兴义县 设自嘉庆三年。时逆苗既平，裁普安州分驻黄草坝之州判，以所辖之黄平、布雄、捧鲊三营并左右二里地置兴义县；又以贞丰州册亨州同所辖之岜结、者安二亭，府属之花阁五屯益之，而分驻巡检一员于捧鲊营。其境地西接滇，南倚粤。山虽绵亘，而有疏密相间之形；地虽空旷，而有灌溉相滋之利，故田土视别地为稍腴。兼之三江一带，地渐平衍，土厚而肥，所产木棉为利甚溥。其始不过就地所产之花，家事纺绩。嗣以道通滇省，由罗平达蒙自仅七八站，路既通商，滇民之以花易布者源源而来，今则机杼遍野。又设县在大兵之后，削平苗户十存三四。比岁以来，川播之民携老挈幼而至，十居其五。然外来之民不必尽有恒产，而皆可以自食其力。虽客多主少，可无虑主客相争，然亦不可不稽察也。

花阁五屯，分自府属者在县治东南，为进郡必经之道。左右二里，分自普安厅者居县东，界联府境及普安厅属鲁土营之顶效一带，咸易稽查。惟黄平、布雄、捧鲊三营，并割自册亨州同之岜结、者安二亭为稍难云。捧鲊营溯红水江而西，直抵黄泥河为界，其间歪染、养马、白云、法岩诸寨，皆系昔日顽苗恃险负隅之处，山高箐深，瘴疠尤甚，实夷侬要隘也。今则分为上、中、下三江，苗户日渐凋陵，田土悉归客有，所有苗人尽成佃户矣。县治为黄坪营地，土目黄姓所管之寨也。营地杂于花阁五屯之间，亦多汉户云。二亭类是。惟布雄之营介居捧鲊、黄坪之间，地方宽阔，昔日为人烟不到之区。历久相沿，客民深入其中，非向土目沙姓承租，不能得其寸土，今日余风尚在，是以典买者甚少，租佃者居多。

大抵县境西北黄泥河环卫于外，入滇之道甚多。曰江底，则自县城直达罗平州，以抵滇垣之大道也。曰枫塘，则自罗平之铅厂，渡块菜河，入黔之要道。曰哑巴山，则自普安厅达新开驿路，旁出滇省东、昭两府各厂之间道。兴义一府为全省至要之地，而兴义一县尤为府属至要之地，故客民多辏集其地。

通计县属黄坪、布雄、捧鲊三营，左右二里，花阁五屯，岜结、者安二亭典买苗产客民二千七百六十户，土目招留租土耕种客民一千七百三十二户，佃田客民三百六十三户，未典买苗产亦无租种田土客民二千四百零六户，城市、乡场不填丁口客民八十五户。共客民七千三百四十六户。

贞丰州 设自雍正五年。割广西泗城土府所属红水江北之上江、长坝等十六甲，西隆州所属江北之罗斛、册亨等四甲地，设永丰州。嘉庆三年，改名贞丰。并以安南县属之董家旗等各屯迤东一线穿入泗城腹里者，裁归州辖。乾隆十四年，又以罗斛、桑郎等甲地近贵阳府之定番州者，割归定番，而于册亨设州同。州同所辖之地，外沿红江，内包府境，迤逦而西，直接兴义县捧鲊巡检所辖之江底而止。沿江一带，土平而暖，亦产木棉，足供兴义县民苗织祍之用。今州属共辖八甲，计六十八亭。州同属共辖四甲半，计二十四亭。州境山高地旷，所辖泗城西隆之江北地方，南北几三百里，东西径四百余里。地既辽阔，夷苗凶悍，且瘴疠时发，盖荒僻之区也。六十八亭分为上江四甲，下江四甲。山高峰陡，田少土多。清水江界乎州境之中，自永宁州入境，至者香与红水江合流，二百余里皆绝壑悬崖，奔涛骇浪。可以乱流而渡者，花江之外，仅止数处。非若溪流潆绕，可借以灌溉也。

苗民侬、仲二种，颇知畏法。自未设州以前，统归粤西土司，分立兵目管辖。归流而后，土司裁汰，各兵目称为业户。上江黄姓，下江王姓，皆嘉庆二年率领苗兵堵御有功，赏给土守备之职约束苗民者。寨内田土，非业户不能典卖与人，自地遭兵革，铲削消磨，苗户陵夷殆尽。地既偏僻，产价必不能昂，于是客民之奸黠者，以一人向业户当产多分，展转招租，借图余利。甚有欺侮新来客民不知根柢，转当转卖，日久月深，自称田主者。及至业户出而清理，以现在耕种者为佃户，而新来客民必不甘受佃户之名，以为其产曾经纳价，有契为凭，各执一词，互相涉讼。贞丰田土镠辖难清，半由于此。

通计州属典买苗产客民一千三百六十七户，未典买苗产或租土耕种，或贸易、手艺营生客民四千零六十五户。合计客民五千四百三十二户。

册亨州同二十四亭、百弼甲八亭，地处红水江边，瘴疠时发。又本州半甲三亭，地抵双江口，高峰矗天，壁立万仞，皆无土可耕，并无客户。其册亨、龙渣、乐烦三甲，计一十三亭，皆远在兴义府境之南，非若贞丰州之内接永宁、归化也，非若兴义县之外通滇粤也。又有矿厂，民苗夹杂，第矿厂非铜铅可比，各厂户俱住居郡城，各沙丁俱归厂户管束。兼迩年来，洞老山空，产矿稀少，矿厂亦觉凋弊。且册亨客民，于嘉庆二年俱被逆苗戕害净尽。现在客户悉系五六年间事平之后，陆续搬住者。而客户中半系下游之苗，客苗结党成群，势盛于客民，民皆望而知畏，又不得不酌议禁止也。

今计册亨州同所属客民五百二十六户，皆系有当买苗产者。

安南县 设自康熙二十六年，即前明安南卫之前、后、左、右、中五所地。初废卫时，编里六，以四里设县，隶安顺府，以二里归普安县。雍正五年，县始隶安笼府，复割会昌里之董家旗等五屯隶永丰州。

其地峰高气冷，跬步皆山。东则盘江天堑封守胸前，南则鸟道鸦关锁钥肘后。土田硗薄，地鲜平夷，故播种纳稼，田功后于诸县。虽毛口渡、铁锁桥，夏秋之间，酷热倍于他处，然其沴湿之气，蒸瀫驳杂，于禾稻总不相宜。地方既形狭隘，且又苗少屯多，故安南之地甚瘠，而民甚贫也。四里曰新化、安仁、淳德、会昌，悉系屯民，间有苗民，尽属屯民佃户。外有长牛六甲地方，昔属普安州土司龙天佑管辖。自设县以来，地当新驿之冲，借甲内之阿都田站以为办差之所。乾隆二十七年，因借地设驿未便，酌割长牛、斗郎、鸡场等二十三寨，共计六甲地方，拨县管辖。其地实苗汉杂处。

今计六甲凡大小三十寨，四寨均汉民，六寨均苗人，其二十寨内典买苗产客民七十二户，未典买苗产仅租种田土客民四十七户，未典买亦无租种贸易、手艺客民三十六户。共合客民一百五十五户。

普安县 明初为普安卫所属之新兴守御所及马乃夷地。顺治十八年，马乃叛，讨平之，以其地设普安县，隶安顺府。康熙二十二年，徙县治于所地。雍正五年，改隶南笼府。今县属分为八里，三汉里、五土里。县属之新城地方，与安南、贞丰、兴义各州县，及府属亲辖并普安直隶同知所辖之地，境壤相接，五方错处，夷苗夹杂，为府境最要之区。近年以来，下游各郡并川楚客民，因岁比不登、移家搬住者，惟黄草坝及新城两处为最多。撥其所由，其利不在田功。缘新城为四达之冲，商贾辐辏，交易有无，以棉易布。外来男妇无土可耕，尽力织纺。布易销售，获利既多，本处居民共相效法。利之所趋，游民聚焉。今设普安县县丞，分驻其地。至县境之西、北、东三面，地窳土瘠，气渗候愆，岚气上蒸，肤寸之云即能致雨。又复山高箐深，亏蔽日月，一日之间乍寒乍暖，百里之内此热彼凉。寒燠不齐，与安南等。而苗多汉少，地广民刁，又非新城一处可以同口语矣。

三汉里，曰忠顺里，曰仁里，曰让里。本安南卫及新兴所屯民设县后拨归管辖者，皆汉民居之。其五土里即从普安州分出之马乃、兔场、楼下三营苗地，今分为马乃、楼下、安逸、鼠场、阿计五里。每里向设土司一名，管束苗民。嘉庆二年之后，四里土司陆续故绝，所属苗民改置乡约、寨头管束，而以安逸一里归新城县丞管辖。惟阿计里距城二百五十余里，地处新城之北，介居安南、永宁两州县之间，抵北盘江为界。因其去县窎远，仍责成土司龙姓约束苗民。八里汉苗，统三百八十六寨，内二百二寨悉系汉民，六十二寨悉系苗民，汉苗夹杂之寨凡一百二十二寨。核其客民产业，亦有昔年向各土司典买全庄、转典转租与新来客民承领分种者，并有零星向各寨苗人典买耕种者。且新城县丞所驻之地，为兴义一府适中之所，滇粤两省客货往来，背负肩承，骑驼络绎。东去兴义府之回龙厂仅数十里，人烟辏集。其新来客民从事纺绩，以布易棉，自食其力，苗汉两不相涉。然亦府属中五方杂处最要之地也。

统计县属除三汉里外，其住居城厢典买各土里全庄、不填户口客民共一百八十六户，计二百九十二庄，招汉佃二千九百零六户。住居苗寨、典买苗产及租种土司田土客民一千一百六十八户，无产客民十一户。县属庄户、佃户有产无产各客户，共四千二百七十一户。通计府属各州县，客民共二万五千六百三十二户。

普安直隶厅

普安直隶厅，即普安州旧治。嘉庆二年，南笼府仲苗滋事，改南笼为兴义府，州仍府辖。十六年，始升为直隶同知。在昔，唐置西平州，贞观中改为盘州。宋为于矢部。元置于矢部万户府，寻改为普安府，又改置普安路。明洪武间，置普安军民府，以土妇适恭为知府，适恭系土酋那邦之妻。寻罢府，置普安卫军民指挥司，隶云南，复隶贵州。永乐元年，置普安安抚司，以土蛮慈长为之。十三年，慈长叛，始改为州，领罗罗夷民十二部，号十二营，属安顺府，普安州之名自此始。康熙二十六年，省普安卫之六里八州。六里悉系汉民，即傅友德从军分屯之处，设于洪武间，至是始并入州辖。顺治十八年，置普安县，割马乃、兔场、楼下三营隶之，属安顺府，其余九营仍归州管。雍正五年，改隶南笼。嘉庆三年，平苗之后，以州判所辖之黄平、布雄、捧鲊三营，并左右二里地方去厅窎远，鞭长莫及；并养马箐一带为三江之总汇，夷侬之要隘，白云坞之法岩、歪染等寨，田多夷富，恃险负嵎，距厅更远，尤有不能兼顾之势，遂自州拨出，设兴义县，仍归兴义府辖。

今厅属所辖有南里、北里、平彝里、乐民里，共四里；鲁土、簸箕、归顺、狗场、普陌、毛政，共六营。厅属四至：其东南两面，有毗联兴义县境者，有毗联普安、安南、永宁各州县境者，有交错于兴义府属亲辖地方者；其西北两面，有与云南曲靖府之平彝、沾益、宣威各州县接壤者。在兴义一府，有辅车唇齿之依，而在黔省尤有全省咽喉之系。外控六诏，内制诸蛮。拖长江发源于厅之上沙陀地方，由西而北，而滇黔之界判然，此云南宣威州属与厅之分界也。清水河自北而东，与拖长江会于厅之北境为毛口渡，实盘江之上游，则永宁州属与厅之分界也。庚戌河发源于厅之北境，迤逦而东而南，则又普安县属与厅之分界也。其厅之西境与滇省罗平、平彝接壤之处，如滥木桥、架革山一带，地方荒僻，尤易藏奸。道光二三年间，滇省之宜良、路南等州县叠被抢劫，大案盗首悉窝是处，其明验也。而且自滇入境之首站为亦资孔驿，居厅之西，今分驻巡检一员兼管驿务。其大道迤逦曲折，经厅之北境而东曰上寨，曰刘官屯，皆厅之驿站也。越普安县北境曰白沙，则地系厅属之插花，而驿则普安县借地以设者也。由此而东北行，为安南县之阿都田，则又从前厅属之地，设站后割归安南管辖者也。上下三百余里之冲途，围绕于厅之西、北、东三面，洵全省之门户，而兴郡之藩篱也。

四里悉系从前屯地，南、北二里地居厅城侧，南、北、东三面去厅治颇近，且介居簸箕、鲁土两营之间，间有成寨苗户。簸箕、鲁土两营，内包南、北二里，外抵厅属东北、东南两面边境。簸箕营在厅城之北，拖长江自西而北，折而东，环于营外。上游有高家渡，路达滇省之沾益州；下游即西陵渡，名为毛口河，驿站大道所经。由安顺府郎岱厅入境之路，山势西高东下，其毗联鲁土营之处，客户渐多。鲁土营则在厅城之南，其鄙地接兴义县境，循庚戌河而北，与兴义府及普安县之马乃营境互相联属。自簸箕营之北境，山高岭峻，田少土多，迤逦而南至鲁土营，而林峦开展，水绕山围，膏腴之田错落其间，客民益众。大抵两营两里，实居厅壤之半。今两营仍归龙土司管辖。簸箕营客民三百余户，鲁土营客民五百余户，南、北二里附近两营各屯苗寨，客民共有四十余户。

又察普安未设州县以前，惟四里地归卫官管辖，其隶于龙姓土司者共十二营，悉系苗民。迨后割马乃、兔场、楼下三营归普安县，又割黄坪、布雄、捧鲊三营归兴义县，仅存厅属六营。近来龙姓陵夷日甚，不能管束，六营一概归流。乾隆间，上司念龙氏世有功无过，仍复详咨龙姓世袭土千总之职，管辖簸箕、鲁土两营。别设普陌、毛政、归顺、狗场四营土目，择龙姓别族陇姓中明白晓事者充当其职。大抵四营之地，归顺、狗场在厅城之西南，而普陌、毛政则在城之西北，其地逼近大山，壤接滇境，悉系山土，种植杂粮，并无水田，客民仅八十余户。归顺一营，地方狭小，荒僻情形与普陌、毛政两营相等，客民亦不过六十余户。惟狗场一营，南接兴义县境，与鲁土营之顶效场联界，去兴义县仅五十里，西接滇省之平彝、罗平两州县界，循理菜河而南，路通平彝之铅厂。厂地皆五方杂处，客民往来、搬运一切货物，道所必经。兼之黄泥河界乎狗场之中，山势疏密相间，左右水田潆带，与各营不同。地虽宽阔，去厅窎远，又为铅厂冲途，客民逗留不少。计狗场一营有客民二百数十户。由亦资孔西南行，左为乐民里，右为平彝里，地处四营之外，所管寨落，抵滇南胜境，皆驿道所经。既系里地屯田，亦无成寨苗户。

统计厅属租种田土客民六百二十四户，住居苗寨、未典买苗产客民一百六十八户，住居厅城、典买田土以及场市贸易、手艺客民未填丁口之户三十二户。共客民一千三百二十六户。

黔南职方纪略　卷三

大定府

大定设府，始自雍正七年。其先，在汉为西南夷地。蜀汉诸葛丞相南征，蛮长济火佐擒孟获有功，封罗甸国王。自宋至元，为罗施鬼国。元至元间，国主阿榨始内附，诏授安抚使，后改为顺元路宣抚司，复改宣慰司。明洪武四年，霭翠归附，授贵州宣慰使。后霭翠妻奢香愿开西鄙，世保疆土，太祖许之，赐姓安氏。香乃率诸罗开赤水、乌撒道，以通乌蒙，且立龙场九驿，自是安氏子孙世袭宣慰使。于是改元之乌撒宣慰司地为乌撒军民府，置乌撒卫于军民府地，又置乌蒙卫，寻又置毕节卫、赤水卫。天启二年，宣慰使安邦彦叛，崇祯元年讨平之。头目献地，设流，始建大方城，即今府城也。顺治十五年，大兵取滇，宣慰使安坤为向导。滇平，仍授水西宣慰使，准世袭。康熙三年，安坤与其族乌撒土知府安重圣谋反，讨平之。至是安氏始绝。以水西十一则溪地设三府。则溪者，华言犹唐之州、宋之军也。大方城为大定府，水西城为黔西府，比喇坝为平远府，大定之名始见。复改乌撒为威宁府，后改黔西、平远为州，隶大定府，寻改府为州。改今隶四川之永宁卫为县；并改毕节卫为县，省赤水卫并之；又有乌撒卫，俱隶威宁府。至雍正七年，始复大定为府，以永宁县割归四川，改威宁为州，与黔西、平远、毕节俱隶府。十一年，移通判驻水城。今领州三、县一、分防通判一。

郡治在省西三百三十里，东抵贵阳府之修文县界，西抵云南昭通府之恩安县、东川府之会泽县界，南抵安顺府之镇宁州界，北抵四川永宁县并云南之镇雄州界。东南与贵阳府并安顺府之清镇县接界，西南与普安直隶厅接界，东北与遵义府之遵义县及四川之叙永厅接界，西北与云南昭通府之鲁甸通判接界。可渡河经其西南，三岔、鸭池诸河环于东南，赤水河绕其北，大小天生桥，落折、渭河诸水分流其中。东西五百八十余里，南北六百六十余里，山箐阻深，岩洞幽邃，幅员辽阔，形势险固，黔中诸郡殆未有过之者。今则威宁州在西，距府城二百九十里；毕节县在北，距府城九十里；黔西州在东南，距府城一百二十里；平远州在南而稍东，距府城一百八十里；水城一厅，则又远在府城西南二百八十里。藩篱既密，呼应亦灵，措置诚为尽善矣。至于黔西之朽里箐、平远之织金关，与夫威宁三面距滇；而乌蒙箐峻峙于西，石龙山蜒蜿于南，毕节冲当滇蜀；而西扼七星关，南障木稀山，水城之复岭回溪，汉夷杂处，则又各属中之要隘也。

大定府亲辖地分里六：曰仁育，曰义渐，曰大有，曰嘉禾，曰悦服，曰乐贡。每里各分十甲。土著夷苗九种，仲家、侬家、花田、僚佬、羿子、㼖儿子、六额子、黑白猓猡是也。猓猡皆剃发易服，通汉语，与汉无异。黑者为大姓，其长子即袭为夷目，经管遗业，次子、众子闲散者，俱为黑种，仍听夷目管束。其服役者名曰白种。黑者即宗人，白者即众庶。黑种下头目一等，而白种则又下黑种一等，合郡各属猓猡皆然。其黑种即为济火之后，安氏子孙皆其裔也。间亦有自行改姓者。其他苗类虽多，要不若猓猡之雄长兹土千数百年，于兹休养生息，统四十八部，涵濡以至今日也。其昔俗尚鄙陋，性情朴野，言语侏㒧，不通文字。今则异于古所云矣。

府治所设之地为乐贡里，东接黔西，最为宽阔，客户极多。其次为义渐里，地居府治东北，近则东联遵义，远则北接永宁，幅员颇大，至于搁鸦、锅厂、打鸡阆、瓢儿井诸场市，较别里为尤多。其次则仁育里，为府辖之西北鄙，毕节、威宁要道所经，寨落之多与乐贡等。其十八家、砂子哨、栗树坪等处，皆为客民聚集之区。至若大有一里，在府城之南，东抵黔西，南界六归河。悦服一里，西达滇省之恩安、会泽等县，僻处威宁、水城之间，客民甚少。而嘉禾里则西倚水城，南联平远，山箐既深，村寨复少，嫣雍、阿纵诸地，夷汉错杂而居，以视大有、悦服二里，客民不及其半。其汉苗夹杂凡二十寨，所有场市亦不过兔场、狗场两处而已。其汉苗夹杂各寨，田土买当者多，租佃者少。其无买当之寨，尚倍于有买当之寨，不至如兴义府属之客民占尽苗产也。

统计府属亲辖六里，客民有田土之户二千二百四十三户，并无田土贸易、手艺、佣工之户二百一十二户，住居城厢并各场市、不填丁口客民有产业者四百三十户。三共客民二千八百八十五户。

水城厅 远在府治西南。厅境东接郎岱，南毗普安厅，东南与安南县界，境壤原同腹地，究之西逼威宁，西南与云南之宣威联界，仅北面与西北鄙为进府之道。四山嵚崭，一水回环，真罗甸之突区。古人之设官弹压，桑土绸缪，诚不诬也。设厅之后，于乾隆二年拨府属之永顺、常平二里归厅管辖，为厅城西北之里。四十二年，又拨平远州属之时丰、岁稔、崇信三里归厅管辖，为厅城西南、东南、东北之里。今共五里。所辖夷人九种：黑白倮倮、僰儿子、干波罗即干夷、蔡家子、仲家子、花苗、白苗、黑苗、打牙偏佬。别有里民子即县民，老巴子即民家子二种，本非苗类，其朴野几与苗人相等。环卫于厅城四面者为永顺里，联永顺里地以达郡城者为常平里。此二里每里客民不及百户。惟时丰里为最大，今分为上下二里，客民至二百余户之多。其岁稔、崇信二里客民虽不及时丰里之数，以视永顺、常平二里则皆过之。

厅境为水源所汇，虽群峰围绕，而临流夹岸、层累而上者悉系水田。客民至此，地利之外别无所图，此所以厅属客民不及威宁五分之一，而典买田土之数则倍于他处也。第厅属田土，苗夷各有所主，纵已当卖与客民为业，亦多佃种分耕，是以五里之中竟无租种佃耕之客户。

统计厅属有产客民四百三十九户，无产客民二百八十四户，居住乡场、不填丁口之户二十九户。

威宁州　西、南、北三面悉抵云南，东面界联本府之毕节县，东南界联水城厅境，全境插入云南东、昭两府暨曲靖府之宣威州界。洪武间，大酋那者来归，置乌撒府，今土目多安氏，皆其裔也。其保保有黑夷、白夷、干夷三种。其苗民有花苗、白苗、土佬、蔡家、仲家、獞儿子六种。其土著又有县民、回民二种。州境颇宽，且滇省昭、东各厂运铜，陆道解至泸州，必由州境，人夫背负，牛马装驮，终岁络绎于途。兼之州属所产黑白铅子厂林立，砂丁炉户悉系客民。虽其地尽属夷疆，而客民之落业其间因而置产者不少。第各种夷苗亦惟保保为最盛，世有其土，而长诸蛮，其种亦出自济火之后。昔年风俗，与府属之保保相同。分驻之地则有骂依、夜所，分理之名则有九扯、更苴，统率之长则又有得暮、麻色、木拔之别。非冢嗣不能有其官，亦非冢嗣不能有其土。归流后，仅存夷目所管田土，非夷目不能当买租佃与人。迩年以来，一夷目之子皆得共分其产，系繁派衍，夷目渐多，弃产日滋，以致客民多于别属。

　　今查州属十里：州城所建之地为全化里，分为十甲。自毕节达州城路为宣化里，悉客民。归化一里为州境北鄙，界联镇雄、永宁，悉系夷人，其头目有曰得暮，有曰麻色，皆未设土目。余七里共设土目七十余名。其客民之至多者，为环于北境、路控滇蜀之遵化里，其田土悉系典当租佃与外来客民，绝卖者则甚寥寥。其次多者则西北隅之大化里，路近昭通；东南隅之性化里，路达宣威。大化则土多于田，佃土至八百数十块之多；性化则田多于土，买当亦有五百六十余丘。至致化一里，在州境西南，地方偏僻，客虽多，悉皆佃土耕种。他如壤接云南鲁甸通判之广化里；介于宣化、性化之间，地近水城之德化里；与夫杂入遵化、大化之中，地与云南奎乡厅葫芦觜交界之顺化里，皆有客户。佃土多者惟广化，买田多者惟德化，买当、租佃有土无田，而佃土且至几及三百块者则顺化。大氐此三里中，客民多者不及四百户，少者仅二百余户。虽客民之多寡，视乎地方之冲僻，而典买租佃之多寡，则系乎夷苗之贫富也。

统计州属苗汉夹杂之七里，有产客民三千六百零五户，未典买、租佃苗产客民八百八十七户，并附居城市、不填丁口有产客民十户。共客民四千五百零二户。

平远州 旧为水西北喇坝地。康熙间，安宣慰之奴头目阿五归诚，改为府，寻改为州。南距镇宁，北联郡治，黔西控于东北，水城接于西南。其东路由镇西卫而入，逾象鼻岭下临簸朵河，渡河为雷打坡，踞坡跨河以探象鼻，此东路之险隘也。东北路自黔西来者为红岩、为俵结河，河之南为白沙塘，则崇坡密箐。从大定入为北路，自比渡坡过六归河，南上青冈岭，岭路逼天。然则东临俵结以扼红岩，则白沙塘为至要也；北阻六归以据比渡，则青冈岭为至要也。州境与黔西、大定实有相为掎角之势。且镇宁州之十二营司、安平县郎岱厅之西堡正副长官司苗地，悉恃州境为辅车唇齿之助。地虽僻处偏隅，而一线羊肠，又可西南达于水城，洞水西之门户也。今分里六：曰向化，曰慕恩，曰怀忠，曰兴文，曰敦仁，曰太平。所管夷苗种类，与水城及府属等。州东为向化里，又东为怀忠里，界清镇、安平者为兴文里，北慕恩里，南太平里，西为敦仁里。其西鄙之崇信、时丰、岁稔三里，今割归水城厅管辖者也。各种夷苗，梯山以为田，烧箐以为地。间有客民流寓其间，贸易者多，耕种者少。

统计州属五里客民之有产者一百五十户，无产者二百三十八户，场市不填丁口客民三十四户。共客民四百二十二户。

黔西州 昔当建府之时，设总兵官镇守其地，后改府为州，亦即改镇为协。嘉庆三年，以黔西为内地，又复裁协为营，拨补永安。今共分九里，以黔兴、安德、崇善、西城为上四里，新民、新化、敦义、永丰为下四里，而以乾隆元年所拨四川叙永厅归州管辖之岩上、岩下为平定里。州属归流已久，风俗人情渐同华夏。是以九里内，黔兴里即系本城，间有苗民，不成寨落，俱系汉民佃户。永丰里俱系汉民，并无苗户。新民、新化二里，离城较远，悉系成寨苗民，并无汉户。平定一里，虽汉苗俱有，然各分寨落，彼此耦居，并无猜忌。惟城东之崇善里、东南之安德里、东北之西城里、界联遵义县境之敦义里，为汉苗杂处之区，外来客民有产、无产各居其半，且典买之外亦无租佃耕种之客户，而买田多于买土，买田土又多于当田土。

统计四里内有苗产客民五百一十六户，无苗产客民五百零三户。共客民一千零十九户。

毕节县 在前明为毕节卫。府属归流，惟县最久。地居滇、蜀两省之间，东抵四川之永宁县，北抵云南之镇雄州。威宁各厂运铅至于永宁之局，背负肩承，经过县境。居民辐辏，汉多于夷，为郡属中声明文物之区。今分六里：环县城为东、西、南、北为四里，又有平定、长乐二里。五里均为汉户，惟平定里沿赤水河一带地方均系夷苗寨落。设有土目八名，各管其苗民，有倮㑩、羿子、㑩家子、花苗、里民子各种。其八目之名曰镇西屯，曰阿市屯，土千总两员管之。曰杨柳湾屯，曰大比肇家戛屯，曰斯来堡屯，曰烙烘屯，曰镰刀湾屯，曰大屯，各设土目一名管之。地居县境之东，循赤水河为界。河以东为镇雄、永宁交界之地，河以西皆八屯夷地，亦有汉民错处。其夷苗田土虽为客民所有，仅系承当、承佃，并无一置买之户。统计平定里八屯，客户四百六十八户。

统计大定一府五厅、州、县六属，客民一万零四十八户。

黔南职方纪略　卷四

遵义府

　　遵义府，本汉鳖县地。隋为牂牁郡牂牁县之北境。唐贞观九年，于牂牁县北界置郎州，领恭水、高山、贡山、柯盈、邪施、释燕六县。十一年旋废。十三年复置，更名播州。播州之名始此。十四年，更恭水曰罗蒙，高山曰舍月，贡山曰湖江，柯盈曰带水，邪施曰罗为，释燕曰胡刀。十六年，更罗蒙曰遵义。遵义之名昉此。又以故牢州之芙蓉、琊川二县来属。显庆五年，省舍月、湖江、罗为。开元二十六年，省琊川、胡刀入芙蓉。天宝中，改称播川郡，寻复称播州。乾符初，播州为南诏所陷，太原人杨端起兵复其地，遂世为其州之刺史。后晋时，播州附于楚王马希范，旋属蜀孟氏。宋大观二年，播州夷族杨光荣以其地内属，诏建播州，领播川、琅川、带水三县。蕃帅杨文贵献地东西百二十里，南北六百十二里，以其地置遵义军及遵义县。于是杨氏分为二，有播州复有遵义军矣。宣和三年，废播州为城，隶南平军，并废播川、琅川、带水三县；又废遵义军及遵义县以为遵义寨，隶珍州。开禧三年，复遵义军。嘉定十年，仍降遵义军为寨。端平三年，复以白绵堡为播州。嘉熙三年，设播州安抚使。宝祐五年，置鼎山县。元至元十五年，诏以鼎山仍隶播州。十六年，改鼎山为播川县。二十六年，改播州为播南路。二十八年，改为播州军民宣抚司。领黄平府以下三十二长官所。元末为明氏所有。明太祖洪武五年归附，置播州宣慰司，领安抚司二：曰草堂，曰黄平。长官司六：曰播州，曰真州，曰余庆，曰白泥，曰容山，曰重安。

万历二十九年，播州平，分其地为平越、遵义二军民府。遵义之置府始此。改真州长官司置真安州，改播州长官司置遵义县，与府同治白田坝。以播州司所属旧夜郎里置桐梓县，以真州司所属地置绥阳县，以播州司所属仁怀里为仁怀县，皆隶遵义，属四川。于是遵义军民府领州一、县四。康熙二十六年，裁"军民"字。雍正五年，改隶贵州。贵州诸府皆有亲辖地，惟遵义无之，盖仍四川旧制。此遵义建置之大略也。

府治南距省城二百八十里。遵义附郭东北二百六十里为正安州，即真安州之所改也。东一百里为绥阳县，北一百二十里为桐梓县，西北一百六十里为仁怀县。其四至：东一百五十里抵丁家坝，交平越州湄潭县界；西五百八十里抵老虎岔，交四川叙永厅界；南一百里抵乌江隘，交贵阳府修文县界；北三百六十五里抵界牌，交四川綦江县界。四隅：东北五百六十里笋子盖，与四川彭水县交界；西南一百五十里古楼隘，与大定府黔西州交界；西北六百四十里大湾塘，与仁怀厅交界；东南一百二十里合口隘，与贵阳府开州交界。府境广七百三十里，袤四百六十五里。东北至西南袤七百一十里，西北至东南袤七百六十里。幅员广博，前据乌江，后倚赤水，盖黔省北蔽也。

遵义县　附郭，本唐带水县地也。贞观九年，置柯盈县。十四年，更名曰带水。宋宣和三年，与播州同废。淳熙三年，播州迁治其地。元为播州军民都镇抚司。明洪武五年，改置播州长官司，授土酋王慈世守。万历二十九年，改置遵义县。其四至：东一百一十里抵三度关，交平越州湄潭县界；西一百三十里抵青坑塘，交仁怀厅界；南一百里抵乌江隘，交贵阳府修文县界；北一百里抵娄山关，交桐梓县界。四隅：东北五十里长滩塘，与绥阳县交界；西南一百五十里古楼塘，与大定府黔西州交界；西北一百二十里瓮坪塘，与仁怀县交界；东南一百二十里合口隘，与贵阳府开州交界。境土广二百四十里，袤一百九十里。东北至西南斜袤二百里，西北至东南斜袤二百四十里。

分为四乡，乡复分为数里；曰东隅里，曰通平里，曰乐安里，为东乡；曰西隅里，曰天旺里，曰沙溪里，为西乡；曰南隅里，曰忠庄里，曰清潭里，曰平水里，为南乡；曰北隅里，曰永安里，曰大溪里，为北乡。里分十甲，凡一百三十甲。山川险奥，土田广衍。由湄潭而入，以葛藤为扼隘；由黔西而入，以古楼为扼隘。南限乌江，达省之要津；北阻娄山，通蜀之重阻。盖里山表河，四塞之区也。

其地自汉置鳖县以来，世属中国。唐末暂失，旋为杨端所复。宋、元及明，杨氏虽专有其地，然政教不大异于中国，故其地蛮族尚少。自端恢复以来，有令狐、成、赵、犹、娄、梁、韦、谢八族，皆西北旧族也。杨氏之灭，杨氏支属及八族子孙散满境内，又有明代军屯之籍综错其间，然皆汉户也。苗族惟有红头苗、青头苗、鸦雀苗、革僚四种，咸自邻封并入，不成聚落。或为佣田，或垦山土。其有产业者，悉照汉民一例纳秋折粮银。遵义诸属大抵皆然，惟苗种各异云。

正安州 本唐珍州也。贞观十七年，置播川镇于其地，后因镇中有降珍山，因改镇为珍州，领营德、夜郎、丽皋、乐源四县。天宝〔初〕，改为夜郎郡，寻复为珍州。元和二年，废珍州，以所领县属之溱州。宋乾德三年，珍州蛮酋田景迁以其地内附，赐名珍州，仍领四县。开宝元年，改为西高州，后渐不宾服，州县皆废。大观二年，涪州夷大骆解上下族帅骆世华、骆文贵，献西高州之故地，广四百五十里，袤三百五十里。诏以其地为珍州，亦曰乐源郡，复立乐源县为州治。咸淳末，并珍州及所属乐源县于播州。元为珍州、思宁等处长官所，属播州宣抚司。至正二十三年，地入于明氏，明氏改为真州、思宁等处长官司。明洪武五年归附。十七年，改为真州长官司。万历二十九年，杨氏灭，改真州长官司置真安州。雍正二年，改为正安州。此正安州建置之大略也。

其四至：东二百里抵老鹰关，交思南府婺川县界；西一百里

抵蟠龙河，交桐梓县界；南一百里抵长碛，交绥阳县界；北一百
一十五里抵米粮坳，交四川南川县界。四隅：东北二百里白村坝，
与思南府婺川县交界，三百里笋子盖，与四川酉阳州彭水县交界；
西南八十五里草果山，与绥阳县交界；西北九十里罗巴寨，与桐
梓县交界，二百五十里郭村坝，与四川涪州交界；东南一百四十
五里黑溪沟，与石阡、龙泉、湄潭、婺川四处交界。境地广三百
里，袤二百一十五里。东北自婺川界至西南斜袤二百八十五里，
自彭水界至西南斜袤三百八十五里；西北自桐梓界至东南斜袤二
百三十五里，自涪州界至东南斜袤三百九十五里。

分为四里：曰思宁，曰德溪，曰三江，曰小溪。思宁、德溪
各编十甲，三江、小溪各编九甲，共三十八甲。州介巴黔之间，
扼蛮僰之要，西南有事，实当其冲。州治屡经迁徙，万历中初置
州时，建治于思宁里之潴水园，后迁于三江里。国初又迁于德溪
里之土坪。皆未建城。乾隆三年乃定，迁于古凤，即今州治也。
四里土田肥瘠不一，民人与遵义略同。苗种旧有革僚、花苗二种，
共三百余户，今多迁徙于邻封，见惟零星数名，咸依汉户耕作，
未编烟户。又有鸦雀苗，间与汉民错处，亦无多也。

桐梓县　唐珍州之夜郎县、溱州之扶欢县也。贞观十六年，
置扶欢县。十七年，置夜郎县。元和二年，二县皆隶溱州。宋初，
二县仍分隶西高、溱二州，后俱废。熙宁三年，置扶欢寨，后省。
大观二年，木攀首领赵泰内属，又建夜郎县。宣和二年，废夜郎
县。宝祐六年，又置鼎山县于今县南。元世祖至元十五年，以鼎
山隶播州。十六年，改为播川县，后废为夜郎里，属播州司。万
历二十九年平播，分置桐梓县。明洪武六年，置桐梓驿。万历二
十九年平播后，分置桐梓县。桐梓之置县始此。

其四至：东五十里抵罗五山，交绥阳县界；西八十里抵牛渡
河，交仁怀县界；南三十里抵娄山关，交遵义县界；北二百六十
里抵界牌，交四川綦江县界。四隅：东北四百五十里大凹沟与四
川南川县交界，四百二十里深坑与正安州交界；西南四十五里楠

木厂与遵义县交界；西北一百六十里水潦与仁怀县交界；东南五十里石炭关与遵义县交界。境地广一百三十里，袤二百九十里。东北自南川界至西南斜袤四百九十五里，自正安界至西南斜袤四百六十五里，西北至东南斜袤二百一十里。

分为五里：曰东芝，曰溱溪，曰芦溪，曰夜郎，曰娄化。夜郎编十一甲，余四里均十甲，共五十一甲。县地为四川入黔首程，与川省綦江、南川二县犬牙相错，郡辖四属，咸与接壤，控扼之要区也。明季婴献贼之乱，民死于兵者半，死于病者半，室存人亡者数年乃渐复业。遂以遵义尚为完备之区，差徭倍于他郡。康熙中，居民报垦，避重就轻。于是新垦之土田，咸归綦江、南川二县，故二县地多华离在桐梓也。东芝之好芝坝、芦溪之黑石溪、溱溪之元田坝，俱有沟堰蓄泄，土田称膏腴焉。夜郎、娄化二里，土俱瘠埆。其民人皆汉户。苗种旧有革僚、鸦鹊、红头三种，共六百六十余户，近日迁兴义、安南，诸处略尽。惟散住零星苗户一百十七户而已，亦均剃发编入里甲，无异汉民。

绥阳县 本唐遵义、芙蓉二县地。贞观九年，置恭水县，为播州郭下县。其五年置芙蓉县，为邢州郭下县。旋废州，改芙蓉县，隶智州。十一年，智州更名牢州。十六年，废牢州，改芙蓉县，隶播州。又更恭水曰遵义。宋初，遵义、芙蓉二县尚隶播州，元丰后皆废。大观二年，置遵义军及县，旋废。元至元二十一年，立遵义总管府，隶顺元宣抚司，后省其地入珍州思宁长官所。明初地属真州长官司。平播后始置绥阳县，以地近唐时夷州之绥阳，故县得名，非唐绥阳县地也。

其四至：东八十里抵万寿场，交平越、湄潭县界；西四十里抵四面山，交遵义县界；南三十里抵郑家场，交遵义县界；北三百里抵雷家场，交桐梓县界。四隅：东北一百五十里九曲水及公馆槽，皆与正安交界；西南六十里伞水场，与遵义县交界；西北一百五十里罗五山，与桐梓县交界；东南八十里对插凹，与遵义、湄潭两县交界。境地广一百二十里，袤三百三十里。东北至西南斜袤二百一十里，西北至东南斜袤二百三十里。分为四里：曰金竹，曰朗水，曰赵家，曰望草。里编十甲，凡四十甲。县境四山环绕，为蜀东之门户，黔地之咽喉。

居民多属汉户，苗类惟花苗、鸦雀、红头三种而已。花苗能织麻布、制木盘，善捕禽兽。昏丧岁时，俱以牛、犬为礼。红头、鸦雀居处服食与汉人同。通属汉庄二百五十，苗寨十一。苗户计五十二，然皆入编户中，无甚区别。金竹里之七、八两甲近湄潭，赵家里之四、五两甲近桐梓，咸去城辽远，居民多争控界址，盖三县之间原无界石也。

仁怀县 宋滋、纯二州地也。大观三年，以泸夷地建滋州、纯州，置承流、仁怀、九支、乐共四县，仁怀之名昉此。宣和三年，废滋州为武都城，以仁怀县为堡，并承流县并入焉；废纯州为九支城，乐共县为乐共城。宋元之际，地入播州，为仁怀里，属播州司。明平播，始复置仁怀县。

其四至：东一百里，抵小溪里，交桐梓县界；西三百二十里，抵三合树、老虎岔二处，交四川叙永厅界；南一百四十里，抵李博里，交遵义县及大定府黔西州界；北三百八十里，抵二郎里及赤水里，交仁怀厅界。四隅：东北四百四十里赤水里、丁山里、温水汛三处皆与四川綦江县交界，又五百里与四川江津、合江两县交界；西南一百三十里黎民隘，与大定府黔西州交界；西北三百八十里瓮坪塘、大湾塘，与仁怀厅交界；东南一百四十里并坝塘，与遵义县交界。境地广四百二十里，袤五百二十里。东北自綦江界至西南斜袤五百七十里，自江津合江界至西南六百三十里；西北至东南斜袤五百二十里。幅员极为广博。

分为七里：曰李博，曰安罗，曰二郎，曰小溪，曰吼滩，曰赤水，曰丁山。里编十甲，共七十甲。安罗、李博为上二里，二郎以下为下五里。上二里与蜀省之永宁及大定、黔西连界，下五里与蜀省之叙永厅、綦江、江津、合江等县交错，距城四五百里不等。

土田最高者为箐地，次为半山，下为花厂。箐地高冷，宜稻、菽、粟、稗、高粱、玉蜀黍。而玉蜀黍尤为日用之需，土人名曰包谷也。其稻植之于山阜弯环处，可斗种而石收。平厂之处，可斗种而二石收。久雨则损秧，早稼则被冻，晚或为风落，故箐地之田价极贱。居民率于清明之前，往花厂佃田栽秧，而后移种于箐地。花厂地低近河，居民多种棉花，故名。居民汉户为多，苗类有青夷、白夷、仲家、罗罗、㑩鬼、青苗僚、红僆僚、红头、鸦雀、马鞍十种。青夷、白夷、仲家能通汉语，渐染华风，余尚循夷俗。无土司管辖。通属汉户十之六七，苗户十之三四。然苗汉无猜，土田皆一律编入里甲云。

仁怀直隶厅

仁怀直隶厅，宋纯、滋、蓝三州地也。蓝州，置自唐元和初，宋因之，元为永宁路。土俗讹蓝为蔺，世遂称为蔺州。其故墟在今厅城西南二百里唐朝坝。纯州，宋大观二年置，治九支县。宣和三年，州废，改县为九支县。今厅西北廿里隔河合江县之九支坝，即宋九支故墟也。滋州，亦大观三年置，领承流、仁怀二县。宣和三年，废州为武都城。今厅治西南一百五十里土城里，一名瓷城，即滋州及武都旧墟。盖武都讹土，滋讹为瓷也。仁怀县，亦大观三年置，宣和三年废为堡，厅治西南三十里旧仁怀场，今称复兴场，即其地也。宋元之际，地入播州，为仁怀里，属播州司。平播后，设仁怀县于今厅治，管里十。雍正八年，移县治于李博里之亭子坝，即今仁怀县也。移通判驻明仁怀县治，即今厅城也。乾隆三年，以附近之河西、仁怀、土城三里归通判管辖。四十一年，改为直隶同知，仁怀直隶厅之设始此。

厅城东南距省城九百七十里。其四至：东一百八十里抵仁怀县赤水里界，西一百二十里抵四川叙永厅青化里界，南三百六十里抵板桥河交仁怀县二郎里界，北渡赤水河即抵四川合江县富家凹界。四隅：东北十里鲢鱼溪，与合江县丁山支交界；西南三百二十里抵黄葛沱，交仁怀县二郎里界；西北二十里完碃，与合江县九支坝交界；东南二百四十里抵图书坝，与仁怀县吼滩里交界。境地广三百里，袤三百六十里。东北至西南斜袤三百三十里，西北至东南二百六十里。厅界赤水河，可通舟楫。其水自仁怀县岔角滩流入，东北行三百八十里至厅治北，又东北行十里至铃铃滩，入合江县界。厅治三面距蜀，划江而守，最为扼要。

仁怀里编五甲：一甲、二甲、三甲在城东，距城自二里至八十里不等；四甲在城南，距城自一里至三十里不等；五甲在城西，距城自一里至三十五里不等。而旧仁怀属五甲，管辖河西里四甲，皆在城西，距城自二十里至一百四十里不等。土城里四甲，皆在城南，距城自九十里至三百六十里不等。土城场在二甲，唐朝坝在四甲也。

仁怀、河西二里，水田较多，颇称腴壤。土城地气瘴薄，人民宜杂粮，汉户为多。土城与叙永厅、仁怀县二处交错，又为蜀盐商船屯泊之所，客户亦繁。苗惟马鞯一种，性淳，随所佃之土为居，迁徙无常。无土司管辖。通属皆汉庄，苗民零星散处，仅七八十户而已。

黔南职方纪略　卷五

都匀府

　　都匀府，唐应州地。晋天福间，有都云酋长尹怀昌率所部附于马希范，都云之名始见。自元及明，或置都云军民府，或置定远府，或置麻峡、都匀等县，或置都匀安抚司。寻复废县为长官司，改清平堡为清平卫，易麻峡为麻哈，降安抚为卫。废置既各不同，或属管番民总管，或隶湖广行省，或隶贵州都司，或隶布政司辖领，亦不相袭。弘治六年，即卫城增置都匀府，以卫属长官司隶之。又增乐平、平定二长官。八年，改麻哈长官司为麻哈州，九名九姓独山长官司为独山州，清平长官司为清平县，均隶府。正德间，以播州之安宁安抚司改为凯里来属。康熙七年，省清平县入麻哈州。十一年，复置清平县，省卫入县。以新添之丹行长官司来属，而改都匀卫为县，为附郭。十二年，以府属长官司并属都匀县。雍正八年，经略张广泗开八寨、丹江、都江各苗疆，设官分驻，俱隶府。十年，以广西庆远府之荔波县来属。荔波，于宋元时为羁縻荔波州，又为南丹安抚司。明洪武元年，并入思恩县。十七年，析置荔波县，属庆远府，后隶贵州都司。顺治间，仍属庆远府。今府属共有九属，亲辖之外，其县曰都匀，曰清平，曰荔波；其州曰麻哈，曰独山；其同知曰八寨；其通判曰丹江，曰都江。并府亲辖共为九属。其凯里县丞，则清平之分辖者也；方村县丞，则荔波之分辖者也；三脚坉州同，则独山之分辖者也。今日设官之制大概如是。

　　府治在省城东南三百里。其四至：东抵黎平府之古州，西抵贵阳府之贵定县，北抵平越直隶州，南抵广西南丹土州之边境。其四隅：东南为古州界，西南为定番州界，东北为台拱厅界，西北为平越州界。都匀县附郭。府治北五十里为麻哈州，东北百一十里为清平县，南以西百二十里为独山州。由独山州之南折而东，在府治西南二百里为荔波县。至于新辟三厅，在府之东九十里，则八寨同知驻焉。由八寨而东南，去府二百四十里，则都江通判驻焉。由八寨而东北，去府一百六十里，则丹江通判驻焉。八寨于明为夭坝土司地，生苗戕害土司，致成化外，非若丹江、都江之阻深暗昧，本系化外生苗也。府境广袤之势，其大概则又如是。

今省城以东，龙里、贵定为滇楚要冲。至通粤之途，则由贵定南出至都匀，而都匀亦为一大都会。其地久归版宇，商贾辐辏，汉苗夹杂而居。都江、清江诸源皆始于郡，而清江源尤远，其舟楫直抵郡城。府幅员宽阔，苗民固多，汉民亦复不少。其寨落有悉住苗民者，并有悉住汉民者。虽其地群峰叠嶂，跬步皆山，然而溪流萦绕，水泉汩汩，每多膏腴之田，客民之贸易、流寓其间，易于托足焉。

都匀府亲辖地，顺治初设长官司八员：曰都匀正副，曰邦水，曰丹平，曰丹行，曰平州，曰平浪，曰夭坝。康熙、雍正间，叠裁丹平、丹行、平州、平浪长官司，而于平州设土把总一员，平浪设土舍一员。改丹平为六洞，设土舍一员。以丹行司地设牙舟汛，与凯口、岩埋、巴榔四处为四牌，各设乡约管束，而裁夭坝司，归辖八寨。今都匀正司所管之地，在府治南七十里，与独山州之独山司地联界，土人呼为吴家司。其副司所管之地，在府治东南九十五里，与独山州之普安司及八寨厅之得禄塘交界，土人呼为王家司。其邦水司在府城西十五里，其所管之地又西五十五里，至摆忙寨与贵定县属之瓮顺河交界。惟平州、六洞两司去府治为最远，由府城西南行至平浪司，折而南为平州司，去平州之西三十里为六洞司。府治至两司几二百里，南接广西之南丹土州仅十余里；西距定番州之大塘，抵藤茶河为界；东倚独山州之丰宁、下司。两司所管，悉系仲家，地远而僻，介居两省，为四属接壤之交。匪徒畏罪，多潜匿其间。平浪司西接贵定县属之大小平伐，所管多仲家，地连邦水，虽云边远，以视平州、六洞二司，则均为腹地矣。

统计府属六土司、四牌，典买苗产者二千三百九十六户，未典买苗产者二百三十四户，住居城市、不填丁口客户四十二户。三共客民二千六百七十二户。又，县属五所之地，虽与府属各司插花，其寨落尚皆缀聚，非若松桃汛堡，牙交绣错于苗寨之中。是以县属客民，偶亦有典买府属苗产之户，然皆已附见于府属各司之籍内。

八寨厅　与都江固为黔粤冲途，而都江为水程，八寨则陆站，下接三脚，上承匀郡，皆不及百里。苗情刁敝，而客民杂处偏多。自郡城东南行，过鸡贾河，经得禄塘，由二登高、大登高而上，历数千级始下，下不满数百级即为平衍之地。越八寨城，折而西南行，过五里铺至羊甲塘，下山愈下愈深。由山沟趋羊忙塘，出八甲境，直抵三脚。由八寨城而望，四面群峰围绕，八寨居山巅平地，土厚而肥。土厚之处，每患乏水泉，而八寨则龙井、龙塘到处皆有。种宜菽、麦、荞、粱，风土无殊关右。此恃险而顽，从前所以有戕害土司之事，而遂成化外也。

厅境共设四土司、一卫。近城三司：夭坝土千总一员，今呼为"夭司"，在城北；杨武土把总一员，今呼为"杨司"，在城南；永安土把总一员，今呼为"雷司"，在城东。八寨卫所辖十三堡即散布三司之间。惟王司土把总远在排调，去厅东南一百八十余里，直与古州、丹江接壤。厅之边境共设卡房七座，西北至都匀府之鸡贾塘入境，曰一碗井卡；东北至麻哈属之瓮城河入境，曰排乍坡卡；东自丹江属之乌商寨入境，曰乌的卡；又东自丹江属豆南寨入境，曰竹留卡；南之东，自都江之乔磏场，沿丹江之乔配山入境，曰乌落卡；南自都江之雅灰寨入境，曰方胜卡；西南自独山州之羊勇坡入境，曰七里冲卡。一碗井、七里冲两处今为大道，余五处类皆出入咽喉，泥丸可塞，险隘逾于各属。

统计厅属四司、一卫，典买苗产客民七百二十四户，未填丁口及蓬户在内、未典买苗产客民五十六户。二共客民七百八十户。

丹江厅 地多险隘，为上下九股之门户，都江、古州、台拱四面相环，仅西北一隅丹江卫各堡，毗连凯里熟苗之地，于苗疆中尤为扼要之厅，昔张经略所以费经营于雍正六年，而又大加搜剔于乾隆元年者也。牛皮箐绵亘新疆之中，于丹江为南境，于古州为北境。清江、台拱抱于左，八寨、都江倚于右。经略疏中云：其峭壁悬岩，高出云表。深林密树，雾雨不开。泥泞没膝，蛇虺交行。不特人迹罕到，即本地苗蛮亦只知附近大概。斯言不谬。今封禁已久，文武官犹复按季会哨，其中相距地究不满百里。非民苗之不敢擅入也，实缘箐内非石即木，无土可耕，且阴寒之气，逼人甚厉，所以历年于兹弃与毒蛇猛兽耳。其余各寨之山，荒土辽阔。贫民挖种、住居既久，日渐增多，或三二里一户，或十里八里三户五户。苗寨中住居汉户典买苗产者，不见其多，而种山客民则日益月盛。且山系公山，土无专主。离寨近者，尚须向寨头承租；离寨远者，不肖客户欺侮愚苗，每多占种。此丹江情形也。

厅属鸡讲司土千总所辖之寨，于牛皮箐为最近。黄茅司土千总所辖之寨，半居厅之北境，接台拱之台盘、台雄等寨；半为厅之南境，接都江之乔磋、八寨之乌落等寨。其乌叠司土千总所辖之寨，悉居厅之西境。西以北，乌耶关与清平之松林塘、麻哈之藤铺交界，西以南皆为八寨地。四境荒山蔓延，苗寨不相联属，种山蓬户亦散漫无归，宵小匪人得以潜踪混迹。今各分牌、甲，牌有牌头，甲有甲长。一牌有一牌之稽考，一甲有一甲之管束。丹江卫坉堡，亦联缀其间，各堡屯军一概编联牌内。

统计丹江厅属三司客户，共一百一十九牌，内有产之户五百七十五户，无业之户六百四十九户，计一千二百二十四户。每司各设客长、乡约数名，约束牌头，互相稽查。而隔属居住、典买苗产、不填丁口客户又三十七户。二共客民一千二百六十一户。

都江厅 即来牛寨地，居黔粤之冲。自厅城溯流而上至打略塘，交独山州界，仅四十里；自厅城顺流而下至平宇塘，接古州界，亦四十里。溜急滩高，两岸皆危峰绝嶂，无复土田。南北袤延百里，而近厅以西悬崖绝壑，无路可通，抑且寨落凋零，每寨多不满三四十户。土薄而冷，间有开垦成田，每患雨水所冲，土坍石见，是以客民无所图利，即苗民亦鲜盖藏。自厅城下三十里，由坝阶循山沟而进，西南行三日达荔波。自厅城之北而东，抵古州之高排寨七十余里，东以北抵丹江之乔配寨百六十余里，皆羊肠鸟道，苗寨尚多。然其地甚瘠，本地苗民且不聊生，客民又何从托足？是以苗寨内绝无贸易、手艺之户，即刨挖山土，悉系苗人，亦无蓬户。今设顺德营土千总一员，管五十三寨；归仁营土千总一员，管五十三寨。

统计厅境两营，典买苗产客民四百三十五户，并住居都江厅城、未填丁口者三十一户。二共客民四百六十六户。

都匀县 辖怀德、从化二里，二十四牌，悉系汉民，并无苗户。其田悉系军田，完纳军粮，并无民田，是以亦无苗产。县境间有苗人，多系与汉户佣工耕种。

麻哈州 东西广不及二百里，南北袤不及百里，四面为都匀、贵阳、平越两府一州各县环绕。麻哈江在州之南，平定河在州之东，乐平溪在州之西。地虽蕞尔弹丸，苗种甚多，客民之错处其间亦复不少。此《通志》所以云"达荆楚之挽输，号苗蛮之窟穴"也。原辖平定、乐平长官司二员，后增设养鹅司土千总一员，宣威、落户、麻哈、旧司土舍四员，七司共管汉苗二百一十寨有奇。乐平司在治之西，地接贵定。平定司在治之东，地接府属之太平营。落户司在治之南，地接都匀县界。麻哈司在治之北，地接清平。治西北为旧司，治东南为养鹅、宣威二司。今统分为平洗、必拨、桥头及平定、乐平、养鹅、宣威、落户、旧司、郎洞等十牌。别有蒙戎、计羊、摆地、羊场、归州、瓮袍、夭家、郎了等八牌，不经土司管辖，几及百寨。其寨有悉住汉民并亦无典买苗人田土者，亦有悉住苗民亦无田地典卖与汉人者。至于汉苗夹杂之寨，各司多寡不同，而每寨中有产客民较之无产之客民，则相倍蓰。

统计七司八牌，典买苗产并不填丁口客户共六百七十九户，未典买苗产者二百五十四户，蓬户未置苗产者三十八户。三共客民九百七十一户。

独山州 山多田少，所辖凡六司。城之南二里，为服色土同知所辖之地，今名为独山司。又南为丰宁上司，又南为丰宁下司。由州治至下司，计程已七十五里，再南四十里与广西之六寨汛交界。由下司而西三十里，与广西之南丹土州交界。三埆司界址为最小，在下司之东二十里，南为荔波，北接烂土。烂土司介居普安、三埆之间，其南境有与荔波之三洞、羊安二里为界者。普安司在三脚坉之北，即元时陈蒙州之故址也。丰宁上下、烂土、独山三司，均系水人、仲人、苗人，言语各有不同。水、仲二种所居之寨，不容客户。客户皆成聚落，居于坡岭之上。仲人多不自认为苗。三埆地接南丹，山高峰陡，客民为尤少。惟普安即三脚州同分辖之地，与都江、八寨犬牙相错，有客民之寨比比皆是，故客民为最多。其次则独山司，附近州治，地多平衍，故亦有客民。余各司所有客户，不过租土挖种而已。种土之户，零星散处，似与蓬户相等，实非蓬户也。

统计州属六司，典买苗产客民六百九十户，未典买苗产者六十三户。二共客民七百五十三户。

清平县 上承杨老，下抵重安，驿路所经。县境本五方杂处，兼之其地产铅，厂务所在，流民聚焉。今县分三里：曰永清，曰太平，曰凯里。永清里称甲上所地，系前明卫堡，田悉军田，民皆汉民。太平里称牌地，系前明长官司苗寨，其寨落多在县境东北，地接台拱、丹江，又与铅厂相近。里内共四十三寨，其十寨并无客户，其三十三寨俱系汉苗杂处。旧安宁安抚司地，名为凯里。凯里所辖有里地，有庄地，又设有岩头、乐榜土千总两员。雍正十年，设县丞驻其地。乾隆三年，又益之以镇远属之臻洞土把总一员。是为凯里三司。其三司地悉为苗产，里地、庄地则久为民产。大抵清平县属不特汉苗混淆，抑且田土镠镆。

统计县属之太平里并县丞属之三司，典买苗产客民六百五十二户，未典买苗产者九百九十九户，隔属居住、不填丁口者二百一十一户。三共客民一千八百六十二户。

荔波县 南百四十里抵广西庆远府属南丹土州海利村界，东南百一十里抵广西庆远府属思恩县覃村界，西接独山州之丰宁下司，北接独山州之烂土司，四境距城皆不及百里。惟东北一隅，地接古州、都江各寨，百里而遥。其境分为一十六里，共管五百余村。县治正北之羊安里，介居三洞、水婆二里之中，地接独山州之烂土司，所管十八村并无汉民。其时来、瑶庆二里居县东境，又东为巴容里，地接古州八开土司所管之瑶虑苗寨。东以北之久迁里，地接都江属之河东塘、通都江之坝阶，为古州入境之路。近城西门外为蒙石里，西以南三十里为巴灰里，西以北为羊奉、巴乃二里。县之南山重岭复，村落最少，仅董界一里直接南丹州界。县西北方村里，为独山州入境大道，荔波县之县丞驻焉。其周覃、鹅甫、瑶台三里，皆为县之北境，苗类为水、伶、佯、侗、瑶、僮六种，此外尚有仲家。其男人均皆剃发，与汉无殊。聚处之所曰村，不名为寨。里有多至七十余村者，有少不过十余村者。县境汉民亦复不少，而各村之中不容汉户，其俗相沿已久，因而各汉户散处山坡间，或结为场市。大约久迁、方村塘汛所经，蒙石去城不远，瑶庆、董界地方宽阔，此数里客民特多。

统计县属汉苗夹杂之里一十有五，典买苗产客民一千八百八十四户，未典买苗产者三百四十一户，蓬户四十二户。三共客民二千二百六十七户。

统计都匀一府八属，有苗产客民八千三百九十八户，不填丁口及种山蓬户在内、未典买苗产客民二千六百三十四户。二共一万一千零三十二户。

平越直隶州

平越州，唐牂州地。元明之际统于播州，为平月长官地。洪武十四年，置平越卫军民指挥使司，隶四川布政司，寻改隶贵州都司，而平越之名始见。至万历二十八年，平播州，宣慰司杨应龙分其地为二：北属蜀者为遵义府，南属黔者为平越府。于是就平越卫设军民府，而以黄平安抚司置黄平州，以草塘、雍水二长官司置瓮安县，以余庆县、白泥二长官司置余庆县，以苦竹坝三里七牌置湄潭县。皆播州宣慰司地。康熙十一年，改平越卫为县，附郭。徙黄平州治于兴隆卫，省卫入州，平越府始裁"军民"字样。嘉庆三年，改府为直隶州，改黄平州隶镇远府，裁平越县，并归州辖。今领县三，瓮安、湄潭、余庆是也。其境在省城东一百七十里，东抵镇远府之黄平州，西抵贵阳府之开州，南抵都匀府之都匀县，北抵思南府之婺川县。东南接都匀府清平县界，西南接贵阳府贵定县界，东北接遵义府遵义县界，西北接贵阳府开州界。清水江限于西，重安江环其南，岩门江贯乎中。境内诸水，多汇焉以达乌江。作省会之藩篱，据楚蜀之要害。四牡皇华，取道于是，洵边方冲剧之地，苗蛮丛聚之区也。

平越直隶州亲辖之地，有旧府辖地，有向日平越县辖之地。平越县属地方，由卫改设，原设前、后、左、右、中五所，每所村寨多寡不齐，五所悉系军田，并无苗产。今虽并入州辖，与州属之地军田、苗田判然有别。州属亲辖之地为洪边、乔水、石板、乐邦、江边、江冷、麻哈、三堡、王卡等九牌，又杨义长官司所辖之地为罗歪、地送、嶰隆、羊场、兔场等五牌，别有高平土千总所辖为高一、高二、高三、高四四牌，中坪土舍所辖为中坪牌，共十九牌。又有上格、下格地方。统计为十九牌、二格，汉多苗少。州属别有五牌，其名与杨义司所管之五牌相同，而司管之牌，别加一"杨"字。嶰隆则曰杨解，地送则曰杨地，罗歪则曰杨罗，羊场则曰杨羊，兔场则曰杨兔。其州属之嶰隆五牌及洪边九牌，皆为汉寨。惟嶰隆五牌，与司地牙交绣错耳。

杨义土司金家良之远祖，于唐为金筑安抚司，宋元时授为金筑府土知府，明洪武间分其支子为杨义长官司，累传至雍正三年，金履殿之子金玉承袭职，部颁印信，迄今不替。所辖之地，与清平县属之西北、西南、正西三面诸苗寨绣错牙交，司之南即杨老驿也。

州属除杨义、高坪、中坪三司之外，并无苗寨，所住之汉户半系前明洪武间安插之户，及至削平播难，苗户凋零，十存一二。经督抚李、郭诸公重为厘定，将旧日荒芜苗产丈量定赋，听各省客民愿占籍者酌价缴官，以充建立城池、卫门、驿传诸费，二年之外一律起科。于是客民之开垦官荒又复不少，此又客民住居苗地、耕苗产之原也。后来客民盖寡。

今统计有苗产客民一百七十三户，无苗产客民八百二十一户。二共客民九百九十四户。

余庆县 在州之东北四十里，县境东至石阡，西接瓮安，北抵湄潭，其南为镇远府属之施秉、黄平北鄙。县属仅有僮佬一种，户口无多，不成寨落，依傍汉户而居，佣佃营生，均无田土。盖黔省自贵阳以东直至思州，绵延五百余里。驿道迤南，都匀、麻哈、清江、台拱，悉系生熟苗疆；驿道以北，石阡、龙泉及思南各属皆为田、杨二宣慰世守之地。故余庆一县，虽设有余庆土县丞一员、白泥土主簿一员，皆缘前明平播后改长官司设县之时，毛、杨两姓勋裔未便以无故革除，相沿至今，准其袭职，借以弹压土人，并无应管苗户也。

瓮安县 在府治北六十里。

湄潭县 又在余庆、瓮安之北，去府治二百二十里。

瓮安西抵开州，东抵黄平，北接湄潭，南联州属。所辖地方六里，悉系汉民，仅有僚佬苗人数百户散居各寨，为汉客户佣工，并无产业。现虽设有草塘、瓮水土县丞两员，亦不过管束土人而已。湄潭则东至石阡，西至遵义，南毗瓮安，其北则直抵龙泉县界，地居岩门江外，去州治为最远。所辖宝善、新化、经正、启祥四里，均系汉户，聚族而居，并无苗户。盖二县地居黔楚大道之北，不与有苗州县相错也。

黔南职方纪略　卷六

黎平府

　　黎平府地，唐以前称名不一：为武陵、沅陵等郡，为镡城、龙標、夜郎、朗溪、思微、渭溪、潭阳等县，为巫州、舞州、沅州、叙州、古州、福禄等州。宋为羁縻叙州，后设平州。元设古州八万军民府，寻改为长官司，属思州安抚司，隶湖广行省。洪武三年，置湖耳、潭溪等十四洞蛮彝长官司，隶思州宣慰司。永乐十一年，废司设府，以古州曹滴、潭溪、八舟、洪舟、西山、福禄、永从七长官司置黎平府，以湖耳、亮寨、欧阳、新化、龙里、中林、赤溪七长官司置新化府，并隶贵州布政司。宣德间，省新化府入黎平，旋废福禄、永从司，置永从县。万历间，改隶湖广，寻复仍隶贵州。顺治、康熙间，叠革曹滴、赤溪、湳洞、西山等司。雍正三年，以湖南之铜鼓、五开二卫来属。五年，改卫设县，以五开为开泰，以铜鼓为锦屏，又以湖南靖州之天柱县来属。七年，张经略开辟化外生苗，设同知驻古州，而以天柱县属镇远府。今领县三，附郭曰开泰；府南六十里曰永从；府东北一百二十里曰锦屏，今降为乡，分防同知一；府西一百八十里曰古州，分防通判一；府西南一百四十里曰下江。其境北抵镇远府之清江、邛水，西抵都匀府之都江、荔波，东南两面则湖广靖州之会同、通道等县，广西柳州府之怀远、罗城等县。广五百里，袤四百余里。地在省会东南千里而遥，清江北环，都江南绕，界居楚粤之交，洵下游之要辅也。

　　黎平府亲辖潭溪正副、湖耳正副、洪州正副、欧阳正副、新化、亮寨、八舟、中林、龙里、古州、三郎长官司十五员。各司苗寨多寡不一，多者至七八十寨，少亦有一二十寨。此外，尚有亲辖之西山二十八寨，天甫、归弓等内外六洞。又有经历司所辖之废曹滴司三十二寨，西路、南路四十七寨，及洪州司吏目所辖之八寨，皆不归土司管束。

西山二十八寨地接永从之西山，远在古州江西岸，去府三站，苗民最为醇朴，其土田瘠薄，道远而僻，是以客民稀少。十五司地，并经历所辖废曹滴司及南路、西路，其苗寨皆与锦、开二邑屯所相为错综，有一苗寨，即有一屯或一所，相去或一里或半里，其安插之意，无非欲张掎角之势，与松桃之坡西、坡东安堡设汛事同一律也。屯所之户，明初军籍十居其三，外来客民十居其七，今日皆成土著，与苗寨毗联，已各交好往来，睦邻之道，例所不禁。其十五司各寨苗民，盖洞苗居其七，高坡苗居其三。高坡苗悉皆蓄发，洞苗则剃发而易汉服者已过半。黎郡岁科考试，府学额入二十五名内，例取苗生十三名。是以读书识字之苗民，各寨俱有。其间客民之住居苗寨者，又较别地为多，盖其地虽有崇山峻岭，而两山之中每多平坝，溪流回绕，田悉膏腴，村墟鳞比，人户稠密，其富庶之象易起客民觊觎之心。且地利肥美，物产丰亨，山土种木棉，苗妇勤于织纺，杉木、茶林到处皆有，于是客民之贸易者、手艺者，邻省邻府接踵而来，此客民所以多也。然而开泰县所管八堡十五所，锦屏乡所管城内九甲、城外十二屯，自改卫为县时，军屯皆成土著，身住屯所，业落苗寨，视彼邻省邻府客民，跋涉相依，尤为捷便。况苗民家道既裕，又晓文义，族类蕃多，同气相助，间有力薄弃产之户，不待客民计议筹画，合寨有力苗民已将田土垄断而得，纵有可图之产，又为府县两属之土著平日眈眈于侧者捷足先登。客民始计未尝不借径于贸易、手艺窥伺苗产，及至身入苗寨，己则势孤，竟无从得土田。故苗寨客民虽多于他地，而客民当买田土则又寥寥者也。天甫六洞，每洞不过一两寨，计六洞仅十余寨，又有清水江边之三江九寨，当即吏目所辖之地。皆不归土司管辖。山高岭峻，高坡苗聚族而居，土多田少，客户数人悉皆承佃苗土、租挖苗人公山之蓬户。其蓬户土有定址，住有定向，与古州一带蓬户相同，大率典买苗产者十居五六，非若镇远之抱金、邛水蓬户迁徙靡常也。

锦屏乡幅员狭小，其十二屯今分为内七屯，外五屯，皆聚处一隅。开泰则每所少者十屯，多者至三十屯，共设至三百数十屯堡之多，其间苗买客产，客买苗产，转辗售卖，未易清厘。开泰县属又有苗光里及天堂、平斋等八洞地。苗光则地近清江，今已汉多苗少。八洞则危峰叠嶂，地僻道远，皆系高坡苗所居，客民无所图利，有产无产两者俱少，仅蓬民数十户而已。

统计府辖地典买苗产客民四百九十四户，贸易、手艺营生未典买苗产客民一千七百十六户，蓬户二百四十二户。府县两属屯所客民附居苗寨及未附居苗寨者共二千四百五十二户，县属之天堂、八洞典买苗产仅一户，未典买苗产、在寨贸易营生者仅二户，又蓬民三十八户。

古州厅 地方辽阔，形势险峻，苗种繁衍，历代以来皆弃诸化外。黎郡孤悬江表，来牛、定旦未通以前，绕道天柱、镇远始达省城。雍正四年，谬冲之役，张经略适守黎平，于古州苗情地利已得梗概。其后，以八年乘丹江之胜，统兵由清水江至岑陇，取道黎平以进。九年七月，上、中、下三保就抚，始筑城于诸葛营。十年，移开泰县县丞改驻朗洞，然其间摆调、方胜、滚宗、日月诸寨貌受约束，心怀叵测，时犹梗塞河道。经略迁两湖，去黔未久，而十三年，古州苗即有王岭、乐乡之变。延至乾隆元年，痛加惩创，各寨凶苗芟夷殆尽，建屯设卫，始有安居。

盖古州有里外之分，今日之建城置镇乃里古州也。其地西接荔波，东联府属，南抵粤西，北距丹江。都江界于西北，下江接于东南。东南为清江苗地，西南则粤省咽喉。今设山丹、八开等司土千总六名，高表、平江等司土把总二名，由司颁发钤记袭充。高文、平允等司土舍五名，由厅举充。准给顶戴，分管各寨。此外，尚有已裁之平宇、高武土舍二名。计二十一寨，并府属三郎司旧管之十寨归厅亲辖。

通计厅属三百五十一寨，共设古州左右二卫，屯军二千六百余名，领之以千总二员，分屯各堡，星罗棋布，与各苗寨牙交绣错。原其设屯之始，所以诘奸禁暴，稽察汉奸播煽愚苗，及熟苗潜入私相勾引。迄今日久，其流弊几与前明之五开、铜鼓二卫相等。见在外来客民未易窥测，而两卫屯军实逼处此，侵削刻剥，其病既深。况住居苗寨，有干例禁，而住居屯堡，则未有明文。迩年以来，客民之依傍屯军、潜身汛堡而眈眈苗寨者，亦复不少矣。

今统计土弁、土舍所管并归厅管辖各苗寨，住居典买苗产客民共一千二百六十七户，贸易、手艺未典买苗产客民共一千零八十户，蓬户共一千一百八十户，两卫典买苗产屯军及住居屯堡客民典买苗产、未填丁口者共二百二十一户。

朗洞县丞，无亲辖之苗寨，悉归土弁、土舍管辖。

下江厅 左拥永从，右挹古州，地虽褊小，而古州江界乎其中，处黔粤之要冲。由古州顺流而下，百里而近；由粤界溯流而上，百里而遥。两省客民，逗留甚便。且古州、下江之交，大江西岸，地近粤境。别有生苗一种，素称恭顺，懦弱易愚，向为楚南永、凤一带红苗之所欺侮。道光三年，因红苗占种构衅，酿成大狱。综计其寨，凡有六十，分辖于古州、下江二厅。古州所辖三十六寨，为八开土弁林文溥所管，下江所辖则二十四寨而已。其道由古州而上至定旦，迂径以入，别有鸟道，舆马难行，其中并无客民。生苗种近高坡，不谙文义，比之台拱、清江尤为朴野，当买田土亦用木刻居多。

统计下江厅属大小共九十四寨，典买苗产及承佃苗土之户共计五百三十九户。

永从县 城内分为四甲。城东二十里，抵府属洪州司界；城西十里，抵府属潭溪司界；城北五里，抵开泰县属满团屯界。其四甲居住及近城之赤杉、六冲悉皆土著，惟城南所辖顿洞等六洞，并西山大小苗寨及分驻丙妹县丞所属共一百七十四寨，为汉苗夹杂之区。顿洞等六洞苗民种类虽与府属相同，而苗寨不与屯所杂居。自正统间长官争袭，改司为县时，客民即积渐而入，各洞寨虽有多寡不同，而典买苗产者甚至一户有多至数百分者。其苗民之殷实亦不能如府属之潭溪、湖耳各司，故田产多出售于客民也。西山各寨与府属西山同为废西山阳洞司地。司废后，府县共分其地，县属苗寨较府略多，苗寨客民情形则与府县相类。丙妹所属，在县治西一百二十里，半皆夹江而居，黔粤要冲，盐旗分埠，是以客户亦复不少。

统计县属六洞、西山及丙妹县丞所辖，典买苗产客民共二百九十七户，贸易、手艺营生未典买苗产客民共四百零八户，蓬户共一十七户。

统计黎平府属各厅县，有产无产、寨内寨外并不填丁口客民共七千五百零二户。

镇远府

镇远府地，自明以前田氏内附，世守其土。永乐十一年，革宣慰司，始析置府县，隶贵州布政司。正统九年，置施秉县。弘治十一年，置镇远县。康熙二十二年，省湖广之镇远卫入镇远县。二十六年，省湖广之偏桥卫入施秉县。雍正八年，开清江苗疆，设同知驻其地。十一年，平台拱地，移清江同知驻焉。别设通判驻清江，而以黎平府之天柱县来属。嘉庆初，平越府降为州，始割所属之黄平州并入府辖。现领县三、州一、分防同知一、通判一，共六属。其界西接平越，西北为湄潭、余庆，北毗思南，东北为石阡、铜仁，东距思州，东南为湖南之靖州、会同，南抵黎平，西南接都匀府之丹江、凯里。附郭为镇远县。西六十里为施秉县，又西一百二十里为黄平州，东南一百八十里为天柱县，西南一百四十里为台拱厅，南一百九十里为清江厅。郡境幅员广阔，舟楫东来，商贾云屯，实滇黔门户之孔道也。

镇远府亲辖地，北抵思南府界，北以东为石阡、铜仁、思州界，北以西为余庆、湄潭、平越界。宋元以前皆田宣慰地，明初即归版宇。府属北境内并无苗地，府东南九十里为镇远县、邛水县丞分驻之地，官系县属，地归府辖。设邛水蛮彝正副长官二员，外又有偏桥正左右长官司三员。其地环卫施秉县城，北为正司，东为左司，南为右司。邛水以西，胜秉以东，及偏桥左右两司并镇远县南鄙之苗度洞，皆为汉苗接壤之地。由此而南，悉皆九股生苗，今日之清江、台拱、柳霁等处是也。

偏桥正司并无苗户，其左右两司所管寨落，自胜秉、石洞口迤逦而东，直接邛水县丞所管之边方上下二里，尽皆苗汉杂处。荒土甚多，苗民懒于开挖，弃之不问。于是寨内头人以为公土，租与天柱、邛水一带客民，挖种杂粮。所租之地，并无界限。每丁认锄一把，每锄每年租钱数百文不等。客民自认租钱，任意择地而种，穷一人之力，遍山垦挖。此处利厚于彼，即舍彼而就此，随地搭篷居住，迁徙靡有定处。挈室而来，渐招亲故。上里尚少，下里颇多。甚有恃其强悍，硬开硬挖，成群结党，每启苗民争竞之端。道光三年，古州、下江生苗与红苗构讼，红苗之逞凶占种，即与蓬户无异，其弊不可胜言。惟赖地方官责令引进之头人，稽查各户，不准迁移，只向一处开挖，则所占之荒地尚属有限。若再听其任意开挖，则蓬户较苗人善于力作，又与各客户亲情乡谊，气味相投，势必将佃种客业之苗人互相排挤。此蓬户之不可不勤为防范者也。

复有抱琴塘一处，与县属所辖之苗度洞相为表里，其地即清江之北境，台拱之东北。昔张经略由八弓绕道梁土汛进定清江，复由胜秉移驻凯里，即其地也。今则同于腹地，其征粮起科，苗汉无异。计邛水、边方上下二里客民四百七十二户，内无苗产及蓬户典买苗产客民三百八十户。偏桥左右两司客民四十五户，内隔属客民典买田土不填丁口十八户，有产客民一十七户。抱琴塘典买苗产客民二十八户，寨外有苗产之户十五户。县属之苗度洞客民十六户，有苗产者仅二户。

统计府县两属苗寨，内外有产无产客民共五百六十一户。

清江、台拱两厅 昔为生苗巢穴，自张经略削平之后，迄今百有余年，苗类尚复不少。清江东南两面地接黎平，西抵台拱，西南毗联都匀之丹江，安设左右两卫千总两员，屯堡十有一处。台拱及台拱所属之黄施，各设一卫，每卫千总一员，共设屯堡十有二处。四卫屯军三千数百余户，棋布星罗，分屯各堡。始则各屯户服力其中，田土山场，界限井然，继而各省客民来者接踵矣。盖清江、台拱苗地初平，非若各属苗田照内地则例起征有秋折银粮，有改征米石，每年仅领采买，向有成数，照数完纳，故来者特多也。就二厅而论，台拱地接丹江，南通牛皮箐，其莲花屯一带界连古州之朗洞各寨，悬崖绝壑，地利甚微。非若清江之地接黎平，清水江界乎其中，更有柳霁县丞借地设官之处为下河要区，天柱、邛水之客民易于蚕食而入。故清江客民又多于台拱。顾设屯之始，无非抚驭归顺余苗，并禁约汉奸私入煽诱，播弄构衅，农隙之时仍须入伍操练，是以择其扼要处所，建筑汛堡。苗多则屯户多，苗少则屯户亦少。即于田土夹杂处所，逐一区画整齐，务令屯兵与苗人界限井然，所以杜后来搀混侵占之弊也。矧上田六亩，中田八亩，下田十亩，悉皆膏腴。而又筹及栖身无所，耕种无资，且不能裹带余粮以待收获，每户给修盖房屋银三两，牛具籽种银五两，并给口粮。秋冬应募者接济至夏收，春夏应募者接济至秋收，计口授食，以待收成。设屯之制，相待不可谓不厚。不料各屯户即因其陇畔相连，窥伺愚苗，得其虚实，日肆朘削，以致苗民有虎狼之畏，其盘剥勾引更甚于客民远矣。务须地方官责之百官总旗，嗣后屯田，不准别佃客户承种，只准招佃苗人，亦不准屯户中私相授受。如其无力耕种，各自向地方官衙门呈明，先尽苗人，次及屯内，如此绳其现在，庶几可儆将来。此屯军之不可不严为约束者也。

台拱厅属设有土弁九名，通事九名，分管各寨，并未设有乡头客长。苗寨内外客民共二百一十四户，内无产客民二十户，隔属有苗产客民未填丁口十二户，典买苗产客民一百八十二户。

清江厅属设有土弁、通事十八名，乡约、乡头四十九名，分为城厢内外及东、西、南、北四岸并湳洞司地方。共计客民五百九十三户，内无产二百二十户，典买苗产客民三百七十三户。

黄平州 在施秉西六十里，去府一百二十里。再由黄平而南一百二十里为岩门司，设土吏目一员。由岩门司西为朗城司，设土吏目一员，雍正六年已经裁汰。由朗城司折而北为重安司，设长官司一员。三司西抵都匀府清平县县丞所驻之凯里，南抵都匀府通判所驻之丹江，镇远西南境止于此。虽云地接苗疆，然而汉民错处其间，历年久远，苗产尽为汉有，苗民无土可依，悉皆围绕汉户而居，承佃客民田土耕种。昔日之苗寨，今尽变为汉寨矣。

今计州属客民共六百六十八户，内无苗业二百零七户，住居城市、未填丁口十五户，寨内寨外典买苗产客民四百四十六户。

天柱县 在府东南一百八十里。由天柱县又东南五十里为远口巡司，今改名镇远巡司，属天柱县。远口南抵黎平，东抵会同，镇远东南境止于此，县属地方毗连清江厅属之柳霁、湳洞一带。苗寨所辖，悉系剃发峒苗，言语、服饰与汉无异，并无蓄发苗人搀杂其间。康熙间，县内童生入学，额取之外，向有苗生三名，因峒苗耻居苗类，不愿有苗生名目，已经前县详请裁汰。近年以来，虽间有贸易客民置买田产，落业居住，彼此联为婚媾，相习相安，不待编查也。

其柳霁县丞虽归清江厅管辖，实为天柱县地。

施秉县 在府西六十里。由施秉县南九十里，为胜秉县丞分驻之地，今改名施秉县丞，属施秉县，在府治西南六十里。施秉县内悉皆汉户，仅胜秉县丞所辖之景、秉、漏三洞地方，间有成寨苗户。其地滨临清水江。清水江者，古名剑河，旧陷苗境，不通舟楫。雍正七年，张经略开辟苗疆，始行开浚。江源发自都匀，千有余里，达黔阳以入沅江。帆樯商贾，溯流而上，抵府属之石洞口而止。再上方为胜秉所辖之三洞，山势逼仄，土田硗薄，民苗稀少。此施秉之情形也。

计三洞客民共二十六户，内无苗产之户十五户，典买苗产客民仅十一户。

统计府属各厅、州、县苗寨内外有业无业，并隔属典买苗产、住居城市客民共二千零六十二户。

思州府

思州府，唐宋思州地也。元置思州安抚司，统今二思、石、黎、镇诸府。明洪武五年，分置思州、思南二宣慰司，此为思州宣慰司，隶湖广省。永乐十一年，镇远侯顾成平思州、思南，废二宣慰司，分其地为八府，此为思州府，改属贵州布政司。隆庆二年，迁思州府治于平溪卫。万历五年还旧治。雍正五年，割湖广平溪、清浪二卫来属，改为玉屏、青溪二县。于是思州始有属县。其四至：东一百六十里抵湖南沅州府界，西一百里抵镇远府界，南一百一十里抵黎平府界，北一百二十里抵铜仁府界。东北一百一十里亦与铜仁府接界，西南二十里与镇远府接界，西北一百二十里与铜仁府接界，东南一百里与湖南沅州府接界。此又思州之四隅也。府境广二百六十里，袤二百三十里，东北至西南斜袤一百三十里，西北至东南斜袤二百二十里。府治在省城东北五百四十里，其东南四十里为玉屏县，西南三十里为青溪县。滇楚驿道自湖南之晃州厅西入，首历玉屏、青溪二县，始达镇远。二县咸滨沅水之上，为舟楫会聚之所，实水陆通衢也。府治居驿道之北，返为僻远。府属别有陆路，东通铜仁，西出青溪，南至八弓，北凑石阡，形势控临蛮徼，关锁全黔，亦西南要区也。

府辖四司，附郭居民不满百家。四司：曰都坪峨异司，即元之台蓬、若洞、注溪长官也，府治郊郭之间咸其所司；曰都素司，在府治西九十里；曰黄道溪司，在府治东北百三十里；曰施溪司，在府治北二百五十里，元之施溪样头长官也，本属顺元路，明洪武五年东迁于此，改属湖广沅州卫，永乐十二年始来属。土司所管之地多系汉民，情形与石阡、思南相类。惟府南有洞人约五六百户，其俗采毛为絮以御寒，饮食避盐酱，夫妇出入必耦，语言、衣服略与汉同。又有山苗居后山洞诸寨。苗类仅此二种而已。土田皆纳秋折粮银，亦无苗产、民产之分云。

玉屏县 本元平溪长官所地，属思州安抚司。明洪武二十三年，置平溪卫，属湖广都司。万历二十九年，改属贵州。三十一年，还属湖广。雍正五年，改卫设玉屏县，隶思州府。此玉屏置县之始也。其四至：东抵晃州厅界五里，西抵青溪县界三十里，南抵晃州厅界八里，北抵本府界二十里。四隅：东北八十里与府属黄道司交界，西南五里与晃州厅交界，西北二十里与府属都坪司交界，东南三里与晃州厅交界。县境广三十五里，袤二十八里，西北至东南袤二十三里，惟东北至西南袤近九十里。然所属之波州、新庄、龙溪口、曹家田、垻坪等地离城七八十里者，多插入本府及晃州芷江界中，畸杂华离，难以整计。虚地尚不能有九十里之绵亘，故幅员为最狭小。旧卫辖有三屯：曰平屯，曰沅屯，曰麻屯。雍正六年置县时，划沅、麻两屯归芷江管辖，仅以平屯三里、两甲归县，屯户仅三十有余，皆明时军籍也。县地据黔楚之交，为入黔之第一门户，五方之民杂处，故客户亦殊不少。县北僻路，历蜡崖山，为通铜仁、施溪、六洞、水银山诸苗之道，最为险要。又，县南之道可达革溪、天塘，县西之途可抵新溪、滴洞，咸为隔属之苗境。县境内又有洞苗，杂错居于屯户、客户之间，然不及汉户之多，土田皆纳秋折粮银，谓之汉户亦可也。

青溪县 本元之大坪屯地。明置清浪卫于清浪关，隶湖广都司。万历二十九年，改属贵州。三十一年，还属湖广。雍正五年，改卫置青溪县，隶思州府。此青溪设县之始也。其四至：东抵府属羊坪界二十五里，西抵镇远府镇远县界五十里，南抵镇远府界五十里，北抵本府界二十里。四隅：东北二十里与本府交界，西南二十里与镇远府交界，西北二百里与印江县交界，东南五十里与湖南沅州府芷江县交界。县境广七十五里，袤七十里，东北至西南袤四十里，西北至东南袤二百五十里。幅员较玉屏为广，然亦有华离之地隔越其中，西北至东南虽云二百五十里，不首尾联接也。县城临青溪，青溪即沅水也。故县城亦为水陆聚会之区。县境分为数屯，其土田惟漏溪一屯两山夹峙，为硗瘠之乡，余屯尚多膏腴也。旧户悉皆前明之军籍，新来客户则聚居郭下者为多，然无苗民，惟土著与客户。相安日久，无事区分也。

石阡、思南二府

石阡府，宋名承州，为羁縻州，元为石千长官所，隶思州宣抚司。明初改石阡长官司，隶思南宣慰司。永乐十一年，始置石阡府，领龙泉、葛彰、苗民、石阡正、石阡副五长官司。万历二十九年，改龙泉长官司为龙泉县，隶府。康熙、雍正间，叠革葛彰、苗民、石阡正三长官司。现领龙泉县一、石阡副长官司一。其境南通镇远之大地方，北距思南之塘头，东抵铜仁之龙塘坳，西连遵义之滥泥山。乌江一水自西南来，横府境北流，折而东以入思南界。

府辖为在城、龙底、江内、江外、水东、苗民、苗半七里，石阡副长官司在其中。各里间有散处苗人，俱系汉民佃户，四散围绕汉寨而居，并无成寨居住者。惟苗半里间有成寨苗户数处，第各苗户亦并无产业为客民典买。

其龙泉一县，在乌江之东，所管封岩、长碛二里，偏刀水一处，境内无苗民散处。

思南府，宋政和中，蕃部长田祐恭内附，即入版图，改设州县，废置不常。元时始设军民安抚司，后复改为宣慰司。明洪武以前皆田氏世袭，隶湖广布政司。永乐十一年，田氏始废，设思南府，改隶贵州。雍正七年，定辖安化、婺川、印江三县，而以蛮夷正副、朗溪正副、沿河副五长官司为府亲辖。其地在乌江之北，幅员最为广阔。东抵铜仁府之乌罗司界，西越龙泉至遵义府交界，南越石阡至镇远府交界。其东北一隅迤逦四川之彭水、酉阳两州县地。附郭为安化县，西北四百里为婺川县，东以北四十里为印江县。

黔省郡县，惟思南属归流最早，是以境内悉系土著汉民，既无客户，亦无苗种。惟安化县所辖村、江、堡、瓮四图，每图十里，有东越印江县，插花在松、铜之间为半河地方，有苗民十余寨。自县至彼，计程四日，距镇远四十八溪主簿分驻之地不满十里。其地设有苗弁三名，有典买苗产客民十户附寨居住，并无苗产各有生理之户又八户。

铜仁府

铜仁府，宋元以前系洞蛮地。前明改土归流，永乐十一年，始置铜仁府。万历二十六年，置附郭之铜仁县，而以省溪、提溪、乌罗、平头四土司地为府属亲辖。其土司世袭之正副长官，即系蛮酋有功。自明迄今，相沿准其承袭。其所管洞蛮，自前明地入版图，称为洞民。数百年来，输租纳税，不特读书识字，抑且拾紫膺朱，文教蒸蒸，今异于古。黔省各郡洞民大都类是，不特铜仁一郡为然也。郡治旧日四至：西北、西南、东南三面地接思南、思州，东联楚壤，北抵蜀境。

自正大营以北，俗名三不管地，昔为红苗所踞。康熙四十二年，平定红苗，设正大营同知。雍正八年，平定红苗，移正大营同知驻松桃。嘉庆二年，始升为直隶厅，专辖坡东、坡西苗地，而益以乌罗、平头两土司。乌、平二司在铜郡西北，提溪一司为铜郡西鄙，惟省溪司与郡治最近，其联松桃苗地，昔年安插汉户，均有成熟老田，额粮一概拨归松桃管辖。乾隆间，省溪、前洞、内科股旁苗汉接连之处，续报新垦田地，升粮即照内科股则例起征，与松桃苗地仅完无亩粟粮有别，因名其地为外科股。复自松桃拨归府属管辖，而附征粮于省、提二司八洞之内。此外科股苗地仍隶铜仁之由来也。其余如提溪所辖之前洞、凯土洞、淳和里共三洞，省溪所辖之前洞、迪罗、瓮怕、敖寨、六家共五洞，均系洞民，久入版图。每司设正副长官各一员，外又设流官省提吏目一员，以资弹压。

县属地方，昔为大万山司及铜仁长官司地，置县之后，改辖十一乡，三面距省溪司地，其桃映、坡头、客寨、扣答、平茶、长坪、坝盘、木抱、万山等九乡亦俱洞民，住种已久，与松桃厅属之乌、平二司事同一律。惟龙鱼乡之婆洞股、瓮答乡之鸬鹚股两处及牛郎场，有苗民二十八寨，共设土弁九名。其地与府属外科股均系一线相联，并与松桃之构皮汛、石岘卫接壤。外科股住有苗民三十五寨，共设土弁二十一名。其附寨客民并不附苗寨、当买苗产客民，计外科股各寨十六户；婆洞、鸬鹚两股各寨及牛郎场地方七十户。共八十六户。

松桃直隶厅

松桃厅，昔系铜仁府分防同知。嘉庆二年，改为直隶同知，拨铜仁府之坡东、坡西及乌罗、平头两土司地归厅管辖。乌罗正副长官司二员，共管十三洞；平头正副长官司二员，共管十五洞。悉系前明安插汉户，久隶版图，并无苗民夹杂之处。其苗寨尽在坡东、坡西两支。坡东界联楚省永绥、凤凰两厅，铜仁府之正大营县丞、盘石巡检，借地设官，其地深入苗巢，客户尚少。坡西地接乌、平二司，北界四川秀山县，地为汉苗接壤之处，汉户颇多。

自松桃改直隶厅时，添设松桃一协，额兵二千六百余名。松桃城外坡东、坡西又设二十三汛堡，益以铜仁协之汛堡七处，星罗棋布，与苗寨相为错综。客民所住之寨，总不外汛堡相近之间。大约坡东汛堡多于坡西，兵弁之典买苗产者，坡东为最。坡西场市多于坡东，客民之典买苗产者，坡西为尤。盖坡东一带毗联湖南之处，自南至北百数十里，碉卡接连，相去一里半里，即设一座，均系汛堡兵丁看守，是以各汛堡相距不过四五里，远者间至七八里。每一汛堡额设兵丁五六十名、七八十名，有多至一百数十名者。其所驻兵丁向不更调，各有家室屯住汛堡之内。客民之贸易营生及耕种度日之户，有附居苗寨者，亦有即于汛堡中间相离咫尺自盖房屋居住者。客民典买苗产既多，而营兵典买苗产者亦复不少。弁兵擅得苗产，本干例禁，无如客民中有祖父时即行典买，子弟入营当兵。亦有武生就近典买，因而入营得升把总、外委坐汛、坐堡者。其苗产每多得自未入营以前，不能尽科以擅得苗产之罪，今概同务农客民，填注入册。其他湖南之永绥、凤凰，四川秀山各邻省客民，以及江西、湖广各省会馆向苗人当买之产，亦复不少。又，坡东、坡西乾隆初俱有安插老户，岁纳秋折银粮。其苗民田土，仅由铜仁府无亩粟粮内拨三十六石有零归厅上纳而已。客民典买苗产，遇有粮者，即随纳无亩粟粮。竟有无粮者，则苗民开垦荒土成熟，典卖客民之产，及远年苗民荒土，客民典买之后自行开垦今成熟地之产。此松桃客民典买苗产无粮者多、有粮者少所由来也。

共计坡东十九汛堡土弁八十八名，乡约三十名，客长十八名，共管汉苗三百七十三寨，内附居苗寨典买苗产之客民四十六户，并不在苗寨居住典买苗产之客民二百六十七户。共三百一十三户。坡西十一汛堡暨松桃城土弁六十二名，乡约六十二名，客长三名，共管汉苗三百零九寨，并无附居苗寨典买苗产之客民其不在苗寨居住典买苗产之客民共五百四十四户。统计坡东、坡西共八百五十七户。

又查松桃管辖之石岘卫，在松桃治西南六十余里，从前名为上潮、下潮，悉系苗寨。嘉庆六年剿除尽净，设立该卫，辖屯兵四百户，每五十户为一堡，共有八堡，周围建碉八十余座。其制与各卫不同，其田无上、中、下之分，每兵一名拨给田四亩；别有官屯二百四十亩，各屯分种，而屯官按亩各分半息以作俸工。其地近乌、平二司，并无苗寨，亦无典买苗产之户。

黔南职方纪略　卷七

土司 上

　　元代土官有总管、宣抚司、安抚司、长官司、土府、土州、土县凡七等。其在顺元宣慰司者有总管一、安抚使十三、土府六、土州三十七、土县十二、长官司二百七十二。又有乌撒乌蒙宣慰及播州沿边溪洞宣慰，皆在今贵州境。

　　明代贵州土官有宣慰司三：曰贵州，曰思州，曰思南。安抚司二：曰金筑，曰凯里。长官司七十四：曰程番，曰小程番，曰上马桥，曰卢番，曰韦番，曰方番，曰洪番，曰卧龙番，曰小龙番，曰大龙番，曰金石番，曰罗番，曰卢山，曰木瓜，曰麻响，曰大华，皆属定番州；曰水东，曰中曹，曰龙里，曰白纳，曰底寨，曰乖西，曰养龙，皆属贵州宣慰司；曰宁谷，曰西堡，属安顺府；曰十二营，曰康佐，属镇宁州；曰募役，曰顶营，属永宁州；曰都匀，曰邦水，曰平浪，曰平州，属都匀府；曰乐平，曰平定，属麻哈州；曰合江洲，曰丰宁，属独山州；曰凯里司，曰杨义，属平越府；曰潭溪，曰八舟，曰洪舟，曰曹滴洞，曰西山阳洞，曰新化，曰湖耳，曰亮寨，曰欧阳，曰中林，曰赤溪南洞，曰龙里，皆属黎平府；曰蛮夷，曰沿河祐溪，曰朗溪，皆属思南府；曰都坪，曰都素，曰黄道溪，曰施溪，皆属思州；曰偏桥，曰臻剖，属镇远府；曰省溪，曰提溪，曰大万山，曰乌罗，曰平头著可，皆属铜仁；曰石阡，曰苗民，曰葛彰葛商，皆属石阡；曰大平伐，属龙里卫；曰新添，曰小平伐，曰把平，曰丹平，曰丹行，属新添卫。四川有播州宣慰，乌撒土府，皆在今贵州。

宣慰司有宣慰使一人、从三品。同知一人、正四品。副使一人、从四品。佥事一人。正五品。安抚司有安抚使一人、从五品。同知一人、正六品。副使一人、从六品。佥事一人。正七品。长官司有长官一人、正六品。副长官一人。从七品。又有土同知、土通判、土推官、土州同、土州判、土县丞、土主簿、土巡检、土吏目诸官。其后裁思州、思南、播州三宣慰，各土官佐贰多与其长官同治，或以所居之地为名。明末桂王又分置土官。

至于国初诸土官，先后归附。有虎坠、喇平诸司，皆《明史》所不载也。改贵州宣慰为水西宣慰，康熙中裁。又先后裁金筑、凯里二安抚，把平、水东、喇平、密喇、康佐、宁谷、水西、苗民、西山、曹滴十长官，乌撒一土府及安顺土州同，龙泉土县丞、土主簿，安化、婺川、龙泉三百户。其中曹副、卢山、大华、洪番、龙里、西堡正、十二营、丹平、丹行、平州、夭坝、平浪、麻哈、三郎、赤溪南洞十五长官，普安州同、朗城吏目皆降为外委土弁。康熙初，置二土弁于罗斛地。雍正五年，又于罗斛置土弁八。开新疆六厅，又置土弁八于台拱，十三于清江，三于八寨，二于都江，三于丹江，十于古州。后割古州之二土弁隶下江，割各长官地，使其子弟别为土弁。嘉庆时，又置土弁一于兴义县，十一于罗斛。

见制土司、土弁之在贵阳者凡七十：曰中曹正，曰养龙，曰白纳，曰虎坠，凡四长官；曰白纳副长官；曰中曹副司，外委土千总；曰青岩外委土舍，皆亲隶于贵阳府。曰程番，曰上马桥，曰小程番，曰卢番，曰韦番，曰卧龙番，曰金石番，曰罗番，曰方番，曰大龙番，曰小龙番，曰木瓜，曰麻响，凡十三长官；曰木瓜副长官；曰上马副，曰洪番，凡二外委土千总；曰牛路，曰大华副，曰大华正，曰卢山，曰木官，凡五土舍，皆属定番州。曰丹平，曰丹行，凡二土舍；曰通州，曰降隆，曰上克度，曰中克度，曰下克度，凡五土里目，皆属大塘州判。曰芭圩土守备；曰罗斛，曰罗化，曰芭羊，曰罗悃，曰打拱，曰昂亭，曰罗敖，曰桑郎，曰长流，曰膏亭，曰何往，曰崩亭，曰罗磨，曰罗央，曰相亭，曰罗球，凡十六外委土千总；曰怀亭，曰俸亭，曰拱亭，曰罗赖，曰罗斛，凡五外委土把总，皆属罗斛。曰乖西正长官，曰乖西副长官，属开州。曰大谷龙，曰小谷龙，曰羊场，凡三长官；曰龙里上牌土舍，皆属龙里县；曰平伐，曰大平伐，曰小平伐，曰新添，凡四长官；曰西牌土舍，皆属贵定。曰底寨六品长官，曰底寨副长官，属修文县。

在安顺者凡十有四：曰西堡副长官；曰十二营，曰六枝，二土千总，属郎岱。曰顶营，曰沙营，凡二长官；曰盘江巡检；曰播西，曰乐坝，曰乐运哨，曰八大，曰乐举，打罕哨，凡六土舍，皆属永宁州。曰阿破土舍，属镇宁州。曰西堡正司土舍，属安平县。

在兴义府者一：曰黄平营外委土守备，属兴义县。

在普安厅者一：曰鲁土外委千总。

在平越州者六：曰杨义长官；曰高坪，曰中坪，凡二土舍，皆属平越知州。曰瓮水县丞，属瓮安县。曰余庆县丞，曰余庆主簿，皆属余庆县。

在思州府者七：曰都平，曰黄道，曰都素，曰施溪，凡四长官；曰都平副，曰黄道副，曰都素副，凡三副长官，皆属思州知府。

在镇远府三十二：曰镇远土同知；曰镇远土通判；曰镇远土推官；曰偏桥，曰邛水，凡二长官；曰偏桥左，曰偏桥右，曰邛水，凡三副长官，皆属镇远知府。曰岩门长官，曰重安土吏目，曰郎城外委土千总，皆属黄平州。曰南市，曰高坡，曰番柳，凡三外委土千总；曰乌漏，曰趱架，曰番陇，曰龙塘，曰容山，凡五外委土把总，皆属台拱同知。曰柳利，曰格东，曰那磨，曰柳榜，曰赤溪，曰南洞，凡六外委土千总；曰平夏，曰旁洞，曰返迷，曰鸡摆，曰番乾，曰返号，曰柳罗，凡七外委土把总，皆属清江同知。

在思南府者十：曰蛮夷，曰朗溪，曰沿河祐溪，曰思南，凡四长官；曰朗溪副，曰沿河副，凡二副长官，皆属思南知府。曰安化土县丞，曰安化土主簿，曰安化土巡检，皆属安化县。曰印江土县丞，属印江县。

在铜仁者四：曰省溪，曰提溪，凡二长官；曰省溪副，曰提溪副，凡二副长官，皆属铜仁知府。

在松桃厅者四：曰乌罗，曰平头，凡二长官；曰乌罗副，曰平头副，凡二副长官。

在石阡府者：曰石阡副长官，属石阡知府。

在都匀府者三十：曰都匀长官；曰邦水副，曰都匀副，凡二副长官；曰平州，曰六洞，凡二外委土把总，皆属都匀知府。曰夭坝外委土千总；曰上牌，曰中牌，曰下牌，凡三外委土把总，皆属都匀知府。曰归仁营，曰顺德营，凡二外委土千总，属八寨同知。曰鸡讲，曰黄茅，曰乌叠，凡三外委土把总，皆属丹江通判。曰独山土同知；曰烂土，曰丰宁上，曰丰宁下，凡三长官；曰三棒，曰普安，凡二土舍，皆属独山州。曰平定，曰乐平，凡二长官；曰养鹅外委土千总；曰宣威营，曰乐户西，曰二麻哈，凡四土舍，皆属麻哈州。曰凯里岩头，曰臻洞，凡二外委土千总；曰落榜外委土把总，皆属清平县。

在黎平府者凡二十五：曰潭溪，曰八舟，曰新化，曰洪州，曰欧阳，曰龙里，曰亮寨，曰中林，曰古州，曰湖耳，凡十长官；曰潭溪，曰洪州副，曰欧阳副，曰湖耳副，凡四副长官；曰三郎土舍，皆属黎平知府。曰岑台，曰六百，曰滚纵，曰八开，曰八卫，曰乐乡，凡六外委土千总；曰高表，曰平江，凡二外委土把总，皆属古州同知。曰佳里外委土千总，曰平正外委土把总，皆属下江通判。

贵州土司有土同知二、土通判一、土推官一、土县丞四、土主簿二、土吏目一、土巡检二，其承袭也，吏部给号纸。正长官十、副长官二十四，其承袭也，皆兵部给号纸。土弁有外委土守备二、外委土千总四十五、外委土把总二十九、土舍二十七、土里目五，其承袭也，皆总督给委牌。黄平营外委土守备，其承袭时巡抚给委牌。土司、土弁共二百有五员。土同知，秩正五品。土通判，秩正六品。土推官，秩正七品。土县丞，秩正八品。土主簿，秩正九品。土巡检、土吏目，均秩从九品。长官，秩正七品。惟底寨、思南二长官，秩正六品。副长官，秩从七品。外委土守备，秩正五品。外委土千总，秩从六品。外委土把总，秩正七品。土舍、土里目，均有顶戴。

明代土官，皆生杀自恣，其小者犹能以虐政害其所部苗民。今则宣慰土府诸大土司皆裁，其小者又以所部租税与汉人相买卖，如田业然，至有贫不能举火者。有大狱讼，皆决于流官，见流官与乡保无异，苗民亦且轻之，往时虐政减除殆尽。今略举其始末，著之于篇云。

贵阳府

中曹	养龙	白纳正
白纳副	虎坠	中曹副
青岩已上贵阳府属。	程番	上马桥
小程番	卢番	韦番
卧龙番	金石番	罗番
方番	大龙番	小龙番
木瓜	木瓜副	麻响
上马副	牛路	大华副
大华正	卢山	木官
洪番已上定番。	丹平	丹行
通州	降隆	上克度
中克度	下克度已上皆大塘。	罗斛
罗化	芭羊	罗悃

打拱	昂亭	罗敖
长流	膏亭	何往
芭圩	崩亭	罗磨
罗央	相亭	罗球
怀亭	俸亭	拱亭
罗赖	桑郎	罗斛已上罗斛。
乖西	乖西副已上皆开州。	大谷龙
小谷龙	羊场	龙里上牌已上龙里。
平伐	大平伐	小平伐
新添	西牌已上皆贵定。	底寨

底寨副已上皆修文。

中曹长官谢氏，管中曹诸寨。其先曰谢石宝，应天府人，明太祖时以征黑羊箐功，授中曹蛮夷长官。九世至正伦，顺治十五年归顺，仍授长官。正伦传天恩，天恩传士斌，士斌传维璋，维璋传国玺，国玺传君重，君重传子玉斑。今存。有印。属贵阳府。

养龙长官蔡氏，管养龙上水诸寨。其先曰蔡崇隆，容县人，五代时以平九洞僙僚王阿乍功授职土。其胄曰普化，明太祖洪武五年三月授养龙长官，九年七月卒。庆祥袭，永乐二年三月卒。承郎袭，宣德五年四月卒。陞袭，成化十八年十月卒。伯池袭，正德八年七月卒。纨袭，嘉靖二年二月卒。銮袭，嘉靖二十四年六月卒。永洪袭，万历元年三月卒。俊袭，万历十八年二月卒。应司袭，万历四十五年卒。国勋袭，天启二年十月卒。启东袭，崇祯十一年正月卒。长春袭，顺治十五年归顺，仍授长官。长春卒，瑛袭。瑛卒，宗藩袭。宗藩卒，燕袭。燕卒，弟鲁袭。鲁卒，兄齐之子荣祖袭。荣祖卒，世臣袭。世臣卒，子奎元未袭，卒，孙昌期应袭。有印。属贵阳府。

白纳长官周氏，管白纳诸寨。其先曰周朝聘，庐陵人，明太祖时从傅友德征九股苗及铜鼓、平越、香炉山、贵州、黑羊箐诸苗有功，授白纳长官。可敬传谅，谅传冕，冕传渊，渊传森，森传贤，贤传宠，宠传文郁，文郁传如唐。天启中殉安氏之难，赠土知州，子陞袭。陞传荩臣，荩臣传尔龄。顺治十五年归顺，仍授长官。尔龄传斯旦，斯旦传钊，钊传一清，一清传廷玉，廷玉传弟廷珍，廷珍传召南，召南传子朝聘，朝聘传子秉坤，见应袭。有印。属贵阳府。

白纳副长官赵氏，管白纳、骑龙诸寨。其先曰赵仲祖，真定府人，明初从傅友德征荆襄有功，从入贵州，因授白纳副长官。仲祖传垣，垣传凤，凤传继爵，继爵后数传至启乾。顺治十五年归顺，仍授副长官。启乾传弟启蛟，启蛟传文秀，文秀传光旭，光旭传殿元，殿元传渊，渊传玉堂。今存。无印。属贵阳府。

虎坠长官宋氏，管虎坠诸寨。其先曰宋琉，定州人，明初从征有功，宣慰宋氏札授长官。累传至继荣，顺治十五年归顺，授长官。继荣传安国，安国传钦玺，钦玺传夭麟，夭麟传弟瑞麟。雍正十三年革职，后复设。见发有袭职。无印。属贵阳府。

中曹外委土千总刘氏，管中曹诸寨。其先曰刘礼宾，明初从征黑羊箐、拐西有功，授中曹蛮夷副长官。累传至顺治十五年，归顺，仍授副长官。又数传至崇恩，雍正四年革职，降其世职副长官为外委土千总，令崇恩弟崇照袭职。崇照传正卿，正卿传永元，永元传芳德，芳德传起渭，道光二十三年袭。属贵阳府。

青岩外委土舍班氏，管青岩诸寨。其先曰班麟贵，扶风人，天启三年，以土人从征苗。四年，从解贵阳围有功，授指挥同知。已而自建青岩城，控制八番十二司，即用为土守备，准世袭。麟贵卒，应忠袭。苗攻上马，以兵援之。战失利，没焉，弟应寿袭。崇祯四年，应寿征平高坡苗，以开花、甲定、蒋呆酬其功。顺治十五年，应寿率十二司归顺，仍授指挥同知。康熙二十三年，降为外委土舍，屡传至世清。今存。属贵阳府。

程番长官程氏，管程番诸寨。其先曰程元龙，柳城人，从龙德寿平溪洞、戍南宁，有职土，久之号曰程番。神宗元丰七年，西南程番乞贡方物，愿依五姓蛮例注籍，从之。哲宗元祐四年十月辛丑，西南程蕃入贡。元符元年，西南蕃程氏入贡。元世祖至元十六年，程蕃内附，以程延随为武盛军安抚使。明洪武太祖四年，程谷祥归附，五年授程番长官。累传至民新，顺治十五年归顺，仍授长官。民新传子飞鹏，飞鹏传子儒，康熙四十七年袭。儒后又数传至连级，连级子凌霄，见应袭。无印。属定番州。

上马桥长官方氏，管上马诸寨。其先曰方定远，亦柳城人，方德恒之族也。从龙德寿征，戍南宁，有职土于上马桥。元时有方番广者，纳土朝廷，即其地置上桥县。明太祖洪武四年归附，五年授方朝俸上马桥长官。朝俸字天禄，传湖海，湖海传栋，栋传金，金传伦，伦传正邦，正邦传陞，陞传大勋，大勋传维新，维新传鸣玉，鸣玉传世雄。世雄以事革职，传世杰。世杰请分其地为二，于是上马桥有正副司。顺治十五年，世杰之后鼎归顺，仍授长官。鼎后传数世至奎光，道光七年袭。有印。属定番州。

小程番长官程氏，管小程番诸寨。程番，程氏之分族也。元中叶有程鸾者，以功授长官，后进安抚使，传天禄。天禄字受孙。明太祖洪武四年，天禄归附，五年授长官。天禄传诏，诏传加荣，加荣传天佩，天佩传受恩，受恩传国卿，国卿传天宠，天宠传腾凤，腾凤传登云。顺治十五年归顺，仍授长官。登云传子起鹏，起鹏传弟一鹏，一鹏传子玉，康熙四十年袭。玉传绳祖，绳祖后历数传至朝纲，道光十八年袭。无印。属定番州。

卢番长官卢氏，管卢番诸寨。其先曰卢君聘，柳城人，从龙德寿戍南宁，有职土，然甚微，终宋世不著。元世祖至元十六年，卢番内附，以卢延陵为卢番静海军安抚使。明太祖洪武四年，卢番归附，五年以卢朝俸为卢番长官。朝俸传彦，彦传承恩，承恩传现朝，现朝传良辅，良辅传珠，珠传应龙，应龙传世爵，世爵传国政，国政传大用。顺治十五年归顺，仍授长官。大用传俊，俊传廷珍，廷珍后历数传至鉴，道光十九年袭。有印。属定番州。

韦番长官韦氏，管韦番诸寨。其先曰韦四海，柳城人。相传为韩信之后，韩信被杀，或窃其子逃之南越，因去"𣎴"为韦氏，世居南越，为柳城人。晋天福中，四海从龙德寿戍南宁，有职土，号韦蕃，又号牟韦蕃。宋哲宗绍圣二年，韦蕃入贡。元符二年，牟韦蕃入贡，诏以进奉人韦公夏、韦公市、韦公利等为郎将。元世祖至元十五年，西南蕃韦昌盛内附，诏为其地安抚使，后改为韦番长官。明太祖洪武四年，韦胜祖归附，五年授长官。胜祖传寿春，洪武十五年袭。寿春传彦名，永乐七年袭。彦名传永清，正统九年袭。永清传凤韶，弘治七年袭。凤韶传世勋，正德八年袭。世勋传钦，嘉靖五年袭。钦传一龙，嘉靖四十五年袭。一龙传启，万历十四年袭。启传帝臣，天启五年袭。明末殉定番之难。帝臣传璋。顺治十五年归顺，仍授长官。璋传君召，康熙十一年袭。君召传松，松传祚远。祚远后历数传至允中，嘉庆二十一年袭。无印。属定番州。

卧龙番长官龙氏，管卧龙诸寨。其先歙县人，隋炀帝大业中征马平蛮有功，因家焉。有曰德寿者，于楚王马殷时为大将，阶怀化将军，将兵征南宁州，戍之，久之遂授南宁州刺史，代莫氏世袭职。宋太祖乾德五年九月甲午，知南宁州蕃落使龙彦瑫入献方物，诏授彦瑫归德将军、南宁州刺史、蕃落使。开宝四年，彦瑫卒，归德将军武才及八刺史状请以彦瑫子汉瑭为嗣，诏授汉瑭南宁州刺史，兼蕃落使。是时诸蕃以龙氏为宗，称西南蕃主。太宗太平兴国五年八月甲申，西南蕃主龙琼琚使其王子罗若从，并诸州蛮七百四十四人以方物名马来贡。雍熙三年九月己未，西南蕃主龙汉璘，自称权南宁州事兼蕃落使，遣牂牁诸州酋长赵文桥率种族百余人来献名马，并上蜀孟氏所给符印，授汉璘归德将军、南宁州刺史，以文桥为怀化司戈。端拱元年，西南蕃主龙汉璘贻书五溪都统向通汉，约以入贡。淳化元年八月庚午，汉璘使其弟王子汉兴入贡。三年十月戊子，西南蕃主龙汉兴、都统龙汉璨，刺史龙光显、龙光盈等贡马、朱砂。至道元年九月丙午，西南蕃主龙汉瑀遣龙光进率诸州蛮长入贡，帝召见其使，询以地理风俗。译对曰：地去宜州陆行四十五日，土宜五谷，多种秧稻，以木弩射獐鹿充食。每一二百户为一州，州有长。杀人者不偿死，出家财以赎。国王居有城郭，无壁垒，官府惟短垣。上因令进本国歌舞，一人吹瓢笙，如蚊蚋声。良久，数十辈连袂宛转而舞，以足顿地为节。询其曲，则名《水曲》。其使十数辈，从者千余人，皆蓬发，面目黧黑，状如猿猱。使者衣虎皮毡裘，以虎尾插首为饰。诏授汉瑀宁远大将军，封归化王；又以保顺将军龙光盈、龙光显并为安化大将军；光进等二十四人并授将军、郎将、司阶、司戈。其本国从者有甲头王子、刺史、判官、长史、司马、长行、傔人七等之名。真宗咸平元年，龙汉瑀遣使龙光腆率牂牁诸蛮千余人来贡，诏授光腆等百三十人官。二年，西南蕃复入贡。五年，汉瑀遣牙校率部蛮千六百人，以马四百匹并药物、布帛来贡，赐冠带于崇德殿，厚赉遣还。景德元年，诏西南牂牁诸国进奉使亲至朝廷者，令广南西路发兵援之，勿抑其意。先是，龙光进等来朝贡，上矜其道远，人马多毙，因诏宜州自今可就赐恩物，至是恳请诣阙，从之。大中祥符元年，西南蕃入贺封禅。二年八月甲辰，汉瑀入贺东封，加宁德大将军。仁宗天圣四年，西南蕃使者龙光凝贡马、丹砂。景祐三年，西南蕃主龙光辨入贡。康定元年，光辨遣龙光琇入贡。庆历五年，光辨遣龙以特入贡，与以特俱至者七百九十人。诏以安远将军、知蕃落使龙光辨为宁远大将军；宁远将军、知静蛮军节度使龙光凝，承宣武宁大将军龙异岂并为安远大将军；承宣奉化大将军龙异鲁为武宁大将军。皇祐二年，龙光澈以方物贡。至和中，西南蕃主龙以烈及龙异静、首领张汉升入贡，命其首领而下九十三人为大将军至郎将。嘉祐八年，龙以烈复至。大率龙氏诸部族，地远且贫。熙宁中来，见赐以袍带等物，刺其数于背。是后南宁州龙氏渐衰，不能统一诸蕃，龙氏亦分为三，而南宁州但称卧龙蕃矣。元祐三年，西南蕃入贡。元世祖至元十六年，卧龙蕃龙文求内附，诏以文求为卧龙蕃南宁州安抚使。明太祖洪武四年，卧龙安抚使龙颜入贡。五年四月，改授卧龙司长官，世袭。颜传英显，洪武二十一年袭。英显传霖，永乐二年袭。霖传聚会，洪熙元年袭。聚会传文光，弘治五年袭。文光传启元，嘉靖三年袭。启元传篆，万历十八年袭。篆传国瑞，顺治十五年归附，十六年袭。国瑞传羲图，康熙十八年袭。羲图传毓麟，康熙四十年袭。其后又数传至功溥，功溥子文运，见应袭。有印。属定番州。

金石番长官石氏，管金石诸寨。其先曰石宝，柳城人，从龙德寿戍南宁，累世有爵土，自称西平州刺史，又称石蕃。仁宗嘉祐二年，西平州石自品入贡。神宗熙宁六年，石蕃入贡。元丰二年十一月丙申，西南石蕃入贡。哲宗元祐二年八月庚寅，西南石蕃石以定等入贡，赍表自称西平州武圣军，礼部言元丰著令，以五年为限，今年限未及，诏特入贡。元世祖至元十五年，石蕃内附，以石延异为石蕃太平军安抚使。明太祖洪武四年，石爱归附，五年授金石蕃长官。累传至如玉，顺治十五年归附，仍授长官。如玉传子万年，万年传子廷瑛，廷瑛传子嵩，嵩传子岱，岱传子开乾，雍正二年袭。开乾又数传至希舜，希舜传子天星，见应袭。有印。属定番州。

罗番长官龙氏，管罗番诸寨。其先曰龙世英，应诏之分族也。元末，代罗氏有罗番。明太祖洪武四年内附，五年授罗番长官。世英传金定，永乐二年袭。金定传通海，正统三年袭。通海传坦，成化二年袭。坦传昂，正德三年袭。昂传鸾，隆庆元年袭。鸾传会清，万历十九年袭。会清传胜麟，万历二十二年袭。胜麟传应国，天启五年袭。应国传元，崇祯六年袭。元传从云，顺治十五年归顺，仍授长官。从云传苍佑，康熙二十四年袭。苍佑传沄。沄之后数〔传〕至允升，允升传从弟永禧，见存。无印。属定番州。

方番长官方氏，管方番诸寨。其先曰方德恒，柳城人，从龙德寿讨九蛮有功，进至南宁，遂成焉。宋神宗熙宁元年，方异现以方物入贡，授异珉静蛮军节度使。或曰"静"为"镇"，音讹。六年，方番入贡。元世祖至元十六年，方番内附，以方昌盛为方番河中府安抚使。明太祖洪武四年，方番安抚使方得用归附，五年改授方番长官。累传至正刚，顺治十五年归顺，仍授长官。正刚传子承恩，承恩传子珫，康熙三十七年袭。又数传至定元，定元子政和，见应袭。有印。属定番州。

大龙番长官龙氏，管大龙诸寨。其先有昌宗者，德寿之支族也。天福中从德寿戍南宁，后渐有职土。南宁龙氏世衰，昌宗之后乃别出，称龙蕃。英宗治平四年十二月丙辰，龙蕃入贡。神宗熙宁六年四月乙亥，龙蕃及罗蕃、方蕃、石蕃八百九十人入觐，贡丹砂、毡马，赐袍带、钱帛有差。五月辛未，西南龙蕃入贡。西南诸蕃比岁继来，龙蕃众至四百人。神宗悯其勤，诏五姓蕃五岁听一贡，人有定数，无辄增加及别立首领，以息公私之扰。命宋敏求编次《诸国贡录》，客省、四方馆撰仪，皆著为式。元丰二年九月甲申，龙蕃入贡；五年十二月辛未，龙蕃入贡；七年九月壬寅，龙蕃入贡。哲宗元祐二年十月己亥，龙蕃遣人入贡；四年十月丁未，龙蕃入贡；五年，龙蕃贡方物；七年，西南蕃龙氏入贡；八年，龙蕃贡方物，迁其酋秩。绍圣三年，西南蕃龙氏入贡；四年，龙蕃入贡。龙氏于诸姓为最大，其贡奉尤频，数使者但衣布袍，至假伶人之衣入见，盖实贫陋，所冀者恩赏而已。故事，蛮夷入贡，虽交趾、于阗之属，皆御前殿见之，独此见于后殿，盖卑之也。龙蕃又称大龙蕃。元世祖至元十六年，大龙蕃内附，以龙延三为大龙蕃应天府安抚使。明太祖洪武四年，龙世荣内附，五年授大龙司长官。世荣传德福，永乐十二年袭。德福传永镇，永乐二十二年袭。永镇传海天，天顺八年袭。海天传升鸾，成化十七年袭。升鸾传衣，嘉靖七年袭。衣传现光，隆庆元年袭。现光传冠，万历三十七年袭。冠传在田，万历四十八年袭。在田顺治初卒，传登云，崇祯十六年替，顺治十五年仍授长官。登云传飞汉，康熙十二年袭。飞汉传弟涉汉，涉汉传淑，淑又数传至怀祖，怀祖子庆云，见应袭。无印。属定番州。

小龙番长官龙氏，管小龙诸寨，亦南宁龙氏之族也。宋仁宗庆历五年，以宁远将军、知静蛮军节度使龙光凝为安远大将军；武宁大将军、静蛮军承宣使龙异岂为安远大将军；奉化大将军、静蛮军承宣使龙异鲁为武宁大将军。英宗治平四年，知静蛮军蕃落使、守天圣大王龙异阁等入见，诏以异阁为武宁将军，其属二百四十一人各授将军及郎将。光凝、异阁即小龙蕃之先也。元世祖至元十五年，小龙蕃内附，以龙方灵为静蛮军安抚使。明太祖洪武四年，龙昶归附。昶传福庆，五年袭授小龙蕃长官。福庆传海昇，永乐三年袭。海昇传钻，钻传文英，弘治元年袭。文英传凤云，正德二年袭。凤云传通海，嘉靖八年袭。通海传德贵，万历十四年袭。德贵传云腾，万历四十四年袭。云腾传象贤，崇祯十年袭。象贤传正飞，顺治十五年归附，仍授长官。正飞传雷，康熙十年袭。雷后历数传至荣光，嘉庆五年袭，今存。有印。属定番州。

木瓜长官石氏，管木瓜诸寨。其先曰石朝玺，大都人，元时从征南有功，授木瓜僔佬蛮夷军民长官。明洪武四年，石盖归附，改为木瓜长官。累传至玉林，顺治十五年归顺，仍授长官。玉林传天相，天相传弟天锡，康熙二十八年袭。后又屡传至钟玉，钟玉子奎光，见应袭。有印。属定番州。

木瓜副长官顾氏，管木瓜诸寨。其先曰顾德，濠州人。德生宸，明初从征南有功，授木瓜副长官。累传至大维，顺治十五年归顺，仍授副长官。大维传子操，操传子维英，康熙五十四年袭。维英后数传至楷，道光十九年袭。无印。属定番州。

麻响长官得氏，管麻响诸寨。其先曰得玉恩，上元人，洪武初征苗有功，授麻响长官。累传至志，顺治十五年归顺，仍授长官。志传子世爵，世爵传子君佐，君佐传子子民，雍正八年袭。子民后又数传至觐光，嘉庆十五年袭。无印。属定番州。

上马桥土千总方氏，管上马诸寨。其先曰副长官方怀德，方世雄之子也。顺治十五年归顺，改授外委土千总。怀德传弟怀恩，怀恩传正坤，正坤传照南，照南传子国梁，见袭。属定番州。

牛路土舍龙氏，管牛路诸寨。始祖曰龙应诏，德寿之族也。从德寿征，戍南宁，亦有职土，甚微，历宋元明世守之。顺治十五年内附，授外委土舍。又数传至奠中，道光六年袭。属定番州。

大华副司外委土舍黄氏，管大华诸寨。其先曰黄彬，定远人，明初从征有功，授副长官。历数传至明末，以功加指挥同知，充守备。顺治十五年归顺，仍授旧职。康熙元年降为外委土舍，又数传至仕焕，今存。属定番州。

大华正司外委土舍狄氏，管大华诸寨。其先曰狄宝，凤阳人，明初从征有功，授大华长官。累传至顺治十五年，归顺，仍授长官。又传至守亨，康熙五十六年革职，降为外委土舍，子孙承袭。又数传至坤，嘉庆七年袭。

卢山外委土舍卢氏，管卢山诸寨。其先曰卢经保，元之末世从征有功，授卢山长官。洪武五年，经保归附，仍授长官。累传至顺治十五年，归顺，亦仍旧职。康熙三十五年，长官卢大晋有罪革职，因降为外委土舍。见卢宝善袭职。

木官外委土舍唐氏，管木官诸寨。其先曰唐郎均，凤阳府人，明洪武初从征有功，授木官长官。永乐十三年改为土里目，明末仍为长官。顺治十五年归顺，仍授旧职。康熙三十五年降为外委土舍。见唐际虞袭职。属定番州。

洪番土千总洪氏，管洪番诸寨。其先曰洪应受，柳城人，从龙德寿征，戍南宁，有职土，然甚微，终宋之世不著。元世祖至元十六年，洪番内附，以洪廷暘为洪番永盛军安抚使。明洪武四年归附，授洪番长官。历数传至顺治十五年，归顺，仍授长官。雍正七年，洪番长官洪国兆有罪除职，改为外委土舍。国兆后历数传至泽溥，泽溥子正刚，见应袭。

丹平外委土舍莫氏，管丹平诸寨。其先曰莫要武，柳城人，元至正间以功授长官。后废。洪武三十年复置，以莫谷送为之。

寻省。永乐二年又置。顺治末内附,仍授长官。康熙元年降为外委土舍,见莫云鸿袭职。属大塘州判。

丹行外委土舍罗氏,管丹行诸寨。其先曰罗光盖,南宁府人,元末有功授长官。后废。洪武三十年复置,以罗海为之。寻省。永乐二年又置。宣德九年,丹行土舍罗朝煽诱寨长卜长、逃民罗阿记等侵占卧龙司长官龙保地,又攻猱平寨,大肆焚劫。时苗民素惮指挥李政,尚书王骥因奏遣政抚谕平之。顺治末内附,仍授长官。康熙五十六年降为外委土舍,见罗艳廷袭职。属大塘州判。

通州土里目王氏,管通州诸寨。其先世明末为外委把总,住其地。顺治末内附,以熟习苗情就授土里目,世袭。嘉庆中,王天培袭职,今以事革职,某应袭。属大塘州判。

降隆土里目杨氏,管降隆里诸寨。其先曰杨应,顺治末有功,授土里目,世袭。见杨春岐袭职。属大塘州判。

上克度土里目杨氏,管上克度诸寨。其先世明末为外委把总,住其地。顺治末内附,以熟习苗情就授土里目,世袭。见杨连珍袭职。属大塘州判。

中克度土里目杨氏,管中克度诸寨。其先曰杨廷春,明太祖洪武中有功,授土里目,世袭。顺治末内附,仍授旧职。见杨信袭职。属大塘州判。

下克度土里目杨氏,管下克度诸寨。其先曰杨廷华,明太祖洪武中有功,授土里目,世袭。顺治末内附,仍授旧职。见杨德化袭职。属大塘州判。

罗斛土千总黄氏,管本城及渌降、归凌、零蒋、黎亭四亭苗民共四百五十一户。其先曰黄淮,丰城人,宋南渡后,从征罗坐八种蛮有功,授土指挥使,世袭职。顺治十五年改授土千总。雍正五年分其子孙五人,各授外委土千总,世袭。罗斛外委土千总其一也。乾隆三十七年改土千总。嘉庆初,黄世杰袭职,见已卒。某应袭。属罗斛州判。

罗化土千总黄氏,黄淮之胄也。雍正五年授外委土千总,管罗化亭苗民六十三户。乾隆三十七年改土千总。嘉庆初，黄登甲袭职，见已卒。某应袭。属罗斛州判。

芭羊土千总黄氏，黄淮之胄也。雍正五年授外委土千总，管芭羊亭苗民一百八户。乾隆三十七年改土千总，见黄定国袭职。属罗斛州判。

罗悃土千总黄氏，黄淮之胄也。雍正五年授外委土千总，管罗悃、罗驼苗民二百十五户。乾隆三十七年改土千总。嘉庆初，黄世昭袭职，今已卒。某应袭。属罗斛州判。

打拱土千总黄氏，黄淮之胄也。雍正五年授外委土千总，管打拱亭苗民八十二户。乾隆三十七年改土千总。嘉庆初，黄章佐袭职，见以事革职。某应袭。属罗斛州判。

昂亭土千总王氏，其先曰王盛，余姚人，宋南渡后，从征罗坐诸蛮有功，授土职将领。顺治十五年内附，授土千总职。雍正五年分其族裔为五，咸授外委土千总职世袭。昂亭其一也。管昂、洒、那副三亭苗民一百三十四户。乾隆三十七年改土千总。见王大勋袭职。属罗斛通判。

罗敖外委土千总王氏，王盛之胄也。雍正五年授外委土千总，管罗敖苗民五十五户。嘉庆初，王恩溥袭职，今已卒。某应袭。属罗斛通判。

长流土千总王氏，王盛之胄也。雍正五年授外委土千总，管长流亭苗民六十三户。乾隆三十七年改土千总。见王大纶袭职。属罗斛州判。

膏亭土千总王氏，王盛之胄也。雍正五年授外委土千总，管膏周、磊、古、宜、那夜、罗苏六亭苗民四百三十二户。乾隆三十七年改土千总。见王正綷袭职。属罗斛州判。

何往外委土千总王氏，王盛之胄也。雍正五年授外委土千总，管何往亭苗民五十七户。嘉庆初，王恩茂袭职，今已卒。某应袭。属罗斛州判。

芭圩土守备黄氏，亦黄淮之胄也。嘉庆九年授黄时海为土守备，管芭圩亭苗民三十八户，今已卒。某应袭。属罗斛州判。

崩亭土千总黄氏，黄淮之胄也。嘉庆九年授黄永烈为土千总，管崩亭苗民五十七户，今已卒。某应袭。属罗斛州判。

罗磨土千总黄氏，黄淮之胄也。嘉庆九年授黄际寿为土千总，管罗磨亭苗民四十六户，今已卒。某应袭。属罗斛州判。

罗央土千总黄氏，黄淮之胄也。嘉庆九年授黄表章为土千总，管罗央亭苗民八十五户，今存。属罗斛州判。

相亭土千总黄氏，黄淮之胄也。嘉庆九年授黄世德为土千总，管相亭苗民百九户，今存。属罗斛州判。

罗球土千总黄氏，黄淮之胄也。嘉庆九年授黄际华为土千总，管罗球亭苗民九十二户，今已卒。某应袭。属罗斛州判。

怀亭土把总黄氏，黄淮之胄也。嘉庆九年授黄际恩为土把总，管怀亭苗民八十三户，今存。属罗斛州判。

俸亭土把总黄氏，黄淮之胄也。嘉庆九年授黄天林为土把总，管俸亭苗民百六户，今已卒。某应袭。属罗斛州判。

拱亭土把总黄氏，黄淮之胄也。嘉庆九年授黄世奎为土把总，管拱亭苗民三十六户，今已卒。某应袭。属罗斛州判。

罗赖土把总黄氏，黄淮之胄也。嘉庆九年授黄章元为土把总，管罗赖亭苗民八十四户，今存。属罗斛州判。

桑郎土千总王氏，罗斛土外委黄氏，亦盛、淮之胄，皆嘉庆九年授。属罗斛州判。桑郎管桑郎等六亭。

乖西长官杨氏，管乖西卡诸寨。其先曰杨立信，庐陵人，五代时从征黑羊箐有功，授职土。历宋世守其土役，属蛮州宋氏。元为雍真、乖西、葛蛮等处蛮夷长官。洪武四年内附，五年授杨文真为乖西蛮夷长官。永乐九年八月卒，十五年子暹袭。正统六年八月卒，子璿袭。天顺八年十二月卒，子昺袭。弘治九年七月卒，子晖袭。正德十年十月卒，子像袭。嘉靖三十一年九月卒，子世爵袭。万历五年闰月卒，子镶袭。万历二十八年十月卒，子光绶袭。崇祯十二年八月卒，子国恩袭，卒，子瑜袭。顺治十五年归顺，仍授长官。康熙二十一年卒，子兆麟袭，卒，康熙四十五年子锡祚袭。锡祚老，乾隆二十八年子淞袭。淞疾，嘉庆十一年子灿荣袭。道光三年十月卒，子培烝应袭。十九年三月卒，某应袭。无印。属开州。

乖西副长官刘氏，管乖西上牌诸寨。其先曰刘启昌，庐陵人，五代时从征黑羊箐有功，授职土。历宋世守之役，属蛮州宋氏。元为雍真、葛蛮等处蛮夷长官。明洪武四年内附，五年授刘海乖西副长官。永乐元年三月卒，子德秀袭。宣德二年卒，子铭袭。正统十四年三月卒，子勇袭。天顺八年十月卒，子训袭。成化二十三年十二月卒，子俸袭。正德十年卒，子达袭。嘉靖三十年正月卒，子应恩袭。隆庆六年十一月卒，子宗道袭。万历三十八年正月卒，子灏袭。天启七年八月卒，子国柱袭。顺治十五年归顺，仍授副长官。康熙七年卒，子芳庆袭。四十年九月卒，子之俊袭。雍正四年九月卒，子铣袭。七年十一月卒，子嘉祥幼，乾隆六年袭。三十六年十月卒，子瑄袭。四十年卒，子洪勋幼，四十八年袭。嘉庆八年以疾去职，十九年子尚忠袭。道光十一年九月卒，子标袭。无印。属开州。

大谷龙长官宋氏，管谷龙诸寨。其先曰宋国，桃源人，元成宗元贞元年征南有功，授白马安抚使。国传子居宗，居宗传子颜，颜传子文胜，文胜传子海。洪武十三年授骨龙土巡检。海传子权，权传子辉，辉传子贤，贤传子良卿，良卿传子於龙，於龙传子茂芝，茂芝传子景新，景新传子之尹，明祚终矣。大谷龙宋氏于嘉靖三十一年改授长官。顺治十五年之尹内附，仍授旧职。之尹传子士钊，士钊传子沆，沆传子承勋，承勋传子暹，暹传子昕，昕传子文龙，文龙传子应爵，今存。有印。属龙里。

小谷龙长官宋氏，管小谷龙诸寨。盖真定人蛮州宋氏之支族也。其先曰幕，元成宗元贞元年有征战功，别授白马安抚使同知。入明，改为骨龙副土巡检。世宗嘉靖十一年，宣慰司札授小谷龙长官。幕之后历数传至文富，文富传琳，琳传澄，澄传福崇，福崇传恒，恒传显俊，显俊传三才，三才传景运。顺治十五年内附，准授长官。景运传之爵，之爵传弟之宰，之宰传祚钧，祚钧传洪，洪传永恩，永恩传大本，大本传绍宗，绍宗传安邦，见承袭。无印，有号纸。属龙里县。

羊场长官郭氏，管羊场、上老傍诸寨。其先曰郭九龄，贵州黑羊箐谷定溪人，世有部族。明洪武四年内附，宣慰使札授长官，世袭，无朝命，故《明史·地理志》不著。九龄传子洪恩，洪恩传子安，安传子承禄，承禄传子迎申，迎申传子贾，贾传子有志，有志传子天章。顺治十五年归顺，因授长官。天章传弟天民，天民传子健，健传子永镇，永镇传子中怀，中怀传弟远怀，远怀传子大鹏，大鹏传子华俊，华俊传子继汾，今存。属龙里。

龙里上排外委土舍何氏，管上排诸寨。其先曰何甲秀，定远人，明太祖洪武十四年从征有功，授长官。甲秀传子智通，智通传子亨，亨传子永祥，永祥传子兴贵，兴贵传子天与，天与传子其进，其进传子胜位，胜位传子汝琪。顺治十五年归顺，仍授长官。康熙十九年降为外委土舍。汝琪传子运，运传子元龙，元龙传子德茂，德茂传弟德恩，今存。属龙里。

平伐长官司庭氏，管平伐、工固诸寨。其先本姓滕氏，灌县人，五代末仕蜀孟氏，征南有功，授宾化令，世守其土，号曰滕蕃。因居蛮日久，"滕"讹为"庭"，"宾化"讹为"平伐"。元世祖至元二十九年正月丙午，始从葛蛮安抚使宋子贤之言，招谕平伐。成宗大德元年五月庚寅，平伐酋领内附，乞隶亦奚不薛，从之。六月戊戌平伐九寨来降，立长官司。十二月，平伐等蛮尚多未附，播州宣抚使杨汉英请以己力讨之。己卯，诏湖广省臣答剌罕从宜收抚。武宗至大三年九月己卯，平伐蛮酋不老丁遣其侄与甥来降，升平伐等处蛮夷军民安抚司同知陈思诚为安抚使，佩金虎符。泰定帝泰定二年二月丁亥，平伐苗酋的娘率其户十万来降，土官三百六十人皆请朝。湖广行省汰其众还，部令的娘等四十六人入觐，从之。顺帝至元元年三月，平伐酋长保郎来降，即其地复立安抚使，参用其土酋为官。三年五月癸卯，给平伐安抚司达鲁花赤暗都刺虎符。明太祖洪武十五年，平伐庭保郎内附，以保郎为长官。保郎传的贡，的贡传的那，的那传玉，玉传铭，铭传宝，宝传广，广传珪，珪传希印，希印传继然，继然传拱极，拱极传万铨，万铨传子位，子位传世荫。顺治十五年归顺，仍授长官。世荫传旭，旭传道煜，道煜传绍统，绍统传启元，启元传树政，树政传子中瑛，嘉庆二十二年袭。有印。属贵定县。

大平伐长官宋氏，其先曰宋隆豆，钟离人，蜀汉时从征南中，有部曲，世守之。至明太祖洪武四年，宋臣从征黑羊箐，又从征至云南，授长官。臣传子瑛，瑛传子文，文传子全，全传子本，本传子标，标传子铭，铭传子杰，杰传子偯，偯传子维弼，维弼传子应祥，应祥传子三锡，三锡传弟三策，三策传弟三桂，三桂传子世昌。顺治十五年归顺，仍授长官。世昌传子珩，珩传子承勋，承勋传弟承爵，承爵传子之符，之符传子安远。安远卒，弟鸿远代理，俄而子恩荫袭，今存。有印。属贵定。

小平伐长官宋氏，管小平伐、罗海诸寨。其先出自宋阿蛮，阿蛮之子曰阿里，大德末以功别授小平伐长官。传斌保，洪武十五年授长官。斌保传昭，昭传海，海传宽，宽传宣，宣传继恩，继恩传文寿，文寿传国臣，国臣传弟国才，国才传天培。顺治十五年内附，仍授长官。传子世隆，世隆传子子立，子立传子光远，光远传子德彰，德彰传子思敬，思敬传子毓珠，毓珠传子钧，钧传弟钊，见承袭。有印。属贵定。

新添长官司宋氏，管新添、米孔诸寨。其先宋子贤之后，曰亦怜真，亦怜真之子曰仁贵。洪武四年内附，授新添长官。仁贵传昇，昇传安，安传略，略传时勋，时勋传维垣，维垣传肇元，肇元传鸿基，而明祚终矣。宣德元年，新添土舍宋志道纠洞蛮肆掠，萧授讨擒之。景泰二年，苗贼有在新添行劫聚于西庐者，官军破之以闻，皆新添司事也。鸿基于顺治十五年内附，仍授长官如旧。鸿基传子绳祖，绳祖传子源，源传子廷玺，廷玺传子遐龄。

遐龄于雍正七年袭职，传子体祁。体祁传弟辉祁，辉祁传子垲，见承袭。无印，有号纸。属贵定县。

大平伐西排外委土舍宋氏，管西排等寨。其先曰宋三纲，大平伐长官宋应祥之别子也，康熙十二年从征普安有功，别授西排土守备，后改为外委土舍。三纲传子文秀，文秀传子经贵，经贵传子承周，承周传子开勋，开勋传子仁术，仁术传子恩继，道光十一年袭。属贵定。

底寨长官蔡氏，不管村寨。其先曰蔡兴隆，容县人，五代时征黑羊箐有功，授职土，世守之。明初内附，洪武五年授蔡永昌长官。永昌传子世禄，世禄传子土化，土化传子阿结，阿结传子文英，文英传子朝贤，朝贤传子增，增传子继芳，继芳传子应福，应福传子极，极传子国弼，国弼传子启理。顺治十五年归顺，仍授长官。启理传孙镇，镇传子元品，元品传子德荣，德荣传子如林，如林传子朝光，道光二年袭。无印。属修文。

底寨副长官梅氏，不管村寨。其先曰梅天禄，五代时从征黑羊箐有功，世授职土。洪武初，梅忠从征有功，授副长官。忠传天喜，天喜传冈，冈传贤，贤传椿，椿传桂柏，桂柏传储。顺治十五年归顺，仍授副长官。储传应魁，应魁传朝聘，朝聘传孙亮，亮传登甲，登甲传国相，乾隆五十年袭，道光十三年卒。子正乾出游不归，二十三年裁袭。

黔南职方纪略　卷八

土司 下

安顺府

西堡副司	十二营	六枝
顶营	沙营	盘江土巡检
播西土舍	乐坝	乐运哨
八大	乐举	打罕哨
阿破	西堡正	

兴义府

黄平营

普安厅

鲁土营

平越州

杨义司	高坪	中坪
瓮水土县丞	余庆土县丞	余庆土主簿

思州府

都平	都平副	黄道
黄道副	都素	都素副
施溪		

镇远府

镇远土同知	镇远土通判	镇远土推官
偏桥	偏桥左副	偏桥右副
邛水	邛水副	岩门
重安	朗城	南市
高坡	番柳	乌漏
趱架	番陇	龙塘
容山	平夏	柳利
格东	那磨	柳榜
旁洞	返迷	鸡摆
番乾	返号	柳罗
赤溪	南洞	

思南府

蛮夷	朗溪	朗溪副
沿河祐溪	沿河祐溪副	思南
安化土县丞	安化土主簿	安化土巡检
印江土县丞		

铜仁府

省溪	省溪副	提溪
提溪副		

松桃厅

乌罗	乌罗副	平头
平头副		

石阡府

    石阡副

都匀府

都匀	邦水	都匀副
平州	六洞	夭坝
上牌	中牌	下牌
归仁营	顺德营	鸡讲
黄茅	乌叠	独山
烂土	丰宁上	丰宁下
三棒	普安	平定
乐平	宣威营	养鹅
乐户西	麻哈	麻哈旧司
凯里岩头	臻洞	落榜

黎平府

潭溪	潭溪副	八舟
新化	洪州	洪州副
欧阳	欧阳副	龙里
亮寨	中林	古州
湖耳	湖耳副	三郎
岑台	六百	滚纵
八开	八卫	乐乡
高表	平江	佳里
平正		

西堡副长官温氏，管西堡、马头诸寨。其先有温伯寿者，江西南昌人，明洪武十二年以平苗功，授副长官。累传至捷桂，顺治十五年归顺。捷桂传子应珩，应珩传子宽，宽累传至休端，见承袭。无印。属郎岱同知。

十二营土千总陇氏，管本枝诸寨。其先有陇榜者，洪武十四年，宣慰司安氏札授长官。顺治初归附，康熙十八年降为外委土千总。陇廷桂见袭。属郎岱同知。

六枝土千总陇氏，管六枝诸寨。亦陇榜之胄，不知何时别于十二营授外委土千总。屡传至陇济川，见袭职。属郎岱同知。

顶营长官罗氏，管顶营诸寨。其先有罗录者，江西金溪人，明洪武十六年以功授长官。屡传至洪勋，顺治十五年归附。洪勋传子名誉，名誉传子嵩，嵩累传至溥，见袭职。有印。属永宁州。

沙营长官安氏，管沙营诸寨。本姓沙，其先有名先者，世为土酋。明洪武九年，以功札授长官。累传至裕先，顺治十五年归附。裕先传起龙，起龙以平吴三桂功，加都督衔。起龙传子天藩，天藩传子尽美，尽美后改姓安氏，累传至荣诰，见袭职。无印。属永宁州。

盘江土巡检李氏，不管村寨。其先有李当者，云南大理人，明洪武八年以功授巡检。累传至桂芳，顺治十五年归附。桂芳传子先登，先登传子崇庚，崇庚传子本，本累传至元勋，见袭〔职〕。无印。属永宁州。

播西土舍王氏，管播西诸寨。其先有王国宾者，宋时随征有功，遂为酋长。元代改授长官。明初，宣慰司札授长官，天启时降为土舍。顺治时归附。累传至扶基，见袭职。属永宁州。

乐坝土舍王氏，管乐坝诸寨。王国宾之胄也，不知何时别于播西，见在王文品袭职。属永宁州。

乐运哨土舍王氏，管乐运诸寨。王国宾之胄也，不知何时别于播西，见在王兆麟袭职。属永宁州。

八大土舍王氏，管八大诸寨。其始祖王应时，于明洪武时随征有功，授土指挥。顺治末归附，改为守备。康熙五十年以事降为外委土舍。其胄济林见袭职。属永宁州。

乐举土舍王氏，管乐举诸寨。王应时之胄也，不知何时别于八大，见在王兆春袭职。属永宁州。

打罕哨土舍王氏，管打罕诸寨。王应时之胄也，不知何时别于八大，见在王兆纹袭职。属永宁州。

阿破土舍陆氏，管阿破枝诸寨。其先有陆安贵者，云南沾益州人，明末桂王时以功授长官。顺治末归附，康熙中降为外委土舍。其胄光祖见袭职。属镇宁州。

西堡长官沙氏，管西堡诸寨。其先有沙卜格者，明洪武十四年以功授长官。顺治时归附，累传至毓奇。康熙五十四年以催承袭，不至，降为外委土舍。又数传至靖川，见袭职。属安平县。

黄平营土守备黄氏，管黄平诸寨。其先有黄煜者，明代以功授参将，后降为土目。顺治时归附。嘉庆六年以功授土守备，其胄天运见袭职。承袭时，巡抚授委牌。属兴义县。

鲁土营千总龙氏，管鲁土诸寨。其先有龙普驭者，洪武时以功授土同知。累传至天祐，顺治时归附。康熙二十三年以平吴逆功，加总兵都督衔。累传至汝驭，见袭职。属普安厅。

杨义长官金氏，管杨义诸寨。其先金竹安抚使密定之支子也，洪武二十一年授长官。累传至榜，顺治十五年归附。榜传子震生，震生传子履殿，履殿传子玉，玉累传至家良，见在袭职。有印。属平越州。

高坪土舍李氏，管高坪诸寨。其先有李整者，河南偃师人，明洪武四十三年①，播州宣慰司杨氏札授长官。顺治时归附。康熙三十五年降为外委土舍。其胄书升见袭职。属平越州。

中坪土舍孙氏，管中坪诸寨。其先有孙福海者，江南上元人，明洪武时，宣慰司杨氏札授长官。顺治十六年归附，降为外委土

---

① "四十三年"，疑为"十三年"之误。

舍。福海裔昂见袭职。属平越州。

瓮水土县丞犹氏，不管村寨。其先有犹朝觐者，京兆长安人，唐乾符七年①以功授刺史。元代为宣慰使。累传至犹恭，明洪武十七年改授安抚司。万历二十八年降土县丞。累传至登第，顺治十五年归附。登第传子天成，天成传子赐璠，赐璠累传至以楣，见袭职。无印。属瓮安县。

余庆土县丞毛氏，不管村寨。其先有毛巴者，濠州钟离人，唐代以功授刺史。明洪武十五年改为长官司。万历二十七年改为土县丞。累传至鹏程，顺治十五年归附。鹏程传子都，都传子世祐，世祐累传至承宗，见袭职。无印。属余庆县。

余庆土主簿杨氏，不管村寨。其先有杨安宝者，播州宣慰使之支子也。元代以功授白泥副长官。明万历二十四年②播州平，改授余庆土主簿，仍管白泥司事。累传至璟，顺治十五年归附。璟传子嗣溥，嗣溥传子元勋，元勋累传至茂先，见袭职。无印。属余庆县。

都平长官何氏，管在城、峨异二里，后山洞诸寨。其先有何清者，陕西长安人，元末授定云路总管。累传至梦霖，明洪武元年授注溪等处长官，寻改都平、峨异溪长官，后止称都平。累传至学政，顺治十五年归附。学政传子润远，润远传子榕，榕传子道煌，道煌数传至镇文，见袭职。与周氏共印。属思州府。

都平副长官周氏，与何氏轮管都平诸寨。其先有周德远者，江西吉水人，元末以功授镇南府总管，改授思州宣慰司领兵头目。传至斌，明洪武六年改授副长官。累传至如明，顺治十五年归附。如明传子琇，琇数传至治诗，见袭职。与何氏共印。属思州府。

黄道长官黄氏，管平岳、毛坡诸寨。其先有黄文总者，江西吉水人，明洪武五年以功授长官。累传至金印，顺治十六年归附。

---

① 唐乾符只有六年，存疑待考。
② 误，明代平播州在万历二十八年。

金印传子恩荣，恩荣传子卷，卷累传至耀，见袭职。与刘氏共印。属思州府。

黄平副长官刘氏，与黄氏轮管平岳、毛坡诸寨。其先有刘贵者，明洪武五年以功授宣慰同知，八年改宣慰副使。传子道传，改授平岳长官。永乐十一年改授黄道副长官。累传至士元，顺治十五年归附。士元传子祚昌，祚昌传子以章，以章数传至荣耀。与黄氏共印。属思州府。

都素长官周氏，管杜麻诸寨。其先有周光复者，江西吉水人，元末随参政詹某征广西有功，授领兵头目。明洪武四年以功授思州百户，永乐四年授都素长官。累传至之龙，顺治十五年归附。之龙传子洪基，洪基传子鼎祚，鼎祚传子伟，伟数传至光复。有印，与副官何氏共掌。属思州府。

都素副长官何氏，与长官周氏轮管杜麻诸寨。其先有何文学者，明洪武十九年归附。传子麟腾，麟腾传子澄，澄累传至承荫。与周氏共印。属思州府。

施溪长官刘氏，管二里诸寨。其先刘道忠，宣慰同知刘贵子也，洪武五年以功授长官。累传至师光，顺治十五年归附。师光传子士瞻，士瞻传子祚茂，祚茂传子以学，以学累传至守荣，见袭职。有印。属思州府。

镇远土同知何氏，管枫香坪诸寨。其先有何永寿者，永兴军长安人，宋时思州田氏札授高丹洞州长。三传至信辅，元时以功授镇远知府、宣慰副使。信辅传子九升，明洪武三年改授金容、金达蛮夷长官。九升传子济，以功授镇远土知州。济传弟宣，正统四年改为土同知。累传至大昆，顺治十五年归附。大昆传子毓杞，又数传至其志，见袭职。无印。属镇远府。

镇远土通判杨氏，不管村寨。其先有杨从礼者，陕西华阴县人，隋炀帝之胄也，宋时以功授节度同知。累传至暄，明洪武四年改授镇远州同。正统四年改为土通判。累传至龙图，顺治十五年归附。龙图传子世基，世基传子懋，懋累传至珣，见袭职。无印。属镇远府。

镇远〔土〕推官杨氏，及偏桥左右副长官杨氏，邛水长官杨氏，皆炀帝之胄。镇远土推官杨氏，不管村寨。其先有载华者，居陕西之华阴，以功授思州宣抚使。载华传子正朝，元代授镇远军民副长官，以功加镇远军民安抚司佥事。正朝传子通全，至正十五年改授金容、金达副长官。明洪武初，授镇远土州判。正统十一年改授土推官。累传至秀伟，顺治十五年归附。秀伟传子再瀚，再瀚数传至昌学，见袭〔职〕。无印。属镇远府。

偏桥长官司安氏，管平定诸寨。其先有安崇诚者，陕西咸阳人，以功封威烈英信侯，子文授昭武大将军。累传至源，洪武元年授镇远土同知。源传子德可，三年授偏桥长官司。累传至显祖，顺治十七年归附。显祖传子宏治，宏治数传至德宽，见袭职。有印。属镇远府。

偏桥左副长官司杨氏，不管村寨。其先有杨前滩者，陕西华阴人，明洪武元年以功授土目，加武略将军阶，二十年授偏桥左副长官。累传至通圣，顺治十七年归附。通圣传子光泰，光泰传子清，清数传至玉麟，见袭〔职〕。无印。属镇远府。

偏桥右副长官杨氏，不管村寨。其先有杨通赛者，陕西华阴人，宋代以功授偏桥左副州长。屡传至通诚，明永乐二十年改授右副长官。累传至毓秀，顺治十五年归附。毓秀传子再培，再培传子授，授数传至玉立，见袭职。无印。属镇远府。

邛水长官杨氏，管邛水诸寨。其先有杨昌盛者，陕西华阴人，元代以功授平蛮将军。洪武元年改授邛水长官。累传至胜梅，顺治十六年归附。胜梅传子秀钦，秀钦传子再榱，再榱传子正炯，正炯数传至光鉴，见袭职。有印。属镇远府。

邛水副长官袁氏，不管村寨。其先有袁静山，江西泰和人，宋末思州田氏札授平蛮将军。再传至诚，元代授卑带长官。明洪武十四年改授邛水副长官。累传至洪远，顺治十五年归附。洪远传子荣，荣传子三奇。三奇于雍正五年以疏防革职。九年，子周佐袭。又数传至士信，见袭职。无印。属镇远府。

岩门长官何氏，管岩门诸寨。其先有何漪者，四川重庆人，明成化六年以征苗功，授凯里安抚司左副长官。累传至仕洪，顺治十五年归附，改授岩门长官。仕洪传子瓒远，瓒远传子其仁，雍正十三年四月死难。数传至成德，见袭职。有印。属黄平州。

重安司土吏目张氏，管重安诸寨。其先有张佛宝者，江南上元人，明洪武五年以功授土吏目。累传至威镇，顺治十五年归附。威镇传子汉生，汉生传子纯文，纯文传弟纯全。纯全以雍正十三年死苗难。纯全数传至星奎，见袭职。无印。属黄平州。

朗城司土千总冯氏，管朗城诸寨。其先有冯进贤者，明洪武四年以功授土吏目。顺治时归附。雍正四年，吏目冯钟俊不法革职，改为外委土千总。十三年，千总冯秉死苗难。又数传至振声，见袭职。属黄平州。

南市土千总赵氏，管南市诸寨。其先有赵良佐者，湖南靖州人，雍正九年从征有功，授外委土千总。数传至士英，见袭职。属台拱同知。

高坡土千总周氏，管高坡诸寨。其先有周国相者，镇远邛水司人，雍正六年征苗有功，授外委土千总。数传至钧瑞，见袭职。属台拱同知。

番柳土千总杨氏，管番柳诸寨。其先有杨运世者，施秉县人，雍正六年征苗有功，授外委土千总。累传至文基，见袭职。属台拱同知。

乌漏土把总王氏，管乌漏诸寨。其先有王德祖者，施秉人，雍正九年征苗有功，授外委土把总。累传至世衍，见袭职。属台拱同知。

趱架土把总梁氏，管趱架诸寨。其先有梁成鉴者，镇远府人，雍正十一年征苗有功，给外委土把总职。累传至某，某卒，其妻陈氏见代理。属台拱同知。

番陇土把总曹氏，管番陇诸寨。其先有曹应雄者，镇远府人，雍正六年征苗有功，授外委土把总职。累传至士凤，见袭职。属台拱同知。

龙塘土把总张氏，管龙塘诸寨。其先有张士贵者，镇远府人，雍正九年征苗有功，授外委土把总职。累传至应源，见袭职。属台拱同知。

容山土把总张氏，管容山诸寨。其先有张世卿者，台拱人，雍正九年征苗有功，授外委土把总。累传至应泰，见袭职。属台拱同知。

平夏土把总杨氏，管平夏诸寨。其先有杨进忠者，清江人，雍正六年征苗有功，给外委土把总职。累传至通锡，见袭职。属清江通判。

柳利土千总杨氏，管柳利诸寨。其先有杨文辉者，邛水司人，雍正七年征苗有功，授外委土千总职。累传至王霖，见袭职。属清江通判。

格东土千总王氏，管格东诸寨。其先有王朝聘者，不知何许人，雍正七年征苗有功，授外委土千总职。累传至开基，见袭职。属清江通判。

那磨土千总杨氏，管那磨诸寨。其先有杨政衍者，邛水司人，雍正七年征苗有功，授外委土千总职。累传至文澜，见袭职。属清江通判。

柳榜土千总曾氏，管柳榜诸寨。其先有曾继美者，邛水司人，雍正七年征苗有功，授外委土千总职。累传至福声，见袭职。属清江通判。

旁洞土把总杨氏，管旁洞诸寨。其先有杨昌玺者，邛水司人，雍正七年征苗有功，授外委土把总职。累传至杨政钦，见袭职。属清江通判。

返迷土把总张氏，管返迷诸寨。其先有张应明者，镇远府人，雍正七年征苗有功，授外委土把总职。累传至反灼，见袭职。属清江通判。

鸡摆土把总李氏，管鸡摆诸寨。其先有李尚志者，镇远府人，雍正七年征苗有功，授外委土把总职。累传至志膺，见袭职。属清江通判。

番乾土把总杨氏，管番乾诸寨。其先有杨政和者，邛水司人，雍正七年征苗有功，授外委土把总职。累传至昌所，见袭职。属清江通判。

返号土把总王氏，管返号诸寨。其先有王锡珍者，湖南武冈州人，雍正十三年征苗有功，授外委土把总职。累传至应鳌，见袭职。属清江通判。

柳罗土千总杨氏，管柳罗诸寨。其先有杨胜熊者，镇远府人，雍正七年征苗有功，授土把总职。累传至光明，见袭职。属清江通判。

赤溪土千总杨氏，管赤溪诸寨。其先有杨通谅者，江西丰城人，明永乐六年以功授赤溪南洞长官，属黎平府。顺治十六年归附。康熙十九年降为赤溪外委土千总。乾隆十年改属清江通判。累传至秉坤，见袭职。

南洞土千总吴氏，管南洞诸寨。其先有吴世铭者，江西庐陵人，明洪武五年以功授赤溪南洞长官，永乐六年改为副长官，属黎平府。顺治时归附。雍正时降为外委土千总。乾隆四年改隶清江通判。累传至振禄，见袭职。

蛮夷长官司安氏，管碗水坝诸寨。其先有安交泰者，陕西咸宁人，宋代乌蛮王授为义阳元帅，元代改授沿边溪洞总管。传至辉世，明洪武五年改授蛮夷长官司。又数传至际明，顺治十七年归附。传子磐，磐传子修敬，修敬传子仁，仁传子交泰，见袭职。有印。属思南府。

朗溪长官司田氏，管四大村诸寨。其先有田榖者，陕西蓝田人，元代以功授大万山长官。传至荣明，洪武元年改授朗溪长官。累传至养民，顺治十五年归附。传子仁寿，仁寿传子洪鼎，洪鼎数传至兴德，见袭职。无印。属思南府。

朗溪副长官任氏，与长官田氏同管四大村诸寨。其先有任俸者，陕西三原人，宋代以功授武节将军。传至鉴，永乐四年授副长官。又数传至进道，顺治十五年归附。进道传子大德，大德传从子贤，贤传子世泽，世泽后数传至永祚，见袭职。无印。属思南府。

沿河祐溪长官张氏，管沿河、水卜图诸寨。其先有张坤义者，元代以功授长官。累传至承禄，顺治十五年归附。承禄传子纯仁，纯仁传弟浩仁，浩仁传子锡侯。锡侯革职，以土舍张锡圭代理。锡圭卒，锡侯子惟藩袭。又数传至令仪，见袭职。无印。属思南府。

沿河祐溪副长官冉氏，与长官张氏同管沿河、水卜图诸寨。其先有冉家珍者，陕西三原人，元代以功授黔南道万户。传至永安，明洪武二十三年改授千户，洪熙元年改授副长官。又数传至鼎臣，顺治十五年归附。鼎臣传弟名臣，名臣传弟廷臣，廷臣传子钟岳，钟岳传子永洽，永洽数传至瑞煌，见袭职。无印。属思南府。

思南随府办事六品长官田氏，不管村寨。其先陕西蓝田人，唐末为思州刺史。五代时黔南陷没，田氏世守思州，兼有今思南、石阡、镇远、铜仁、思州地。传至三凤，宋代授安抚使。数传至仁，洪武五年改授思南宣慰使。传至宗鼎，永乐十一年请改土归流，以其地为思南府，授宗鼎子为随府办事长官。又数传至仁溥，顺治十七年归附。仁溥传子洪国，洪国传子大禧，大禧传弟大祎，大祎数传至又新，见袭职。无印。属思南府。

安化土县丞张氏，不管村寨。其先有张坤元者，陕西咸宁人，元代以功授龙泉坪长官。传至乾福，明洪武二十八年改授水德江长官。万历三十三年改授土县丞。数传至试，顺治十八年归附。试传子鼎亨，鼎亨传子天璧，天璧数传至世玺，见袭职。无印。属安化县。

安化土主簿杨氏，不管村寨。其先有杨大忠者，山西太原人，元代以功授思南元帅。明洪武二十年改授宣慰同知。传至潮海，永乐十一年改授水德江副长官。万历三十三年改为土主簿。数传至天植，顺治十八年归附。天植传子庚星，庚星传子懋德，懋德累传至泰运，见袭职。无印。属安化县。

安化土巡检陆氏，不管村寨。其先有陆公阅者，印江县人，明洪武七年以功授土巡检。累传至阳春，顺治十五年归附。阳春传弟聚春，聚春传子元弼，元弼累传至祖绶，见袭职。无印。属安化县。

印江土县丞张氏，管木村诸寨。其先有张恢者，陕西咸宁人，元代以功授亚中大夫。洪武五年改印江长官司。累传至鹤龄，以罪割其地为印江县，止留木村诸寨。嘉靖七年改为土县丞。累传至应璧，顺治十五年归附。应璧传子仕发，仕发传子承纲，承纲传子洪赞，累传至云锦，见袭职。属印江县。

省溪长官杨氏，管省溪诸寨。其先有杨政德者，陕西华州人，明洪武五年以功授长官。累传至秀铭，顺治十五年归附。秀铭传子再位，再位传子懋源，累传至建东，见袭职。无号纸、印信。属铜仁府。

省溪副长官戴氏，管省溪八洞诸寨。其先有戴子美者，江西庐陵人，宋代以功授土知州。洪武时改为副长官。累传至以正，顺治十五年归附。以正传子圣心，圣心累传至应龙，见袭职。无印信。属铜仁府。

提溪长官杨氏，管提溪诸寨。其先有杨秀纂者，山西阳曲人，明洪武五年以功授长官。累传至通正，顺治十五年归附。通正传子光玺，光玺传子昌玉，昌玉数传至永铎，见袭职。无印。属铜仁府。

提溪副长官张氏，管提溪三洞诸寨。其先有张秉仁者，张恢之胄也，明洪武五年授副长官。累传至体泰，顺治十五年归附。体泰传从子懋禧，懋禧传子运隆，运隆传子鸿翼，鸿翼数传至前光，见袭职。无印。属铜仁府。

乌罗长官杨氏，管乌罗诸寨。其先有杨通仁者，陕西华阴人，五代时以功授州长。元代加忠顺校尉阶。数传至世雄，明洪武五年改授长官。又数传至洪基，顺治十五年归附。洪基传子振崧，振崧传子再玺，再玺传叔父振昆，振昆数传至士宦，见袭职。有印。属松桃厅。

乌罗副长官冉氏，管乌罗诸寨。其先有冉如龙者，陕西三元人，元代以功授沿边溪洞万户。明洪武五年改授思南宣慰办事长官。传至兴祖，永乐十一年改授乌罗副长官。累传至天臣，顺治十五年归附。天臣传子奇毓，奇毓传弟奇瑄，奇瑄传从子永遐，数传至正荫，见袭职。无印。属松桃厅。

平头长官杨氏，管平头诸寨。其先有杨正德者，陕西华阴人，明洪武五年以功授省溪长官，二十九年改授平头长官。累传至昌续，顺治十五年归附。昌续传子任胜，任胜传子秀岱，秀岱传子再澄，再澄传弟再历。再历卒，其妻郭氏代理。又数传至承尧，见袭职。无印。属松桃厅。

平头副长官田氏，与长官杨氏同管平头诸寨。其先有田弼者，陕西蓝田人，洪武五年以功授副长官。累传至茂功，顺治十五年归附。茂功传子仁任，仁任数传至庆延，见袭职。无印。属松桃厅。

石阡副长官杨氏，不管村寨。其先有杨九龙者，山西太原人。累传至敬胜，顺治十五年归附。敬胜传子崧秀，崧秀传子再知，再知传子正旦，正旦传子芳名，芳名数传至承恩，见袭职。无印。属石阡府。

都匀长官吴氏，管吴家司、屯上诸寨。其先有吴赖者，广东人，明洪武十六年以功授副长官。再传至正，景泰三年改授长官。又数传至玉，顺治十五年归附。玉传子鸿业，鸿业传子天柄，天柄数传至琳，见袭职。无印。属都匀府。

邦水长官吴氏，管邦水、谷蒙诸寨。其先有吴尚通者，应天府人，明洪武二年以功授副长官。尚通传子珊，永乐十六年升长官。累传至昌祚，顺治十五年归附。昌祚传子鼎乾，鼎乾传子帅生，帅生传子承业，承业累传至毓祥，见袭职。无印。属都匀府。

都匀副长官王氏，管王家司、上坝诸寨。其先有王普院者，四川人，明洪武六年以功授都匀司头目。正统十六年①，其孙某以功升授副长官。累传至应祖，顺治十五年归附。应祖传子威烈，威烈传孙恺，恺传子正纲，正纲传弟正纪。正纪累传至某，某卒，其子幼，妻魏氏见代理。无印。属都匀府。

平州土把总杨氏，管平州诸寨。其先有王平麻者，江西九江人，明洪武初以功授平州六洞长官。顺治初归附。累传至武功，以贪残革职。寻授其子之楚为平州外委土把总，之盛为六洞外委土把总。之楚累传至某，某妻曾氏代理。属都匀府。

六洞土把总王氏，管六洞诸寨。其先有王之盛者，王武功子也，授外委土把总。累传至某，见袭职。属都匀府。

夭坝土千总夭氏，管夭坝诸寨。其先有夭阿路者，广西庆远人，明洪武初以功授长官。累传至应禄，顺治时归附，寻为黑苗所杀。传至世臣，康熙五十九年以不法革职，降授其子为外委土千总。累传至象元，见袭职。属八寨同知。

上牌土把总王氏，管上牌诸寨。其先有王宗贵者，雍正十三年征苗有功，授外委土把总。累传至恩荣，见袭职。属八寨同知。

中牌土把总雷氏，管中牌诸寨。其先有雷起凤者，清平县人，雍正十三年以功授外委土把总。累传至镇宇，见袭职。属八寨同知。

下牌土把总杨氏，管下牌诸寨。其先有杨先荣者，都匀县人，雍正十三年征苗有功，授外委土把总。累传至元春，见袭职。属八寨同知。

归仁营土千总白氏，管归仁营诸寨。其先有白登科者，独山州人，雍正六年以功授外委土千总。累传至应华，见袭职。属都

---

① 明正统只有十四年，存疑待考。

江通判。

顺德营土千总张氏，管顺德诸寨。其先有张纯熙者，独山州人，雍正八年以功授外委土千总。累传至凤麟，见袭职。属都江通判。

鸡讲土千总黄氏，管鸡讲诸寨。其先有黄正色者，清平县人，雍正六年以功授外委土千总。累传至廷楷，见袭职。属丹江通判。

黄茅土千总刘氏，管黄茅诸寨。其先有刘汉宗者，清平县人，雍正六年以功授外委土千总。累传至启菜，见袭职。属丹江通判。

乌叠土千总余氏，管乌叠诸寨。其先有余凯者，雍正十三年以功授外委土把总。累传至江，见袭职。属丹江通判。

独山土同知蒙氏，管金寨诸寨。其先有蒙闻者，凤阳府人，明洪武二年以功授独山长官。累传至政，景泰二年升土同知。又累传至一龙，顺治十五年归附。一龙传子嘉祚，嘉祚传子圣功，圣功传子璋，璋传弟剡，剡传子开智，开智数传至秉钧，见袭职。无印。属独山州。

烂土长官张氏，管烂土、拉芒诸寨。其先有张灿极者，明洪武初授长官。灿极传子钧，钧累传至威远，顺治十五年归附。威远传从子大统，大统传弟大纪，大纪传子克承，克承数传至均，见袭职。无印。属独山州。

丰宁长官王氏，管上王堆诸寨。其先有王万全者，江西吉水人，明洪武二十三年以功授长官。累传至祐，崇祯十年升宣抚使，加总兵官。再传至懋功，顺治十五年归附，康熙二十六年改授长官。懋功传子承烈，承烈传子师震，师震累传至锦春，见袭职。有印。属独山州。

丰宁下长官杨氏，管蛮落诸寨。其先杨万全之支子也，明代授长官。累传至威远，顺治十五年归附。威远传子宏勋，宏勋传子於彤，於彤传弟於庭，於庭传子继震，继震数传至治平，见袭职。无印。属独山州。

三棒土舍杨氏，管三棒诸寨。其先杨万全之支子也，世为土舍，明末授长官。康熙十九年复降为外委土舍。累传至杨锦爵，见袭职。属独山州。

普安土舍张氏，管普安诸寨。其先烂土长官张钧之支子也，世为土舍，明末授长官。康熙十九年复降为外委土舍。累传至荣宗，见袭职。属独山州。

平定长官吴氏，管鸡东诸寨。其先有吴忠者，明洪武十年以功授长官。累传至士爵，顺治十五年归附。士爵传子懋勋，懋勋传子光岐，光岐数传至豫璪，见袭职。有印。属麻哈州。

乐平长官宋氏，管乐平、坝芒诸寨。其先有宋仁德者，真定府人，明洪武初以功授长官。累传至治政，顺治十五年归附。治政传子金印，金印传子潢，潢数传至世祥，见袭职。无印。属麻哈州。

宣威营土舍蒙氏，管宣威诸寨。其先独山长官蒙闻之支子也，世为土舍。顺治初归附。累传至锡源，见袭职。属麻哈州。

养鹅土千总王氏，管养鹅诸寨。其先有王璐者，江西吉安府泰和人，明洪武初授平浪长官。康熙五十年降为养鹅外委土千总。累传至梦麟，见袭职。属麻哈州。

乐户西土舍乐氏，管乐户西诸寨。其先有乐进者，应天府人，明洪武初授土目。明末改授长官。康熙三十三年降为外委土舍。累传至洪音，见袭职。属麻哈州。

麻哈司土舍宋氏，管麻哈诸寨。其先有宋子孝者，真定州人，明洪武初授长官。明末降为外委土舍。累传至炳，见袭职。属麻哈州。

麻哈旧司土舍宋氏，管旧司诸寨。其先宋子孝之胄也，明末授土舍。累传至开基，见袭职。属麻哈州。

凯里岩头土千总淳氏，管岩头诸寨。其先有淳毓奇者，四川重庆府人，雍正十三年以功授外委土千总。累传至佳麟，见袭职。属清平县。

臻洞土千总刘氏，管臻洞诸寨。其先有刘祚远者，清平人，雍正十三年以功授外委土千总。累传至惟铃，见袭职。属清平县。

落榜土把总孙氏，管落榜诸寨。其先有孙塾举者，清平人，雍正十三年以功授外委土把总。累传至文炳，见袭职。属清平县。

潭溪长官石氏，管潭溪诸寨。其先有石平和者，河南祥符人，洪武四年以功授长官。累传至玉柱，顺治十五年归附。玉柱传子飞熊，飞熊传子铨，铨传子声淳，声淳数传至承基，见袭职。无印。属黎平府。

潭溪副长官石氏，管潭溪诸寨。其先有石从满者，直隶沧州人，明洪武二年以功授副长官。累传至岩，顺治十五年归附。岩传子化玉，化玉传子铭勋，铭勋累传至如明，见袭职。无印。属黎平府。

八舟长官吴氏，管八舟诸寨。其先有吴昌祚者，豫章人，汉时为邑长。累传至金骨，明洪武时授长官。其后又累传至遇主，顺治十五年归附。遇主传子洪化，洪化传子伯，伯传子存仁，存仁累传至绍先，见袭职。无印。属黎平府。

新化长官欧阳氏，管新化诸寨。其先有欧阳万明者，江西泰和人，元代以功授长官。明初因之。累传至瑾，顺治十五年归附。瑾传子永昌，永昌传子继修，继修数传至本光，见袭职。有印。属黎平府。

洪州长官李氏，管洪州青特洞诸寨。其先有李德玙者，江西泰和人，元代授镇远土金事。明洪武五年改授洪州长官。累传至煦，顺治十五年归附。煦传子天章，天章传子庆锡，见袭职。有印。属黎平府。

洪州副长官林氏，管洪州大斗、小斗诸寨。其先有林荣辅者，江西泰和人，明洪武五年以功授副长官。累传至起鹏，顺治十五年归附。起鹏传子登科，登科传子天锦，天锦数传至秀棠，见袭职。无印。属黎平府。

欧阳长官阳氏，管理欧阳诸寨。其先有阳都统者，江西太和人，明洪武五年以功授长官。累传至运洪，顺治十五年归附。运洪传子仁修，仁修传子进贤，进贤累传至之江，见袭职。有印。属黎平府。

欧阳副长官吴氏，与阳氏同管欧阳诸寨。其先有吴子林者，江西泰和人，明洪武三年以功授副长官。累传至登科，顺治十五年归附。登科传子朝选，朝选传子治国，治国传子之佐，之佐累传至光亮，见袭职。无印。属黎平府。

龙里长官杨氏，管龙里诸寨。其先有杨光福者，江西丰城人，明洪武四年以功授长官。累传至胜梯，顺治十五年归附。胜梯传子秀颖，秀颖传子再升，再升传子正位，正位累传至绍奇，见袭职。有印。属黎平府。

亮寨长官龙氏，管亮寨诸寨。其先有龙政忠者，江西泰和人，明洪武四年以功授长官。累传至文炳，顺治十六年归附。文炳传子起云，起云传子沛，沛传子绍俭，绍俭数传至家模，见袭职。有印。属黎平府。

中林长官杨氏，管中林诸寨。其先有杨盛贤者，江西泰和人，明洪武五年以功授长官。累传至应诏，顺治十五年归附。应诏传从孙士美，士美传从子其渭，其渭数传至积发，见袭职。有印。属黎平府。

古州长官杨氏，管古州罗里诸寨。其先有杨秀茂者，江西泰和人，明洪武五年以功授长官。累传至云龙，顺治十五年归附。云龙传子鼎霞，鼎霞以事革职，传子绍荣。绍荣传弟芳世，芳世传子朝元，朝元累传至占先，见袭职。有印。属黎平府。

湖耳长官杨氏，管湖耳诸寨。其先有杨再禄者，江西丰城人，明洪武五年以功授长官。累传至通朝，顺治十五年归附。通朝传子光彩，光彩传子昌元，昌元累传至镇，见袭[职]。有印。属黎平府。

湖耳副长官杨氏，管湖耳高寨诸寨。其先有杨总管者，江西泰和人，明洪武时以功授长官。累传至大勋，顺治十五年归附。大勋传子洪引，洪引传子秉仁，秉仁传应震，应震以事革职，弟应昌袭。数传至起亨，见袭职。无印。属黎平府。

三郎土舍杨氏，管三郎诸寨。其先有杨秀茂者，江西泰和人，明初以功授土目。明末改授长官。顺治时归附。传至世勋，康熙二十三年以议叙土司，不准承袭，降为外委土舍。又数传至越，见袭职。属黎平府。

岑台土千总杨氏，管岑台诸寨。其先有杨士奇者，雍正六年以功授外委土千总。累传至翰枝，见袭职。属古州同知。

六百土千总杨氏，管六百诸寨。其先有杨茂枝者，雍正六年以功授外委土千总。累传至白珩，见袭职。属古州同知。

滚纵土千总刘氏，管滚纵诸寨。其先有刘云章者，雍正六年以功授外委土千总。累传至义韩，见袭职。属古州同知。

八开土千总林氏，管八开诸寨。其先有林天锦者，雍正六年以功授外委土千总。累传至文溥，见袭职。属古州同知。

八卫土千总吴氏，管八卫诸寨。其先有吴宏熙者，雍正六年以功授外委土千总。累传至之屏，见袭职。属古州同知。

乐乡土千总卫氏，管乐乡诸寨。其先有卫邦彦者，雍正六年以功授外委土千总。累传至国栋，见袭职。属古州同知。

高表土把总李氏，管高表诸寨。其先有李大有者，雍正六年以功授外委土把总。累传至含馨，见袭职。属古州同知。

平江土把总杨氏，管平江诸寨。其先有杨胜模者，雍正六年以功授外委土把总。累传至正秀，见袭职。属古州同知。

佳里土千总杨氏，管佳里诸寨。其先有杨舒尊者，雍正六年以功授外委土千总。累传至廷标，见袭职。属下江通判。

平正土把总杨氏，管平正诸寨。其先有杨鸣凤者，雍正六年以功授外委土把总。累传至文源，见袭职。属下江通判。

黔南职方纪略　卷九

苗　蛮

　　昔炎帝娶赤水之子听訞，生炎居。赤水，即罗斛红水江。盖上世贵州地，常为声名文物之邦，故其君长与帝室联姻。及蚩尤代炎帝为政，尚利好杀，不耻淫奔，民间化之，于是跳月劫夺之风起矣。故《书》曰：延及平民，罔不寇贼，鸱义奸宄，夺攘矫虔。及高辛氏之衰，有三苗氏者，据洞庭、彭蠡间以为国，复行蚩尤之政，好诅信鬼。其威势所及，被于今滇、黔、蜀、粤，民皆从其化。于是声名文物之邦遂成蛮俗，苗之名由此以起。

　　帝尧代高辛为天子，使重黎攻三苗，克之。其后复叛。帝舜摄政，使禹攻灭之，窜其君于三危，洞庭、彭蠡间遂列于中国。其遗民在赤水北者，被三苗化已久，不可改，帝舜恶之，列于荒服。故《书》曰：分别三苗。周僖王时，有国名牂牁者，畏齐桓公之威，遣使贡献于天子，盖亦苗之君也。

　　战国时，楚将庄蹻灭牂牁。时蔡侯久为楚所灭，遂迁其公族于牂牁，于是苗中有蔡家子矣。

　　汉武帝灭且兰，置牂牁郡，迁蜀之大姓龙、傅、董、尹于其地，于是苗中有龙家子矣。

　　武侯定南中，令大姓各长率其部曲。建宁大姓罗济火者，有部曲于牂牁、夜郎间，号为罗甸。隋唐之际，蛮中推雄长者为鬼主，其民遂称罗氏鬼主为罗鬼，讹为鹿卢，后又讹为倮㑩。

　　大姓中有宋氏者，诸部遂以酋长之姓名其部，于是苗中有宋家子矣。

晋代邛、筰间有山僚，盖即武王时髳人也。其种蔓延于今之黔粤，诸蛮种多役属之，遂名其役属之蛮为仆僚，其僚人则谓之主僚。其后主僚讹为俚佬，仆僚讹为木佬。至唐贞观二年，明州山僚反，交州都督李道彦击走之。高宗时，剡州僚反，都督谢万岁讨之。此又诸僚之始也。

五代时楚王马希范遣兵戍南宁，因命之世守其地，其部众欲自异于诸蛮，因以其主帅之姓为号，遂号为"仲家"，又讹为"狆家"，故今仲苗犹以贵种骄诸苗。

东晋时，命谢氏世为牂牁太守。及侯景乱梁，牂牁与中国不通，而谢氏保境如故。至唐时，牂牁又分裂，于是有东、西谢之称，其后遂以名其部族，曰东苗、西苗。

汉末大姓有季氏者，居牂牁，其部族号季子，其后讹为"夷子"，又讹为"蚁子"，又讹为"犵子"。

宋侬智高为狄青所败，走泗城、广南诸府，于是南中有侬家子矣。

播州杨氏，其族属之在贵州者曰俚僙。

汉末大姓有赵氏者，其后讹为夭家。又有童氏者，其部族即为童家。

苗人各以衣服别其种类，于是有白苗、花苗、青苗、黑苗、红苗。花苗之别种有喇叭苗，青苗之别种有青头苗，红苗之别种有红头苗，黑苗之别种有高坡苗、山苗。犵佬之别种有披袍犵佬、锅圈犵佬、打牙犵佬、打铁犵佬、青犵佬、红犵佬、犵僮、犵兜。俫猡之别有猡鬼、白俫猡、黑俫猡。童家之别有老土、里民子。龙家之别有狗耳、马镫。又有紫姜苗者，唐紫姜县令之部曲也，其后散处今贵阳、平越间。又有鸭子苗、洞苗、六额子、僰人、鸦雀、花兜、瑶、水、佯、僮、伶、侗诸苗，不知起自何时也。

大抵贵州所有苗种凡五十有二：曰白苗，曰花苗，曰青苗，曰黑苗，曰红苗，曰山苗，曰高坡苗，曰青头苗，曰红头苗，曰喇叭苗，曰仲家苗，曰蔡家苗，曰宋家苗，曰侬家苗，曰狗耳侬

家，曰马鞍苗，曰羿子，曰佯僙，曰夭家苗，曰西苗，曰东苗，
曰童家，曰里民子，曰老土，曰僚鬼，曰黑倮㑩，曰白倮㑩，曰
补侬，曰紫姜苗，曰仡佬，曰披袍仡佬，曰锅圈仡佬，曰打牙仡
佬，曰打铁仡佬，曰青仡佬，曰红仡佬，曰仡僮，曰仡兜，曰木
佬，曰鸭子苗，曰洞苗，曰六额子，曰獏人，曰獏耳子，曰鸦雀
苗，曰瑶人，曰水人，曰佯人，曰僮人，曰伶人，曰侗人。今以
各种之风俗列之于前，而以其所居之地附之于后。

白苗	花苗	青苗
黑苗	红苗	山苗
青头苗	红头苗	喇巴苗
高坡苗	仲家苗	蔡家苗
宋家苗	侬家苗	狗耳侬家
马鞍苗	羿子	佯僙
夭家苗	西苗	东苗
童家苗	里民子	老土
僚鬼	倮㑩	黑倮㑩
白倮㑩	补侬	紫姜苗
仡佬	披袍仡佬	锅圈仡佬
打牙仡佬	打铁仡佬	青仡佬
红仡佬	仡僮	仡兜
木佬	鸭子苗	洞苗
六额子	獏人	獏耳子
鸦雀苗	花兜苗	瑶人
水人	佯人	僮人
伶人	侗人	

贵阳苗种	贵筑苗种	长寨苗种
定番苗种	大塘苗种	罗斛苗种
广顺苗种	开州苗种	龙里苗种
贵定苗种	修文苗种	安顺苗种
普定苗种	郎岱苗种	归化苗种
永宁苗种	镇宁苗种	安平苗种
清镇苗种	大定苗种	水城苗种
平远苗种	黔西苗种	威宁苗种
毕节苗种	兴义苗种	贞丰苗种
册亨苗种	兴义县苗种	安南苗种
普安县苗种	普安厅苗种	遵义县苗种
正安苗种	绥阳苗种	桐梓苗种
仁怀苗种	仁怀厅苗种	平越苗种
瓮安苗种	余庆苗种	思州苗种
玉屏苗种	镇远苗种	镇远县苗种
台拱苗种	清江苗种	黄平苗种
施秉苗种	胜秉苗种	天柱苗种
安化苗种	铜仁苗种	松桃苗种
石阡苗种	都匀苗种	都匀县苗种
八寨苗种	都江苗种	丹江苗种
独山苗种	麻哈苗种	荔波苗种
清平苗种	黎平苗种	古州苗种
下江苗种	永从苗种	

白苗

贵阳、定番、大塘、广顺、开州、贵筑、龙里、贵定、修文、归化、黔西、清江、黎平皆有之。

衣尚白，短仅及膝。男子科头赤足，妇人盘髻长簪。

每岁孟春，合男女于野，谓之跳月。择平地为月场，鲜衣艳妆，男吹芦笙，女振响铃，旋跃歌舞，谑浪终日。暮挈所私而归，比晓乃散。

祀祖，择大牯牛头角端正者，饲及苗壮，合各寨有牛者斗于野，胜即为吉。斗后卜吉，斫牛以祀。主者服白衣、青套、红褶宽腰裙。祭后，合亲族高歌畅饮。

其性戆而厉，转徙不常。常为人顾役垦田。

花苗

贵阳、定番、大塘、广顺、开州、贵筑、贵定、修文、安顺、郎岱、归化、永宁、镇宁、普定、清镇、大定、平远、黔西、威宁、水城、毕节、镇远、施秉、胜秉、天柱、黎平皆有之。无姓氏。

衣用败布缉条以织，无衿窍而纳诸首。男子以青布裹头，妇人敛马鬃尾杂发为髻，大如斗，笼以木梳。衣裳先以蜡绘花于布，而后染之。既染而去蜡，则花见。饰袖以锦，故曰花苗。

其跳月之习与白苗同，聘资视女之妍媸为盈缩。遇丧则屠牛召戚，远近各携酒肉以为赙，环哭尽哀。葬不用棺，敛手足而瘗之。卜地以鸡子掷之，不破者为吉。病不服药，惟祷于鬼，宰牲磔鸡，往往破家，终不悔悟。

以六月为岁首。

其性戆而畏法，其俗陋而力勤。在镇远、黎平者有张、陆、姚、李、朱、潘、杨、吴诸姓。

青苗

贵阳、长寨、定番、大塘、罗斛、广顺、贵筑、龙里、贵定、修文、安顺、郎岱、归化、镇宁、普定、安平、清镇、大定、黔西皆有之。

衣尚青。男子顶竹笠，蹑履，出入必佩刀，性强悍好斗。妇人以青布制如华山巾蒙首，衣止及腰，裙长掩膝。

娶妇跳月与白苗同。凡丧葬、结姻，皆以牛为礼物。病不服药，惟祈鬼信巫。通晓汉语。

黑苗

黄平、镇远、台拱、清江、镇远县、施秉、胜秉、天柱、平越、都匀、八寨、都江、丹江、独山、麻哈、都匀县、清平、黎平、永从皆有之。

衣短，尚黑。妇人绾长簪，耳垂大环，挂银圈于项，以五色锦缘袖。男女跣足，陟巉崖捷如猿猱。勤耕樵，女子更劳苦，日则出作，夜则纺绩。

食惟糯米，舂之甚白，炊熟成圈，以手掬食。得羔、豚、鸡、犬、鹅、鸭连毛置之瓮中，俟其臭腐生蛆而后食，名曰醋菜，珍为异味。

寒无重衣，夜无卧具。在麻哈者迁徙不常。

红苗

安化、铜仁、铜仁县、松桃、遵义皆有之。

衣用彩丝。牲畜皆掊杀，以火去毛，微煮带血而食。

每岁正月寅日，夫妇异寝，不敢言，不出户，以避鬼，谓犯之则为虎所伤。性好争斗。其在铜仁、遵义者有石、麻、田、龙等姓。

山苗

黑苗别种也，长寨、下江、古州有之。服食与黑苗同。

青头苗

青苗别种也，惟遵义县有之。服食与汉民同。

红头苗

红苗别种也，遵义、绥阳、桐梓、仁怀皆有之。服食与汉民同。

喇巴苗

水城有之，花苗别种也。服食与花苗同。

高坡苗

黑苗别种也，黎平、开泰、永从有之。服食与黑苗同。

仲家苗

贵阳、长寨、定番、大塘、开州、贵筑、龙里、贵定、修文、安顺、郎岱、归化、永宁、镇宁、普定、安平、清镇、大定、平远、黔西、威宁、水城、兴义、兴义县、贞丰、安南、普安县、普安厅、册亨、平越、瓮安、余庆、都匀、独山、麻哈、都匀县皆有之。五代时，楚王马殷自邕管迁来，有班、莫、柳、文、龙诸姓。

男子皆剃发，以青布裹头，衣服与汉人同。妇人以花布蒙髻，细褶长裙，多至二十余幅；衣甚短，拖腰以彩布一幅若绥，仍以青布袭之。性勤于织。

以十二月为岁首。

敛牛、马、鸡、犬骨，以米糁和之作醋，至酸臭以为佳。称富积者，则曰"贮醋几世矣"。

婚姻皆苟合，每岁孟春跳月，以彩布为小球，谓之"花球"，视所欢者掷之，奔而不禁。聘用牛，以姿色定聘资，多至三五十头。

丧则屠牛召戚友，以大瓮贮酒，执牛角灌饮，主人不食肉，止啖鱼虾。葬用棺，以伞盖墓上，期年而火之。祭用枯鱼。岁首击铜鼓为欢。病不服药，尚巫鬼。间有入学者。

蔡家苗

贵阳、贵筑、龙里、修文、郎岱、普定、安平、清镇、大定、平远、黔西、水城皆有之。春秋时，蔡为楚所灭，俘其民，迁之南徼，遂流为苗。

男子制毡为衣，妇人以毡为髻，饰以青布，状若牛角，高尺许，长簪绾之，短衣长裙。翁媳不通言。居丧不食米肉，惟食稗粥，犹存古礼。宰牲，聚亲属吹笙跳舞，名曰做戛。

宋家苗

贵阳、贵筑、黔西有之。

男子帽而长衿，妇人笄而短襟。

将嫁，男家遣人往迎，女家则率亲戚棰楚之，谓之夺亲。旦则进盥于姑，男女燂汤以沐，三日而罢。

丧亲，饭蔬饮水二十一日。葬，封而识之，若马鬣。

男子勤耕织，知礼畏法，通汉语，多读书入府县学者。

侬家苗

安顺、普定、清镇、平远、黔西、毕节皆有之。

男子剃发，与汉人同。妇人以布一幅折方巾蒙首，短衣长裙，尚青白色。勤于耕织，有读书入学者。

狗耳侬家苗

侬家别种也，镇宁及兴义县、大定有之。

男子束发不冠，妇人辫发，螺髻上指，状如狗耳。衣班衣，用五色药珠为饰，贫则以薏苡代之。

春日，立竿于野，男女旋跃而择配。既奔，则女氏之党以牛马赎之，方通媒妁。

马鞍苗

亦侬家别种也，仁怀厅有之。衣服、风俗同汉人。

羿子

威宁、毕节有之。

男子剃发，女饰发以髢。衣尚白，冬夏皆白毡笠。其性淳朴，为夷中良民。

佯僙

定番、都匀、石阡、施秉、龙泉、黎平皆有之。

其室以荆为壁，不涂饰。门户不扃，出入以泥封之。

服饰与汉人同。男子计口而耕，妇人度身而织。

婚以牛马为聘。丧事则宰牛马以祭。有杨、龙、张、石、欧等姓。

夭家苗

平越有之。男女衣俱尚青。女工纺织，善染。

以十一月为岁首。

祀祖必以家长主祭。其性柔顺，不喜斗。勤俭安贫，不为盗贼。近亦有读书之人。

西苗

平越、黄平、瓮安、清平、古州皆有之。

男以青布缠首，白布裹腿。妇人挽发盘头，上插木梳。

每岁十月收获后，置牡牛于平壤，每寨三五头。延善歌祝者，着大毡衣，腰帽如围，足着皮靴，顶大毡帽导于前。童男女百数十辈，青衣彩带，相随于后。历三昼夜，乃杀牛以祭，谓之赛丰年。除夕各置鸡酒，呼合家老幼姓名，谓之叫魂。其性情质实，畏法，少争讼。有谢、马、何、罗、卢诸姓。

东苗

平越、麻哈有之。有族无姓。

衣尚浅蓝色，短不及膝，以花巾束发。妇人衣花衣，无袖，惟两幅蔽前后，着细褶短裙。

跳月与花苗同。中秋，祭先祖及亲戚远近之亡故者。择牡牛头角正者为佳，时其水草，饲至禾熟牛肥，酿酒斫牛，召亲属聚饮歌唱。延鬼师于头人之家，以木板置酒馔，循序而呼鬼名，竟昼夜乃已。

春猎于山，获禽亦必以祭。畏见官长，有不平，但听乡老决之。急公服役，比于良民。

童家苗

威宁有之。服食与汉人同。

里民子

水城有之。服食同童家。

老土

威宁有之。服食同里民子。

㑩鬼

安顺、镇宁、平远有之。

其性愚。男子皆剃发，服食与汉人同。色尚青，以青布裹首。婚姻通媒妁。病不服药，惟事祈祷。

倮㑩

郎岱、永宁、黔西、水城、毕节、兴义、兴义县、安南、普安厅、仁怀皆有之。

男子服青白布。女人辫发，用青布缠首，戴梅花耳垂、大银环，衣裙皆长裙，以二十余幅布为之。

婚姻以马匹为聘。死者择野地盖高棚，名曰翁车。亲戚以牛酒致祭，哭泣尽哀，吊者各率子弟执竹围绕。病不服药，信巫鬼。性顽梗，尚知守法。在仁怀者风俗同汉人，在普安厅者曰刚夷。

黑倮㑩

大定、威宁、贞丰、普安县、普安厅皆有之。

其人深目长躯，黑面，白牙，钩鼻，剃髭而留髯。以青布裹首，笼发而束于额，若丫角状。短衣大袖。平居畜马，好驰聘，习标枪，以射猎为业。

白倮㑩

倮㑩中贱种也。大定、威宁、贞丰、普安、普安厅皆有之。

饮食无盘盂，以三足釜灼毛醋血，无论鼠、雀、蚯、蝼、蠕动之物，攫而燔之，攒食若虪。人死，以牛马皮革裹而焚之。

以贩茶为业。性强嗜酒，尚知畏法。

补侬

侬智高部曲也。罗斛、归化有之。

男子用青布束首，以青蓝布为衣。女子以白布为衣，青布为裙。剃发，通汉语。

以十二月为岁首。

男女欢宴，吹笙歌唱以为乐。俗与仲家略同。

紫姜苗

平越、瓮安有之。

轻生好斗。以十一月为岁首，至期闭户把忌，七日而后启，犯者以为不祥。通汉语，亦有读书者。

仡佬

贵阳、修文、安顺、郎岱、永宁、普定、清镇、大定、黔西、普安厅、余庆、镇远、镇远县、遵义、桐梓皆有之。

男服青蓝布。女则长衣短裙，自织葛为之，系布带。盘头插梳。

婚姻以牛为聘。其性刚，然畏法，亦能读书学艺。在遵义、桐梓者，服食同汉人。

披袍仡佬

镇宁、平远、水城有之。

衣服朴陋。妇人以青线扎发，披青布带，缀海巴于上。衣长仅尺余，上披以袍。袍方而阔，洞其中，从头笼下，前短后长，左右无袖。裙以五色羊毛织成，亦无折。

其性淳谨，力耕作，多铸犁以营生。

锅圈仡佬

安平、大定有之。

男子以葛织斜文为衣。女人以青布束发，如锅圈状，短衣长裙，无褶。

病则延巫，置虎头一具，用五色纸装饰，置簸箕内祷之。葬则侧置其尸，谓使其不知归家。其俗嗜酒，惰于耕作。

打牙仡佬

平远有之。

妇人以青羊皮织为长桶裙。将嫁，必先打其二齿，恐妨夫家；剪前发而留后发，取齐眉之意。其性剽好斗。

打铁仡佬

平远有之。服食与打牙仡佬同。

青仡佬

仁怀有之。服食与汉民同。

红仡佬

仁怀有之。服食与汉民同。

仡僮

修文、安顺、大定有之。

剃发梳辫，着青短布衣，系布带。

屋宇去地数尺，架以巨木，上覆杉叶，如羊栅，谓之羊楼。其人悍而善斗。

仡兜

修文、黄平、清平、镇远有之。

男子梳盘头，著大领花蓝衣。女子短衣偏髻，绣五色于胸袖间，背负海巴，如贯珠状。

人多嗜酒。

木佬

贵定、平越、黄平、瓮安、都匀、麻哈、清平有之。男子服食与汉人同。

娶妇异寝，生育后乃同室。狡悍，善陶冶。孟冬祀鬼，以草为龙，插五色纸旐，至郊祭之。亦有读书入府县学者。有王、黎、金、文等姓。

鸭子苗

贵定有之。服食与青苗同。

洞苗

归化、思州、玉屏、镇远、清江、黎平、古州、下江、开泰、永从皆有之。

男女俱衣青蓝布衣。好披蓑。留发成髻。不通汉语。

六额子

黔西有之。

衣尚白。男子结发为尖髻，形似螺。妇人长衣无裙。病多祀鬼。丧葬用棺。男女勤于耕织。向有因病掘祖骨刷洗之风，今已革。

僰人

威宁、兴义县、贞丰、普安县、普安厅有之。

男子披毡。不沐浴。六月二十四日为度岁。朔望持斋梵诵。通各苗语。

僰耳子

水城有之。服食同僰人。

鸦雀苗

遵义、正安、绥阳、仁怀、桐梓皆有之。服食同汉民。

花兜苗

石阡有之。服食同汉民。

瑶人

荔波有之。

男女衣尚青，长不过膝。

勤于耕种，暇则入山采药，沿村行医。岁时祀盘瓠，杂鱼肉酒饭而盛之。男女成列，连袂而舞，相悦者负之而去，遂成婚媾。

水人

都匀、都江、独山、荔波、黎平皆有之。其风俗嗜好略同瑶人。

佯人

荔波有之。风俗嗜好略同瑶人。

僮人

荔波有之。服食同瑶人。

伶人

荔波有之。风俗嗜好略同瑶人。

侗人

荔波有之。风俗嗜好略同瑶人。

贵阳府亲辖地　有苗七种：一曰白苗，居中曹正副、高坡、石板诸寨；二曰花苗，居龙场、猪场、鹭丝、羊堰诸寨；三曰青苗，居麦西、中坝、芦塘诸寨；四曰仲苗，居阿所、平山、瓦窑诸寨；五曰蔡家苗，居青崖、桐木、开花诸寨；六曰宋家苗，居苗排、掌排、八甲诸寨；七曰仡佬苗，居白纳正司、白纳副司、骑龙、甲斗诸寨。

贵筑县　有苗五种：一曰青苗，二曰花苗，三曰仲家苗，四曰蔡家苗，五曰宋家苗。皆散处四乡，与汉人杂居。

长寨厅　有苗三种：一曰仲家苗，居者贡、谷龙、摆偷、古羊诸枝；二曰青苗，居长寨、板虫、纪堵诸枝；三曰山苗，居克孟、古羊诸枝。

定番州　有苗四种：一曰青苗，居抹肘、满强、谷把、播奔、况九、水牛诸寨；二曰花苗，居满老、列马诸寨；三曰仲家苗，居抵娘、老奔诸寨；四曰伴僙苗，居大平诸寨。

大塘　有苗三种：一曰仲家苗，二曰花苗，三曰白苗。俱居各土弁地。

罗斛　有苗二种：一曰补依苗，居飯零、凌蒋、渌降诸亭；二曰青苗，居母运、罗赖、岜羊、罗路诸亭。

广顺州　有苗三种：一曰花苗，居从仁里；二曰白苗，居来格里；三曰青苗，居忠顺里。

开州　有苗二种：一曰仲家苗，二曰花苗。俱与汉人零星杂处。

龙里　有苗三种：一曰仲家苗，与汉人零星杂处；二曰白苗，居东苗坡上、中、下三牌；三曰青苗，居羊场司、元保谷、大关口诸寨。

贵定县　有苗六种：一曰花苗，属土司管辖，居甲惹、摆朗、摆金、摆阿诸寨；二曰白苗，属土司管辖，居摆成、摆卜、甲佑诸寨；三曰仲家苗，居四乡，与汉人零星杂处；四曰木佬，居西北乡木老、按城、铁炉、花甲诸寨；五曰青苗，居安比、菜苗、甲苏、米孔、阿那诸寨；六曰鸭子苗，居西乡、杨柳冲、龙塘湾、罗雍诸寨。

修文县　有苗六种：一曰花苗，二曰青苗，三曰蔡家苗，四曰仲家苗，五曰仡僮苗，六曰仡兜苗。俱散居四乡，与汉人零星杂处。

安顺府亲辖地　有苗六种：一曰仲家苗，居水塘、大寨、宁谷、龙潭诸寨；二曰花苗，居希尧枝、高枝、上九庄诸寨；三曰青苗，居二起、三起、四起、宁谷枝、龙潭枝诸寨；四曰仡佬，居头起、宁谷、沐官庄、下段诸寨；五曰侬家苗，居大洞口、宗树、讨对、木头诸寨；六曰儸鬼，居阿得、马笼、窝枝诸寨。

普定县　有苗五种：一曰侬家苗，居大桥坡、小张、官屯诸寨；二曰花苗，居镫盏、河平诸寨；三曰仡佬，居上里、管定、庄黑诸寨；四曰青苗，居新寨、革利诸寨；五曰仲家苗，居阿生、白秧诸寨。

郎岱厅　有苗六种：一曰青苗，居花处、费甲、考棚诸寨；二曰花苗，居乌通、木厂诸寨；三曰仲家苗，居纳色、本易诸寨；四曰蔡家苗，居西堡、戛石诸寨；五曰仡佬，居六枝、大戛陇诸寨；六曰儸儸，居怵里、平租诸寨。

归化厅　有苗六种：一曰花苗，居於薛、一枝、革谢、把壤诸寨；二曰青苗，居猪场、磨南、磨相诸寨；三曰仲家苗，居火烘、鼠场、官寨诸寨；四曰补侬，居红播、播东场诸寨；五曰白苗，居羊场、新寨、石头诸寨；六曰洞苗，居宗地、龙场、大营诸寨。

永宁州　有苗四种：一曰仲家苗，二曰儸儸，三曰花苗，四曰仡佬。俱居各土司地，与汉人零星杂处。

镇宁州　有苗五种：一曰仲家苗，居火红枝；二曰儸鬼，即青苗，居阿破枝；三曰花苗，居七伯诸寨；四曰披袍仡佬，居补纳枝；五曰狗耳侬家，居木冈枝。

安平县　有苗五种：一曰青苗，二曰花苗，均居柔东、柔西二里；三曰仲家苗，居云头山、左所诸寨；四曰锅圈仡佬，居西堡、大弄诸寨；五曰蔡家苗，居西土牛诸寨。

清镇县　有苗六种：一曰蔡家苗，居关口、小车、打磨冲诸寨；二曰仡佬，居中寨、羊场河诸寨；三曰侬家苗，居古仲、长冲、沙子坡诸寨；四曰花苗，居滥塘、小谷笼、大谷笼诸寨；五曰青苗，居士门、黑土、栗木诸寨；六曰仲家苗，居黄星、青山、大坡诸寨。

大定府亲辖地　有苗八种：一曰黑倮㑩，居马擢诸寨；二曰白倮㑩，居木杜、以脚诸寨；三曰侬家苗，居阿冻、工倮诸寨；四曰蔡家苗，居腊巴、架倮诸寨；五曰仡佬苗，居黑著、落以诸寨；六曰仲家苗，居阿路、思母诸寨；七曰青苗，居荒得、黑曲诸寨；八曰花苗，居姑脟觉诸寨。

水城厅　有苗八种：一曰倮㑩，二曰仲家苗，三曰披袍仡佬，四曰蔡家苗，五曰㷩耳子，六曰花苗，七曰喇巴苗，八曰里民子。俱错处境内各寨。

平远州　有苗八种：一曰侬家苗，居高家桥诸寨；二曰花苗，居长冲诸寨；三曰㑩鬼，居把步诸寨；四曰蔡家苗；五曰披袍仡佬；六曰仲家苗；七曰打牙仡佬；八曰打铁仡佬。俱零星散处境内各寨。

黔西州　有苗十种：一曰仲家苗，居沟治、中寨诸寨；二曰宋家苗，居宋家沟诸寨；三曰蔡家苗，居打鱼、穿心诸寨；四曰侬家苗，居内庄、善里诸寨；五曰花苗，居崇善、牌沙诸寨；六曰白苗，居西城、吃菜诸寨；七曰青苗，居新化、大发诸寨；八曰仡佬，居普格、以那诸寨；九曰倮㑩，居罗园、平定诸寨；十曰六额子，居宋家沟。

威宁州　有苗八种：一曰黑倮㑩，二曰白倮㑩，三曰仲家苗，四曰童家苗，五曰花苗，均居境内各里；六曰羿子，七曰老土，八曰㷩人，均居境内各里，与汉人杂处。

毕节县　有苗四种：一曰倮㑩，居大比、家戛诸寨；二曰侬家苗，居大比、阿市诸寨；三曰羿子苗，居湾溪、河口诸寨；四曰花苗，居家戛、法郎诸寨。

兴义府亲辖地　有苗二种：一曰仲家苗，散处怀化、永化二里；二曰倮㑩，居怀德二里。

贞丰州　有苗四种：一曰白倮㑩，二曰黑倮㑩，三曰仲家苗，四曰㑺人。皆错处境内各里。

册亨州　有苗一种：曰仲家苗。

兴义县　有苗四种：一曰倮㑩，居归顺、狗场诸寨；二曰仲家苗，居南里、北里诸寨；三曰㑺人，居中左、中右诸［寨］；四曰侬家苗，居捧鲊诸寨，与汉人杂处。

安南县　有苗三种：一曰仲家苗，二曰侬家苗，三曰倮㑩。俱错处境内各里。

普安县　有苗四种：一曰白倮㑩，二曰黑倮㑩，三曰仲家苗，四曰㑺人。俱错处境内各里。

普安厅　有苗六种：一曰仲家苗，二曰黑倮㑩，三曰白倮㑩，四曰刚夷倮㑩，五曰㑺人，六曰仡佬。皆错处境内各里。

遵义县　有苗四种：一曰红头苗，二曰鸦雀苗，三曰青头苗，四曰仡佬。皆与汉人错处境内。

正安州　有苗一种：曰鸦雀苗。与汉人错处。

绥阳县　有苗二种：一曰鸦雀苗，二曰红头苗。均与汉人错处。

桐梓县　有苗三种：一曰鸦雀苗，二曰红头苗，三曰仡佬。均与汉人错处。

仁怀县　有苗五种：一曰倮㑩，二曰红头苗，三曰青仡佬，四曰红仡佬，五曰鸦雀苗。俱零星错处境内。

仁怀厅　有苗一种：曰马鬃苗。与汉人杂处。

平越州　有苗五种：一曰仲家苗，居唐寨、平寨诸寨；二曰木佬，居石板诸寨；三曰西苗，居杨义司；四曰紫姜苗，居杨义司；五曰夭苗，居高坪司。

瓮安县　有苗四种：一曰木佬，居乌毛冲、木吃诸寨；二曰西苗，居哑笼、谷鸡诸寨；三曰仲家苗，居隆家、新湾诸寨；四曰紫姜苗，居桐木冲、百溪诸寨。

余庆县　有苗二种：一曰仡佬，二曰仲家苗。均与汉人杂处。

思州府亲辖地　有苗一种：曰山苗。居后山洞诸寨。

玉屏县　有苗一种：曰洞苗。错处境内。

镇远府　有苗三种：一曰洞苗，居邛水二里，与汉人杂处；二曰黑苗，居抱金、绞乔、鬼丹、鬼撒诸寨；三曰仡佬，居上敖诸寨。

镇远县　有苗二种：一曰仡佬，居洞上溪诸寨；二曰黑苗，居苗度诸寨。

台拱厅　有苗一种：曰黑苗。居八梗塘、龙偏各土弁地。

清江厅　有苗三种：一曰洞苗，居岑歌、小湳、平征、苗滚诸寨；二曰黑苗，居柳霁、富番牌诸寨；三曰白苗，居柳袁、姑欧、姑章诸寨。

黄平州　有苗四种：一曰黑苗，居石家、白杨坪诸寨；二曰木佬，居罗田屯、毛栗坪诸寨；三曰西苗，居崖鹰屯、灰坑诸寨；四曰仡佬，居罗田屯、毛栗坪诸寨。

施秉县　有苗二种：一曰黑苗，二曰花苗。皆错处境内各里。

胜秉　有苗一种：曰黑苗。错处境内各里。

天柱县　有苗二种：一曰花苗，二曰黑苗。俱错处境内各里。

安化县　有苗一种：曰红苗。居四十八折诸寨。

铜仁府亲辖地　有苗一种：曰红苗。居石岘上、石岘下、狗牙、石榴溪诸寨。

铜仁县　有苗一种：曰红苗。居关门溪、仡佬溪、婆洞、老箐塘、毛溪、柘桑坪诸寨。

松桃厅　有苗一种：曰红苗。居正大汛、麦地汛、岩坳汛、康金汛、巴茅坪汛诸寨。

石阡府亲辖地　有苗一种：曰花兜苗。与汉民杂处。

都匀府亲辖地　有苗五种：一曰黑苗，二曰仲家苗，三曰水家苗，四曰木佬，五曰佯僙。俱与汉民错处。

都匀县　有苗二种：一曰黑苗，二曰仲家苗。俱与汉民杂处。

八寨厅　有苗一种：曰黑苗。居上、下牌各寨。

都江厅　有苗二种：一曰黑苗，居甲找诸寨；二曰水苗，居夺弄诸寨。

丹江厅　有苗一种：曰黑苗。散处境内各寨。

独山州　有苗三种：一曰黑苗，居摆玖诸寨；二曰仲家苗，居旺堆诸寨；三曰水家苗，居尧辉诸寨。

麻哈州　有苗四种：一曰黑苗，二曰东苗，三曰木佬，四曰仲家苗。俱巢居箐处，迁徙无常。

荔波县　有苗六种：一曰水苗，二曰佯苗，三曰伶苗，四曰侗苗，五曰瑶人，六曰僮人。俱错处境内十六里中。

清平县　有苗四种：一曰黑苗，居大平里、舟溪诸寨；二曰木佬，居门楼诸寨；三曰西苗，居垛党诸寨；四曰仡兜，居麻塘诸寨。

黎平府亲辖地　有苗六种：一曰洞苗，二曰黑苗，三曰花苗，四曰白苗，五曰水苗，六曰高坡苗。俱错处各土司地。

开泰县　有苗二种：一曰洞苗，二曰高坡苗。俱错处境内各寨。

古州厅　有苗五种：一曰山苗，二曰西苗，均散处境内各寨；三曰洞苗，四曰僮人，五曰瑶人，均与汉民杂处。

下江厅　有苗三种：一曰山苗，二曰洞苗，三曰僮人。均散处境内各寨。

永从县　有苗三种：一曰黑苗，二曰高坡苗，三曰洞苗。均散处境内各寨。

跋①

　　右《黔南职方纪略》，凡九卷，为道光季年前布政使罗公绕典所编辑。于一省之府、厅、州、县建置沿革，道里远迩，以及土司苗蛮之职事种类，源流备悉，而于客民之有无、置有苗产之户口数目为独详，益以见朝廷子惠民苗、预防侵扰之至意，守土者所当慎处而拊循也。版存藩署有年，余于莅任初，见其抛掷厅侧，略一检阅，颠倒紊错残缺颇多。爰饬工次第修补校对，还其旧观，刷印百数十部，颁发各属，俾共观览。因思近日新学日兴，地理一条，列为专门，即外洋各国疆域，亦不惮详求。矧在本省职方，顾可习焉而不察耶？况又现经林赞虞中丞奏定割正各属插花地界，开黔中数百年来之创举，后此长治久安于是乎在，则此书为尤不可忽也。

　　光绪三十一年乙巳仲冬，玉田袁开第跋。

---

① 此跋移录于《黔南职方纪略》光绪重印本。

补　遗

曾主陶 等　辑佚　点校

查明黔省实难加增鼓铸情形折黔抚会稿

奏为查明黔省加增鼓铸，无款可筹，折耗过甚，成本大亏，谨将实在情形恭折奏祈圣鉴事：窃臣接准户部咨开议奏，各直省设立官钱局，推行银票、钱票以利民用，并以滇、黔两省岁需甚巨，协拨之饷不继，饬令添炉鼓铸当十大钱，就近搭放兵饷，并运赴川、楚等省易银回黔以济兵饷等因，奉旨依议。钦此。遵查近来军需日繁，左藏支绌，各省饷银艰于协济，不得已设此变通之法，借票帖之畅行，济库储之不足，以冀必需协拨，各省银钱与票帖周转不至告匮，法至善也。黔省为协拨最巨之省，现当无可协拨之时，凡在臣工，莫不时深焦灼，自应钦遵谕旨，力筹办理，岂容坐视时艰，稍存畏难之见？惟以度支须求实济，立法贵合时宜，一时更易新章，不得不通盘筹画。臣与藩、臬两司悉心酌议，添炉鼓铸先在铜铅。滇中为产铜之区，于各厂加炉加卯添铸制钱，事尚易举。黔中每年采办铅斤，运供京外各局，及本省鼓铸，虽尚有积存，而年额铸铜，每次系委员赴滇采买，往返至速亦须两年。此时需用甚紧，焉能久待？况陆路转运，脚费浩繁，现应支发各正项，均已垫入兵饷，库储空虚，此项铜本实无可筹，此鼓铸之难以筹添者一也。

以钱代银，尤在成本不亏，方可冀有余息。查黔省年额鼓铸，以铜铅工本运脚，并物料工费统计，每银一两仅获铸钱一千一百十九文。现在市价每银一两易钱二千文至二千一二百文不等，今照市价支放，则亏折几及一千，是以银一两所铸之钱仅作银五钱，求赢反绌，成本大亏，此鼓铸之难以筹添者二也。

黔省民间贸易，至百文以上无不用银者，盖因境内跬步皆山，钱质笨重，难于转运。向例兵饷每百两搭放钱八千五百文，兵弁于承领后，即在省城钱店易银携回。若再铸钱搭饷，则银少钱多，势必愈形壅滞，甚至市店无银可易，兵弁领钱后无力运回，更恐不肯领受，似于通权之中不能达变，此鼓铸之难以筹添者三也。

黔省地方瘠苦，并无出产大宗货物可以易回银两，全赖每年所放兵饷铅本，方能周转流通。向来银贵钱贱，近因商贾不前，铅运减少，元年银价每两换钱一千七八百文，今则每两已增至二千一二百文矣。若再添鼓铸搭放，则银愈少钱愈多，必至银价愈贵钱价愈贱，于小民生计益觉艰难，于鼓铸成法尤多妨碍，此鼓铸之难以筹添者四也。

如铸大钱，重则制钱之五，以一当十，似觉甚便。然事属创始，民间骤难通行，惟独兵饷一项搭放大钱，万一不能行用，则虽有领饷之名，竟无领饷之实，阖家待哺，何能枵腹从事？且核计大钱与小钱重轻而计之，虽仅得制钱之半，而合而计之，其笨重艰于陆运，亦与制钱无异，此鼓铸之难以筹添者五也。

若谓于提镇驻札处所添炉铸造，无论建设炉房置备器具，匠役工食各项开销经费无可筹画。即使分炉四五处，而黔地崇山峻岭，径路崎岖，既无北道之大车可载，又无南省之舟楫可通，全系人力挑负，每站不能逾六十里，每挑不能逾六十斤。通省营分有四十余处，提镇驻所在三五站之外者，运钱回营，脚费甚重。即运铜至局，脚费尤多，此鼓铸之难以筹添者六也。

因思黔省既多格碍难行，或冀咨商两湖、四川各省，可以大钱搭放兵饷，易回银两，借资支放，乃川省咨覆，以山路难行，兵丁艰于转运，势难再议加搭钱文。湖南省又以易换滇、黔大钱发兵饷，而行用维艰，兵情不洽，通懋迁而商贾畏缩，舆论未孚咨覆。至湖北省则现尚有贼匪滋扰，未暇及此。臣复于无可设法之中，再行筹画，咨商滇省如有积存铜斤，可以余铅交易，两省通融协济，暂运目前筹添鼓铸之需。接准滇省咨覆，以铜本短绌，不能多办，且本省已添炉鼓铸，更无余铜协济黔省等情。

至于银票、钱票，本与铸钱相辅而行，兹欲筹添鼓铸，既多窒碍，则有票无本，亦属难行。臣与两司当此时艰饷迫，每以缺误为虞，既有部议变通补救之方，自当竭力筹办，断不敢畏难苟安，坐待贻误。无奈本省库款支绌万分，鼓铸成本无款可筹，且折耗过甚，种种窒碍难行，商之邻省亦均咨覆无可通融。臣惟有会同督臣裁汰兵额，以节糜费，并派员广宽矿厂，试行开采，冀裕课项。并据藩、臬两司具详前来，所有查明黔省难增鼓铸实在情形，理合恭折具奏。

辑自清罗汝怀编纂《湖南文征·国朝文》卷五，清同治五年至十一年（1866—1872）刻本。后凡辑自《湖南文征》之文，均出自该刻本。

派员率兵援楚并请免调各员折子

奏为派员统带官兵驰赴湖南援剿，并恳恩免调文武各员以重地方，恭折由驿奏祈圣鉴事：窃臣于本年四月十一日准湖南巡抚臣骆秉章、前礼部右侍郎臣曾国藩，由八百里咨称贼势全驻湖南，请敕下广东、云、贵督抚臣迅速派拨兵勇各二三千名，来楚协剿，并请调贵州参将闪云、游击图塔纳、马清杰、千总黄抡元、署清江通判韩超、即用知县徐河清挑兵募勇各等因，将折稿先行咨送到黔。

臣查楚省四达之区，江湖上游形势扼要，抚臣等因贼匪南犯，统筹大局，思患豫防，不但保荆、湘之疆圉，抑且固黔、粤之藩篱，深识老谋，洵为有见。惟黔省额兵三万六千四百七十七名，陆续奉调出师外省三千二百八十九名，又裁汰兵四千七百零一名，所存兵二万八千二百八十七名，现在调赴独山军营四千二百名，其镇远、古州、黎平邻近湖南、广西等处兵力已单，断难再行征调。其余各营汛、存城、分汛，在在需人，若再抽调二三千名赴楚，非惟需用乏人，实属空虚足虑。臣谨与贵州抚臣蒋霨远酌于黔省上游各营简调一千名，即令署抚标中军参将闪云统带，并饬千总黄抡元随同前往湖南，听候调遣。诚恐兵力不敷，再由臣处挑选滇兵一千名，简派得力将弁统带驰往，以资策应。

　　至所调之游击图塔纳驰驱从事，皆职分所当然，臣等何敢以夹带自储之才，而昧辅车相依之义？然黔省迩日情形殊非昔比，频年外患未消，潜谋间作，即如大定府僧人向性等、安南县民人丁幅受等妖言惑众各案，均经该地方官及早访获，不致生事。独山匪徒杨元保等倡乱，前已由驿驰奏在案，现虽叠次获胜，兵端未弭。加以粤西盗尚如毛，黎平、古州一带时时告急，湖南又传警报，沿边数千里，防堵三四年，人视黔省为安谧之区，臣等实有厝火积薪之虑。现因独山之乱，省城谣言纷藉，闾阎数惊，游击图塔纳本有城守之责，弹压巡防实有攸赖，是以此次独山军营抚臣未曾派令前往。其韩超、徐河清、马清杰皆在军营，正值攻剿吃紧之时，不特更替非宜，抑且乏员接署。前此臣等恳留升任福建兴泉永道承龄，已属万不得已，兹若再将各员调出，于独山军营、省垣重地实觉两有防碍。合无仰恳天恩，俯念地方有事之秋，需人之际，准将游击图塔纳、马清杰、署清江通判韩超、即用知县徐河清均免其调赴湖南，于军营曾无稍损，而于黔省实有裨益。

　　再，该抚臣等所称募勇一节，前此候补道胡林翼调赴湖北所带练勇，皆该道数年来心血所注，训练夙娴，捕盗杀贼屡次冲锋，临行又复简拔添募，故能临敌用命，以少胜多，非黔省人人朴勇可能也。若以未练之众，随不习之将，临不测之地，未有能杀敌致果者。且聚则难用，散复堪虞，故此次独山用兵，只有韩超、徐河清平时招募之练数十名，则募练非难，而用练为难也。所有拨兵援剿，并恳留文武各员，及未经募勇各缘由，理合会同恭折由驿具奏，伏乞皇上圣鉴训示。谨奏。

辑自清罗汝怀编纂《湖南文征·国朝文》卷五。

遵旨议饬州县添设民壮召募土兵详

为遵旨妥议详覆事。

道光二十一年月日，蒙巡抚爵部院杨国桢案验本年九月二十八日准兵部咨：九月二十一日内阁抄出奉上谕："足兵所以卫民，各直省设立营伍，遇有征调，每以老弱游民充数，平日营伍本不足额，迨经调拨，遂至人数愈少，设有缓急，更安望其折冲御侮邪？着各省督抚饬令各州县于添设民壮之外，召募土兵勤加训练，选其精锐，收置营伍，既可保卫地方，兼可豫备征调。该督抚务当行之以实，不得虚应故事，冒滥名粮，致滋流弊。将此通谕知之。钦此。"仰见皇上慎重武备、随时变通之至意。

本司等窃以为兵、壮之名不同，捍卫之心则一，而欲行之久而无弊，要必审乎民情土俗之所宜。查土兵之设，即古者寓兵于农之制，本便民而不至扰民。以晋省民情，则设土兵难，募民壮易，是莫若广添民壮，而不必另设土兵。盖晋民习于商贾，外出者多，其为士为农者，株守家园，皆有恒业，类多不愿为兵。即丁壮可备折冲，每愿编归营伍，实得名粮，不肯散处乡间，自为团练。虽地方官筹备经费，极意招徕，而一旦易民为兵，转恐征调不时，致妨本业，势必观望不前。惟民壮本系官人，相沿已久，小民不致视为畏途，平时处之本署，耳目易周，任以差操，勤惰立见。若民壮外另设土兵，将聚居城市，则约束不到，日久恐滋事端；散之乡间，则训练易疏，虚名难收实用。

本司等再四思维，惟有变通办理，使民为官役，而胥徒皆我腹心，役即充兵，而营伍更增羽翼，则官衙之役无非土著之兵，遇有缓急相需，自可立收实效。现查山西各州县，额设民壮共二千八百八十四名，供平常差使有赢无绌，而欲兼资捍卫，自应遵奉谕旨，随地酌添。现拟于原额外增添二成，应新募民壮五百七十余名，加入原额外，共得三千四百五十余名。饬令该管官认真挑选，实力稽查，有一人必得一人之用，习一技必求一技之精，汰除老弱，悉成劲旅。且令其随营操演，如遇营兵缺额，即从民壮拨充，平时既声势联络，入伍亦气臭相投。遇有征调，自能收指臂之用。第非严定章程，详加训练，转恐始勤终惰，难期得力。除将操演稽查各事宜另开清单外，所有遵旨筹议各缘由，理合会详宪台核夺。

案：州县民壮大抵不下二三千人，原以捍围御暴，承平既久，则但供差遣，多涉嬉游，失其实矣。往岁癸丑，邑议募丁守城，蒙告令曰：以乡勇守城，不如即民壮守城，各有家属，可以维系其身。若乡人，则闻警遁耳。民壮本受食于官，不必别筹口粮，但操练时略与奖赏而已。会有逸间，遂格不行，而于城市分设团局募勇。明年三月贼至，官绅乡勇皆委而去之矣。此议民壮云云，故是良法美意。汝怀附记。

辑自清罗汝怀编纂《湖南文征·国朝文》卷一百六。

查覆贵州并无银矿情形详

为详覆事。

道光二十四年四月二十八日，奉宪台牌开，本年四月二十五日承准兵部火票递到军机大臣密寄：钦奉上谕："自古足国之道，首在足民，未有民足而国不足者。天地自然之利，原以供万民之用，惟经理得宜，方可推行无弊。即如开矿一事，前朝屡行，而官吏因缘为奸，久之而国与民俱受其累。我朝云南、贵州、四川、广西等处向有银厂，每年抽收课银，历年以来照常输纳，并无丝豪扰累于民，可见官为经理，不如任民自为开采，是亦藏富于民之一道。因思云南等省除现在开采外，尚多可采之处，着宝兴、桂良、吴□□、贺长龄、周□□体察地方情形，相度山场，民间情愿开采者，准照现开各厂一律办理，断不可假手吏胥，致有侵蚀、滋扰、阻挠诸弊。该督抚必能仰体朕意，妥为筹办，固不可畏难苟安，亦不得抑勒从事，总期于民生国计两有裨益，方为妥善。各省情形不同，不准彼此观望。将此各密谕知之。钦此。"遵旨寄信前来，合就恭录转饬，为此密行该署司，即便钦遵，移会臬司、三道，密饬各属一体遵照。除现在开采黑铅银厂抽收课银外，尚有何处可采银矿，密速查明禀报。一面体察地方情形，相度山场，民间情愿开采者，准照现开各厂一律办理，断不可假手吏胥，以致侵蚀阻挠，亦不得畏难苟安，观望迁延，及抑勒扰累滋弊。切切。等因。

当经前署司移会各道，饬属遵照办理去后。嗣据贵西道郑□、清平县汪申禄接到宪台密札，查勘禀覆，节蒙行知到司。

本司等遵查，黔省山多地瘠，小民生计维艰，如有可以开采之处，俾民苗人等仰沐皇仁，踊跃从事，诚属裕课便民之要务，急宜分饬各州县实心劝谕开采。俟开有成效，始行酌收课税，不许官吏侵扰病民。随即检查案卷，又于久任本省各员确加询访，皆称黔省地气硗薄，向不产银，非他省旧有银矿者可比。惟天柱县属之远口、金鸡冲、坑头等处，乾隆年间曾经开采金矿，因矿薄不敷工本，旋即停止。至现在贵西道每年解部银课，系威宁等属、炸子、福集、妈姑各铅厂煎炼黑中零碎银砂，炼铅万斤，约得银八九十两，向按四成抽课，并无定额。铅旺之时，解课千有余两。近来硐老山空，铅斤短绌，解课减至百数十两。铅厂一十八处，现已停止四处，无铅可采。其清平县属之永兴寨等厂，所产黑铅形质不坚，并无银砂搀杂，向无银课。又如贵筑县属之红岩、白岩厂，兴义府属之回龙厂，八寨厅属之羊五加河厂，所产皆是水银，由厂户开采煎炼，计水银百斤，例抽三十斤变价输课，每年收银自二千两至千余两不等，俱经报部有案。此外别无银矿，亦并无采银成案。又黔民于耕种贸易之外，皆恃开采为利途，见有矿苗，即纠合亲友出资报官试采，厂民自为经理，并不致因人众滋事，但矿旺则共分其利，矿薄则人散工停。又有久糜工费，方冀获矿，旋因山硐暗水陡发，束手封闭者。是以屡经劝谕，办理甚难，实无官吏侵扰阻挠诸弊。

本司等伏念数月以来，屡奉钧札劝谕，尚无绅民报采银矿之事。前贵西道及清平汪令所禀，是系实在情形，惟念通省地方辽阔，民苗杂处，恐尚有林密山深蹑访不到之处，一时难以周知。且天地自然之利，无论何项矿苗，一经开采，即可使无数穷民借资糊口，虽输课有限，其于绥靖民苗大有裨益，安可视为缓图？现奉谕旨谆切，惟有催饬各州县随时采访办理，不可畏难苟安，亦不得抑勒从事，以期仰副宪怀。所有遵查催办各缘由，理合先行详覆，呈请宪台酌核施行。

辑自清罗汝怀编纂《湖南文征·国朝文》卷一百六。

遵旨议覆银钱画一章程详

为遵旨等事。

道光二十六年四月十三日，奉宪台抚部院乔行准户部咨开议覆御史刘良驹条奏银、钱画一章程一折，道光二十六年二月初一日奏，本日奉上谕："穆彰阿等奏，遵旨会议御史刘良驹条奏银、钱画一章程一折，银、钱并重本系制用常经，果能随时酌核，不使轻重相悬，裕国便民，两有裨益，未可辄称窒碍，不思设法变通。着该督抚等各就地方情形详细体察，悉心妥议具奏，务使法立可以推行，不致流弊，毋得任听属员巧为推诿，稍存畏难苟安之见，仅以一奏塞责。钦此。"钦遵抄奏，咨行妥议到司。

奉此，本司等遵即分饬各属，一体悉心筹议。通计黔省额征地丁正耗银一十三万六千三百余两，内除改征米石留支各款外，实解司库银六万八千余两，藩库收支之数本属无多，其兵饷银本由外省拨款协济，势难以钱支放。溯查黔中民苗交易向只用银，雍正年间前督部堂宪台鄂□□始议设钱局，嗣据提督杨天纵以钱法壅滞，筹议钱粮税务银、钱并收，兵饷搭钱支放，究未准行。迄今用银者多而用钱者仍少，诚以地势所限，水道不通，艰于搬运。然近来纹银一两尚只换制钱一千六百余文，与部定价值相去无几，皆由黔省交易，均用实钱，绝无钱票。其兴义、镇宁、贞丰一带，用钱均计斤两，不计千百，无由搀杂小钱。故流通钱数视别省较难，而平准银价亦视别省较易也。本司等窃以制用贵酌其通，而更化尤当以渐现。在黔省银价虽不甚贵，而贵阳大定钱局岁以二十炉鼓铸，亦须疏通无滞，始足以济钱法之穷。特以钱粮重务，难以骤议更张，若举批解藩库六万八千之正项，概议银、钱并收，则制钱每千重七斤有余，需用人夫百十余名，始足解制钱千串。其距省远者一二十站，每站脚费需银十有余两，经费浩繁，累官势必累民。兼以深山穷谷，苗性多疑，骤改旧章，又恐徒滋纷扰。至于支放各款，凡文职俸工养廉银两，现以铸钱搭放，又复扣收减平，未便再议。其各役分给工食，为数无多。此外贡廪、坊仪零碎等款，核及锱铢，亦非政体，且均系地丁耗羡内拨留备支之项，与解库各款未便两歧，应请概仍其旧。惟查有税羡一项，系原折内所列为外支外用之款，黔省各属，每年应解税羡银三万二千四百五十余两，以五成兼收计算，每银一两折钱一千五百文，应收钱二万四千三百四十余串。又查支发项下，各属税务书巡工食，孤贫监犯盐菜口粮米折，并各属通事更夫禁卒工食，又省提塘办公盘费等银，岁支实银一万六千四十余两，即可遵照部价全行改钱支放，遇闰照数加增。统计每年收放钱文之数，约五万余千内外。由是商贩流通，皆知银、钱并重。久而乡曲、城市制钱处处通行，亦可渐议推广矣。此外义仓谷石出粜收买，向均用银，即饬各属并准以钱出纳，虽岁无定额，亦属推广重钱之一法，似此酌量办理，则官无赔累之虞，民无滋扰之患。且鼓铸无庸加卯，简便易行，将来银价益平，即行详请具奏，仍照旧章办理，总期试行，可收成效。现将收放钱文各细数逐一确查，如蒙奏准，行司再行造册，详请咨部。是否有当，伏候宪台俯赐察核。具奏。

辑自清罗汝怀编纂《湖南文征·国朝文》卷一百六。

臣事君以忠

著人臣之实心乎，君者也。

夫以身事君，则兼以心与之矣，忠岂有异量乎？

今夫百其吏者百其心，人主亦安得而尽察之哉？所恃者，人臣纠心之法倍于纠吏耳。苟名业烂然，而中情寡实，无论余力以私己也，即殚身瘁主，退思已不胜诛。

夫君尚不可简礼于臣，而况臣乎？

臣自有心，非君论爵而大小之也，而庸臣效能必曰循职。则是一命之吏，志在社稷，反来得逾分之讥也，而委蛇者坐受良誉矣。

臣各一心，非合盈廷相左右之也，而具臣爱力必曰尽职。则是孤笃之诚，忧深厝积，反来轻进之嫌也，而量入者崇起哲名矣。

有臣若此事君者几人哉？则亦曰以忠而已。

邦之荣怀，未可为臣功也。一日而弗靖，臣也维心之疚矣。时势有不可图者乎？禹、皋、伊、旦，中晚即无此数圣人，此道自在天壤。智而全可为身辱，足以振愚。而不全亦可为国耻，足以兴靖献。岂必一途？要勿以君为共事之君，斯笃耳。

主之明圣，臣非能与有益也。主德而稍渝，臣也职为庋阶矣。感遇有轻相择者乎？诚意正心，今日即不履王庭，此性自盟。学问幸而巷遇，不可为吾励吾贞。不幸而节成，亦不可为吾将吾爱。拜飏岂有他途？要勿以事君为效乎君之事，斯已耳。

劝于上而后忠，则人臣必有恃忠之情。笃萘之衰也，激焉而益薄。一朝强之，将千古易之耳。君子之事君也，鉴言感之已末，必谋之心。惜死报之徒愚，必求诸道。心与道合，而才勇忌焉。故不敢以恃忠伤国气。

学于古而后忠，则人臣必有饰忠之术。媚兹之伪也，文焉而益欺。彼臣之迹，终非此臣之心耳。君子之事君也，中敬不修，外恭其事，可以顺可以犯。大诚不期，小信其事，可以异可以同。敬与诚并，而功名置焉。故不敢以饰忠市美名。

率所应尽之分，止以不负君者不负己。

准于报礼之量，尚觉君至重而我至轻。

由是则有相得之彰，无相遇之疏矣。

此文有原件，为罗绕典后裔所传承。似为罗绕典早年习作，并附有赋得体诗二首。罗德瓦供稿。

重修安化县学宫记

宋庆历间，天子开天章阁，诏天下皆立学。越熙宁壬子，始开梅山，作邑安化，故当时学宫，庙制特崇。章惇《梅山亭诗》所谓"大开庠序明礼乐，颂声万古长潺湲"者也。自元明逮我朝，因时修复，皆有记。今曹侯星槎先生宰吾邑，政通而民裕，乃举往年兴修各巨工，悉整理之如制。于是邑绅耆进而请曰：侯之嘉惠吾邑至矣。邑文庙自嘉庆己卯刘侯星辕先生复修后，榱栋未易，岁久欲倾。曹、梅两学师慨然倡议，谋之前邑侯乔杏楼、戚少云两先生，敦请绅士阮学易、李澍、熊一衡、许汝贤、曹世怡、龙登道、贺联捷、殷之辂、龚定帮董其事，开局集费，经始于道光乙巳，阅五载毕工。自大成殿、崇圣祠东西两庑，及尊经文昌、魁星三阁，名宦、乡贤、忠义、节孝、土地各祠，与夫大成、棂星之门，御碑之亭，钟鼓之楼，更衣、斋宿诸所，泮池、黉门前后缭垣，宏（敝）[敞]清严，制无不备。其城南石塔，岁久有裂痕，恐无以为学宫拱卫也，并修砌之，完其旧。先是，城东武庙圮于水，道光二十一年，前邑侯饶吉夫先生迁建西门书院侧。启宇时，云构诶荡，闳若天闿，人咸以为吉兆。是后先营造，蔚为嘉祥，皆不朽盛事也。中间己酉岁，秋成甚歉，在事者未敢辍工，贷私钱，苦无出。侯至，即力任之。继又崇饰皇殿、明伦堂，并茸考棚，以庇多士。侯之加惠吾邑至矣，非载笔并记之，虑无以为来者劝也。侯曰诺。是皆不可不志，乃削志稿，属序于余。

余惟安邑之学，既创始于炎宋文明之代，而山川清淑奇伟之气，钟为异材，诸先达起家科第，致身通显，代不乏人。今得功成纪事，将来胶庠英髦，出为桢干，以黼黻隆平，正未有艾，是非贤父母贤师儒之力不及此。而在事诸君子任其劳，不有其善，复歌咏父母师儒之功德以传之无穷，不可谓非风俗之厚也。余自弱冠游县庠，今三十余年，得屡观学校昌明之盛典，抑何幸哉！昔欧阳文忠公以吉人为《吉州学记》，自谓归荣故里，从乡之先生、耆老，以诗颂天子太平之功，而周览学舍，思咏贤侯之遗爱，固亦后学所宜取法也。谨薰沐为之序。

辑自清邱育泉修、何才焕等纂（同治）《安化县志》卷十七，清同治十一年（1872）刻本。

修复山西平阳府莲花池记

平阳郡以平水得名，而郡城距水远，独莫沾其利。城中地势隆然高起，其视城外若高岸之临深谷，虽引水无从入也。居民以井泉咸苦，车运城外之水供用，无力者苦之。

宋庆历间，潘公大博始凿莲花池于城北隅，引东山卧龙冈黄芦泉水注之，经金源氏之乱而池废。明洪武十年，郡守徐公仲声复引汾河溉利渠水，穴城灌入，分为两池，方圆各二百二十武，其深七寻，跨以土梁，名其池曰永利。成化乙巳，太守李淙重浚之，凿通郡学泮池，及不由儿濠创为引水洞，长有百尺，过水洞长半之。又于池旁凿井，以便汲取。井桥既具，花木茂美，建书院于池侧，极一时盛事。其继起修之者，嘉靖间则有刘司马衍祚，万历间则有邢大令云路。自国朝康熙三十四年地震后，池之旧址就湮，而水洞遗迹更邈不复睹矣。

余于道光丙申来守是郡，每徘徊池上，窃念前遗泽沾溉穷檐，竟听其荒废几二百年无由修复，不适重守土者之过欤？考《水经注》载：潏水出巢山东谷，北径浮山东，又西北流，与劳水合。即《山海经》所谓"牛首之山，劳水出焉"者是也。乱流西北，径高梁城，则距郡城仅十里矣。乃先期戒徒疏浮山潆水之源，引入樊家河之千金堰，使水源大旺，溉地有余。改修旧渠及小莲花池，畚捐既兴，凡引水、过水诸洞，井然具见。掘其淤塞，增其瓴甋，俾复旧观。城乡诸父老子弟，莫不欢忭鼓舞，捐资协力。经始于戊戌十二月，迄明年五月而事竣，计费缗钱凡二百万有奇。而东村士民亦请修复黄芦泉水，由翟村县底开渠，迤逦至城。又于东城濠内，掘出甘泉，甃为郡井，城中数千户提瓮荷担、车马驮运者，取之裕如。其莲花之水，由北关入引至郡治前为小海子，折由西关而出，甘如醴，清如镜，周环如拱璧，衣带融衍莹净，其流涣然。昔东坡赠唐州赵太守诗曰："渠成如神。"是举也，殆亦默有神助者欤？池上旧有三元宫，为居民捐建，并输田为是池岁修之费。因祀龙王神于其中，以答神贶。

余于池成后，适奉命观察秦中，其书院及亭台花木，未遑次第补葺，谨以俟后之君子。因泚笔记之，以见平民之好义急公，而风水惟贞，亦即将来人文鼎盛之券也。"别后西湖付与谁"，诵白香山句（编者按：实为苏轼诗），益低佪留之不能去云。

辑自清罗汝怀编纂《湖南文征·国朝文》卷五十四。

重修八蜡庙记

伊杜里在平郡城南，旧有八蜡庙。余以丙申冬来守兹郡，下车伊始，问民疾苦，佥曰："比岁以来，常苦旱，米价日增，穷民艰食，闾阎不乂，实重为父母忧。"余因反而深思，所以致此灾者，岂冤抑之未伸欤？强梁之未辑欤？抑沟渎有未通而暴骸有未瘞欤？于是悉按治之，而邑父老犹愀然长虑，谓关南北多蝗灾，而平郡幸频年无恙，今八蜡之祠颓废已久，非所以答神贶也，且惧无以康神之灵而俾一方民不蒙其泽也。

余考伊耆氏始为蜡，其祝词曰：土反其宅，水归其壑，昆虫无作，草木归其泽。夫为民之故，而索飨以奠水土、辑昆虫，其肇祀之意，不诚深且远乎哉！平阳，伊耆旧都，凡茅茨土偕之迹，蕢桴之亭，邑父老犹能指求其约略。乃伊村旧壤遗祠荒落，土鼓苇籥之声不作，举古圣人息老劳农、仁至义尽之典，竟淹没于烟荒草蔓间，亦守土者之过也。

越明年，乃釀金合郡重修之。庙以南为汉关壮缪祠，亦哀其余资而胙饰之。别建东廓三楹，为刘将军祠。将军元人，驱蝗多灵异，近始列之秩祀，亦诗人因秉畀而迓田祖之意也。其西廓三楹为斋宿，所建房六间，居守者。又重葺茶房、官亭，缭以长垣，严设扃钥，俱如式。落成之日，大雨适降，秋禾以成，城乡士庶，幸岁功之有成而灾荒可弭也，咸归其功于神，相与琴瑟击鼓，咏歌以乐之。是岁也，蝗过境不为灾，予因喜而为之序。

辑自清罗汝怀编纂《湖南文征·国朝文》卷五十四。

鄂水书院记

书院之名昉于唐，而《唐史·儒学传》以王仲淹居首，其时若杜衍、姚义、房玄龄、魏徵、窦威、温大雅、薛收辈皆出其门。今乡宁之万春乡有所谓读书洞者，即仲淹讲学地也。仲淹之言曰："兹土之人忧深思远，有陶唐之遗风，矧先人敝庐可蔽风雨，惟有退修其道而已。"然则当日河汾之间称文教之盛，宜莫乡宁若，而独不与鹅湖、鹿洞以书院特传者，何哉？盖唐之书院如集贤、丽正皆在京师，与宋以来各建精舍于州间者异。乡宁在唐为吕乡县，其书院之不传宜也。道光壬辰岁，余同年友崔公正甫始建鄂水书院，并筹生徒修脯，属余为文记之。

余惟书院为人才渊薮，乡宁居万山中，扶舆清淑，奥衍奇峭以出之，钟为英杰，类能振拔如前史所载荀大夫之忠贞、廉将军之英毅、王无功之任达、冯子俊之淹雅。流风余韵，尚在胶庠，固不仅《中说》十篇足为六经羽翼已也。抑又闻仲淹之学，授《书》于东海李育，学《诗》于会稽夏琠，问《礼》于河东关朗，正《乐》于北平霍汲，考《易》于族父仲华，而实则远宗孔氏，使士之讲习于书院者，俯仰揖让如见古人。志仲淹之志，即以学孔氏之学，其所至讵可限量哉！正甫以名进士宰政八年，行将由卓荐量移晋秩，而犹切切焉惟培植人才是务，当不徒被泽于鄂水一隅，异日有昌其学于河汾间者，盖将为贤父母咏歌勿替也。是为记。

辑自清冯安澜修、崔钟淦纂（光绪）《续修乡宁县志》卷十五，清光绪七年（1881）刻本。

创修湖广会馆碑记

史称周元公为道州营道人，及知南康军，家莲花峰下，有溪合于溢江，遂取营道所居之濂溪以名焉。苏公所谓"应同柳州柳，遂使愚溪愚"者是也。然则昔贤于桑梓之地，虽仕宦不敢忘，而仕宦之地，亦可以桑梓目之，夫岂必以地限哉！秦岭以南皆楚境，凡大湖南北之仕宦者、幕游者、贸迁而寄籍者，长安车马之迹为多，而乡谊尤笃，欲建会馆为班荆道故之所有年矣。余以道光己亥观察来秦，明年五月摄臬篆，越一月而李同年石梧亦来摄藩篆。

维时牧留坝则贺君美恒，令咸宁则吾家复亭，令渭南则段君松廪，
井里旧交，风兴云会，日相与登政事堂，聚谈规劝为快。而刘君
静轩、邓君补吾、任君蔚廷、夏君敏斋、方君和斋、吴君竹溪等
客于秦为最久，因约同乡诸君子醵金购地，建湖广馆于陕城之四
辅街，不逾月而事竣，属余为文记之。

余惟天地为万物逆旅，而江山风月间者即是主人。吾辈宦辙
所经，初何事琐琐焉为旅次计。然凡人之情，平居里巷相晋接，
习焉若忘，及越千里外见貌似乎里巷中人，则又迟回谛视而不忍
释，此非恭敬之心之不能自已者欤？往余奉使过凤翔，读苏公
《九日诗》，有"思乡心与雁南飞"之句，辄流连感喟，动悠悠我
里之思焉。今不数年而今雨旧雨共事一方，视苏公之忆弟看云，
其意趣为远胜矣。虽雪泥鸿爪，聚散无常，而得诸君子之久客于
秦者，继续修葺，以传诸后，则是馆也，即作莲花峰下之濂溪观
可也。至若元公之研精耽道，著为善政，濂溪一水，足令千百载
下涵泳圣涯、噍咀道味于无穷，则别有其不朽者。在我辈当企而
勉之，又岂仅桑梓之谊之足重乎哉！是为序。

道光二十一年辛丑三月，陕西督粮道罗绕典苏溪。

辑自袁德宣等编纂，曾主陶校点《湖南会馆史料九种》，岳麓书社，2012 年，第
464—465 页。

重修安顺府署记

自画野分疆之政出，规其中而为之城郭焉，又规其中而为之
宫室焉。命之曰治所，言治之所出也。又必大书以署之，故亦曰
署。在汉于郡曰府，于县曰寺，其在内则公曰府，卿曰寺。夫卿
之秩，中二千石也；郡守，真二千石也；县之令长，则八百石、

六百石耳。乃郡守之所居，名尊于卿，令长亦侪于卿，则何以故？盖居内者压于天子，其制杀；居外者伸于士民，其体隆也。是则所以肃观瞻，定民志，使民无敢亵视，于以行其可由不可知之政教也。

世之廉俭自命者，于饮食、衣服、宫室、舆马，类取其粗薄以自奉，因之而及于临民之章服、出治之官署，曰："我廉甚，弗克治此。"是亦有过焉。夫自俸可薄也，而以肃观瞻，出民治者，弗可薄也。一官署而上漏下湿，临民之堂，会友之室，独居静坐之斋，仰观云物之楼，内则藏庋之阁，外而积贮之仓庾，聚教之圜土，崇墉甬道，照壁辕门，一任其堕弛而莫之整理，是又乌足以言治哉？

沛霖太守以长白旧族供职农曹，出守习安，百政具举。初则闻其增冬济堂费也，而大民之穷者有所告；继则闻其治狱明敏，四境无冤滞之声，一室无久稽之牍，而民夷蔑不沾其泽；末又闻其兴教化，训士民以孝弟，而政成矣。吁！古者仁民之泽，或毕世而成，或三考再考，四、五、六年，七、八、九年而报绩。而太守自丁未暮春到郡，不一年而遽有成效，亦可谓神速矣，是亦有故焉。太守之之郡也，太夫人年八旬矣，躬奉板舆，昕夕敬养，愉色婉容，欣欣如孺子之爱慕焉。又于郡署辟圃，种竹莳花，游鱼丽沼，鸣禽萃林，太夫人顾之而忘倦。其养志娱亲，如是其笃忱，是真能躬行色养以为民表者，故其以孝弟化民也易，民之内行立而百行自此举矣。此其所以政成之速欤？

已而当事以黎平为剧郡，地连三省，奸民出没其间，非德行才具兼擅之守，不足以镇压浮嚣，戢敛强暴，捕除盗贼，乃调太守署其郡。太守在黎平一年，风俗顿美，萑蒲弭迹。教民种橡育蚕，以裕衣食之源。黎平之郡，几致于富庶。及其去也，士民攀辕流涕者载道。

已酉暮春，复莅习安，敬教劝学，凡书院、考棚无不整饬，课士必亲临。考棚旧多颓弛，地兼狭隘，太守增修改建，捐廉董率，士民罔不乐输。及其成也，崇丽显敞，足以弭使节战多士，以襄朝廷之巨典。又为郡人纂辑志乘五十四卷，以存一郡之掌故，刊版弆之郡阁。殆至于善政悉举，士民无不欣悦，而太守之心，犹孳孳汲汲不已。吁！如太守者，方之于古所云惠人，所云循良吏，所云众人母者，抑何多让。而其于治官署也，尤以为先务，恒为官署为出治之区，必使之闳远壮阔，足以肃观瞻，非以自便也。所以上奉朝庭之威严，而下示民以不亵也。噫！其言洵有合于道哉！汉之名郡，署以府意，其在是乎？

绕典昔藩黔部，正太守扬历著庸之日，故所见闻于太守者甚悉。继忝抚鄂渚，寻读礼家居，亦时时闻太守之善政。今走书千里，以郡署告成，问记于予。予不文，乌能记？然以太守之贤，教化之淳懿，识见之超卓，不能不有所言，故遂忘其谫陋，而悉陈其颠末以为记云。

辑自清常恩总纂，清邹汉勋、吴寅邦总修，安顺市地方志编纂委员会点校《安顺府志》，贵州人民出版社，2007 年，第 1137—1139 页。伍成泉供稿。

丰乐七星街焚字炉碑记

盖闻苍颉文摹鸟篆，雨粟弥天；蔡邕石刻鸿都，云骈咽地。瑶华载去，咸珍八会之灵书；玳瑁装来，共宝二王之妙墨。凡属花生自管，都教纸落成云。故新诗脱口，字先笼以碧纱；古碣关心，评且推为黄绢。纵乏龙蛇体势，何分鸡鹜重轻。粗解操觚，珍应拱璧。乃自咸阳炬举，怨起灰堆；吏部书残，覆怜醋瓮。落笔无换缣之价，飞花有投溷之嗟。或童子涂鸦，兔毫乱蘸；或闺人刺凤，蠹简轻裁。或贾浪仙未解手推，东糊西抹；或王子安莫成腹稿，乱嚼横吞。泥涂辱六草三真，翰墨尽七零八落。《逸周书》无自埋诸汲冢，《离骚经》不曾焚向湘江。马鸣索氏之碑，观难永日；狼藉郇公之体，散去如云。壁中之丝竹寂然，眼底之墨花纷若。苟有惜者，能不恫乎？适有同里诸君子，探奇艺圃，览胜经畲。看从墨海，时深惜墨之情；数到珠船，不胜遗珠之憾。慨此逸文剩字，胥如碎锦零金。散江陵五万篇，牛腰莫压；失崔约八千纸，鸡距空劳。未能化作云霞，那禁委诸草莽。谨借炎官使者，邀诸楮老先生。借九阳炉，汇六书体。残编新简，都凭青鸟衔来；涨墨浮烟，悉付红羊劫里。离向明而毕照，赍因火以成文。红豆词人，青莲才子。萃陹糜之剩馥，检金薤之零文。

辑自清邱育泉修、何才焕等纂（同治）《安化县志》卷四，清同治十一年（1872）刻本。此焚字炉位于今安化县丰乐乡之七星村。

株溪桥筹费小引

闻之两山必有川，泽国之通用龙节；九月既除道，司空乃视夫鼋梁。诸葛公西蜀之勋，铭诸万里；王刺史南徐之役，美以千秋。双虹从天外飞来，半月自波间涌出。伟哉砥柱，蔚为巨观。自非地布金沙，天横彩杖。假吴猛画江之白羽，借达摩渡水之青芦。窃恐未云何龙，填波乏鹊。若乃神不待其鞭石，愚竟可以移山。病涉无民，题桥有客。路由共义，里择知仁。则我邑株溪石桥之所由建也。

是溪觞始滥于桃源，路遥通夫梅岭。偶乘远水，刺来渔父之船；时有落花，浮出神仙之界。抱瓮人经药圃，田水闻声；寻芳客过竹园，杨林访渡。浪飞竹箭，一苇难杭；江入茱萸，众流始汇。每当鸥波乍退，蟹舍多淤。马旋泞而深惜障泥，鸿踏雪而难留爪迹。掀以出淖，行李多艰；需则惟沙，供张无具。使新绿之鸭头常泛，而小红之雁齿未通。伥伥何之，行行且止。纵先辈有徒杠之设，旋剥蚀于雨风；迨后贤倡义渡之规，亦有妨于舟楫。水之积也不厚，芥难载诸坳堂；渡无人而自横，匏曷济夫深涉。况舟子予求予取，每有瑕疵；而征夫或往或来，岂无困乏。水滨可问，地险宜平。幸同里皆乐善之人，为中流作济川之计。属诸不律，代作引喤。

夫如流者泉也，惟其散，适成为仁者之财；如砥者道也，惟其平，斯称夫君子所履。非抵璧捐金之是务，纵钩河摧洛以徒劳。际此天根吐云，水落见石；人迹在地，露华已霜。西畴早卜金穰，南陌均占石廪。咏陆放翁之句，既看室筑庚申；问许仲浑之家，恰喜桥邻丁卯。惟阮囊之尚涩，待晋璧以先操。借手观成，输忱求济。予也风尘奔走，迹类磨驴；山水登临，识惭老马。踏花归去，幸非失路杨朱；班草谭时，又作同舟李白。见此举徒深雀跃，非我有成；为诸君急望鸠工，度人无量。代丰干饶舌，恍登选佛之场；看司马扬眉，即是升仙之路。益求三友，锡望百朋。定如架阁梯桥，傲裴晋公之风月；聊许解鞍欹枕，玩苏学士之溪山。功不日以将成，志为山而务进。有如白水，请邀良友以同心；愿附青云，共望前程而展足。他日遂马少游之志，下泽相逢；定期镌羊叔子之碑，芳名不朽。

辑自清邱育泉修、何才焕等纂（同治）《安化县志》卷十三，清同治十一年（1872）刻本。株溪桥，在梅城西北百四十里株溪口，清道光间公修。

黄东篱先生寿启

昔梁太素之晚节，足下云生；富郑公之暮年，口如瓶守。坐茅尚父，投竿即可为师；作赋潞公，入洛亦思结社。况锡许琼之禄，行将受之百龄；补伏胜之经，犹有待于九秩。理忘机而契佛，诗有骨而欲仙。德兼不朽之三，福备向用之一。如我老夫子大人者，诚所谓艺林之山斗，绵宇之松乔者乎！

夫子慧本天成，心如月印。德星降世，神雾在山。王逸少书读枕缄，童皆呼圣；陶通明字临获管，人早称贤。当兰成射策之年，正苏季担囊之日。花怒生于虎仆，风犹滞乎马当。奇才未摅，空拔剑以斫地；逸气难遏，每携诗而问天。经十试而几困匡衡，越卅年而始知邓禹。时姚雪门先生典试长郡，诧为异才。芹采春池，已得梯仙之路；桂香秋廨，屡经选佛之场。无何五色目迷，未逢李荐；六经心醉，遂隐王通。于是款段寻诗，葫芦贮史。览宇内奇山水，写入吟笺；借笔底新烟云，囊诸古锦。壮游遍历，逸趣横生。笙簧百家，睥睨一世。或设绛纱之帐，善诱循循；或题黄绢之碑，清词亹亹。或说星市口，人供严子之钱；或讲易斋头，客避戴凭之席。随风出岫，云总无心；泛水寻花，春皆有脚。胡文定之子弟，几遍苏湖；郑康成之师模，不遗乡里。晚年乃筑一廛，颜之曰"弗谖"，召里中诸弟子而扃户课之，而我夫子亦骎骎乎自忘其老矣！

夫水观沧海，学海者乃能统汇百川；岳仰泰山，为山者咸欲始基一篑。非负经师人师之望，难化俗学伪学之偏。人谓我夫子大冶陶材，元模轨物。撞钟待问，琢玉裁篇。士尽梯云，人争立雪。分香璧水，传衣钵者咸同侍一先生；待诏金门，备顾问者有吾党之小子。时雨所化，闻风尽兴。岂知木铎未宣，冰镜自照。鸣丹山之老凤，争听归昌；窥白屋之冷萤，久耽孤诣。迹其香探月窟，巧运风斤。搜只字而天外飞来，赏一奇而花间吟遍。断句入耳，历终身而不忘；古书浇胸，辄过目以成诵。偶调雌霓，奖之时挂齿牙；能奋雄雷，助之若生羽翼。爱才如命，与物为春。尤复搞洛钩河，含宫吐徵。蔡邕覆帊而奕理邃，刘晏举鞭而算学精。韵调沈约之四声，学备郑虔之三绝。及其好善若渴，欲仁不贪。心介石而鞭石工成，手障川而济川利著。偶观流水，遂咏垂虹。迨探西穴之奇，青箱业古；而数亥身之字，绛县年高。三径闲行，菜花绕屋；一筇小立，柿叶堆廊。人夸员半千为名世之才，天假张百六为熙朝之瑞。图可分乎六老，是魏浩之弟兄；林雅类乎七贤，集阮咸之叔侄。适今年八月，届大寿八旬。养弘景之方瞳，启孙琔之绣口。享年若此，行乐奚如。

生等拜孔情殷，铸颜恩重。忆载侯芭之酒，字问玄亭；屡听扬子之经，香薰槐市。视诸生如骨肉，尊且益亲；推后进以腹心，教常不厌。灯窗惜别，陪永夜以谈心；文战临场，辄倚门而翘首。得隽则破颜以笑，其喜若狂；失意则扼捥而嗟，其情倍激。迩年来执经弟子，多索处于西河；负剑生徒，或校书于东观。桃李之花处处，诵弦之韵寥寥。念从我之人，及门或寡；有祝予之叹，宿草偏多。往往怅触老怀，流连陈迹。窃念染丝既久，幸近朱蓝；拾芥有缘，递增青紫。心香可祝，难已于辞；腰笛而来，盍言尔志。虽陆庄荒矣，欲酬报以何时；而由瑟弹余，亦咏歌而自得。惟诸夙好，谊笃同门。谱金石之声，勉追孙绰；借山水之乐，以寿醉翁。侍鸠杖而多士乐从，奏霓裳而众仙同至。藻抒花管，漱芳搴芝岭之云；翰染银笺，洒润挹金茎之露。自昔春风坐我，深知周茂叔之生平；即今秋月照人，请纪李延平之令旦。

受业罗绕典呈稿。

辑自黄世霞等纂修《安化黄氏七修族谱》卷二，1942 年木活字本。李超平提供书影。

渊泉公六秩寿文

典自陈臬晋阳，开藩山右，一行作吏，政务何等冗繁，两地暌违，亲朋久疏音问。适吾乡李君玉峰以书寄邮筒，称今腊四日乃我萧君渊泉仁兄六旬大庆，诸戚友咸思制锦，而祝嘏之辞宜典为之。余思纪皋夔之事必借史臣，无燕许之才难名手笔。然方山为东坡契友，谊不容辞；扬雄系绵竹邑人，情将焉诿。谨盥手命笔而言曰：山高衡霍，舆图钟寿岳之奇；轸列台垣，星沙应延年之兆。君喜之餐，巨胜实产湖湘；蒙叟之载，冥芩原生楚泽。盼英雄于台阁，固多济济之白头；瞻颐养于林泉，更挺皤皤之黄发。若我渊泉仁兄先生，兰陵世胄，湘水名家。学积缥缃，句裁锦绣。日迷五色，李程岂谓无才；书富五车，刘贲亦尔下第。乃竟怀远志，振尔连翘。登孔子之堂，职司典籍；擢郎官之选，名列荐绅。而且唇齿泉流，胸臆风发。麈谈壮去，一座皆惊；鸿笔挥时，多士争睹。察池鱼之殃及，不惜齿牙；睹屋雀之横穿，悉为排解。文庙武庙，综理共勷厥成；家乘家祠，修建独肩其任。望洋而景萧渡，集腋成裘；读史而慕萧斋，閤房筑舍。仿子云之故事，萧寺重新；守文选之家风，萧楼继美。况复腴田千顷，频添陆氏之庄；广厦万间，大遂少陵之愿。堂颜继盛，赓玉局之新诗；园种群芳，憩兰亭之乐事。村接杨花之巷，家藏因果之书。兢业愈深，措施加谨。文章经济，与古人居；福泽精神，现寿者相。王沂公之雅望，爱日万长；文潞国之大年，春晨正丽。兹值大吕应律，腊鼓鸣街。酒晋延庚，引年合符夫算亥；筵开周甲，诞日直同夫降寅。扶鸠杖兮倚云，占鹤龄兮永日。兰陔馨膳，子舍叠叠而辉生；芝砌翘英，孙枝重重而秀发。伫看南池振翼，绕膝尽鹏运之材；指顾北阙储封，冲天悉凤毛之侣。

典自登宦辙，久别家园。谊每重夫通家，年今历夫服政。十年以长载于礼，况属同乡；五福曰寿著于书，端推前辈。延禧莫罄，颂椒弥殷。开东阁之筵，备福群歌夫东海；制南飞之什，晋寿载咏夫南山。是为序。

道光壬寅，山西按察使兼布政使邑人罗绕典苏溪。

辑自萧士恒等纂修《安化田头萧氏族谱》卷首，1938 年木活字本。李超平供稿。

太封君李君屏翁老伯大人八秩寿序

昔汉张湛矜严好礼，动止有则，独居必详自修整，遇家人若宾客然，及在里鄙，则温言正色，恂恂如也。后秩晋修龄，子孙显达，三辅交口传颂，奉为仪表。予尝尚论不置，意谓如斯人者，庶几吾辈之针砭，可以型方而训俗。与若我屏翁老伯大人，则亦师表乎人伦，典凤所瞻仰欣佩者也。本年季春月八十诞辰，长君枚臣邮函山右，属一言为寿。向与枚臣交厚，不必以不文辞，谨即见闻所及，扬榷陈之，以见介繁祉而应寿征之有自来焉。

公幼承世德，慧逾恒人。其就塾也无他好，力铅椠不稍暇。惜事与愿违，甫弱冠即家居读礼，同怀弟均未及岁，公一身揩挂其间，凡职分所应然者，一一勇为之。慈闱定省，尤先意承志不之拂。闺阃之内，泄泄融融，日有昌炽之势。故公虽业儒未就，而孝友性成，行谊惇笃，论者方之茅季伟、王彦方云。与人交，温恭有礼，无疾言遽色。家不甚裕，有余辄以给窭乏不吝，匪日市惠，天性实然。其尤著闻者，敬宗收族，种种如式，家庙家乘，两瘁心焉。里鄙中有纷难，往往毕力排释，仲连先生高义，殆不是过。此皆典蚤岁赴童试时亲炙，非载听窃闻之大略也。今夫无实之华弗茂，非有真性情、大学问参之以一切时务，理明于中，无少差谬，必不能时措之。宜经生家手一编，昕夕对古人糟粕，叩以褆躬涉世之方及当世要件，瞠乎若迷，迂疏之诮，宜其不免。若我公，岂其侪匹欤？

公性行淑均，隆师重道，虽不及身颖脱，亦处之恬如，颐性养寿，理有固然。数年前，长君枚臣公车北上，不时与之欢聚，为言公齿益增，目力渐减，愿灯下课孙辈，犹诵《学庸章句》《毛诗集注》《尚书蔡注》，并口讲指画不倦，绝少遗忘，一如壮课子时。典闻之欣然，谓心血殊足，洵是寿征。今又七八稔矣，仍是尔时风味。於戏！是真不可及也已。近来积累如公者不数觏，固宜湛恩稠叠，渥荷殊施。况公既享大年，自膺厚报，指日龙章下逮，白首承荣，夫复何疑乎？兹据平日所见闻不愧人伦师表者，言其大凡，敬为我公寿。至庆祝恒词，则义之所不敢出，抑亦无补于高深也。谨序。

皇清道光二十三年岁在昭阳单阏痟月吉旦，赐进士出身诰封通议大夫翰林院编修甲午科钦命四川正考官钦命山西提刑按察司按察使兼管驿传事加十级世愚侄罗绕典顿首拜撰并书。

辑自李良轩等纂修《安化李氏英立（七甲）十修族谱》卷首，2021年印行。安化李良轩供稿。

恭介树堂七兄大人五秩诞辰

盖闻福者备也，为大顺之统名；寿者酬也，乃斋心之协应。是以金弁物瑞，元精集如意之珠；玉砌花明，灵寿植忘忧之馆。心田启秀，性禾与善米俱培；德水扬波，宝筏借慈航并济。若乃荀卿始学，伯玉知非。陆机洛下之时，子美云安之日。早已心仪茂矩，手植善根。长者徽音传到，固声宛舌；贤人轶事称遍，圆趾方颅。裴秀为儒林丈人，家传组绶；萧育是杜陵男子，庭列钟彝。适观我树堂七兄大人，真其人也。

恭惟七兄，小山著姓，东晋扬声。陆橘贻亲，孝敬由于天授；杨梅待客，清通本属性成。论交分鲍叔之金，兰期同臭；连理共姜家之被，葛必庇根。羁贯论天，峥嵘竹马；绮龄对日，岸异羊车。当夫典谒之年，早著成章之目。三更铅椠，炬吐焰以燃藜；万轴缥缃，架堆书而慕李。尔乃邓禹文学，偏将羽箭摧猿；定远才人，不借毛锥制兔。轮悬虱大，贯心符庄叟寓言；石暗虎蹲，饮羽奋将军神勇。爰服共武之服，队领诸生；遂冠惠文之冠，蜚声庠序。

德配曹孺人，幽兰香静，仙桂风清。乘几无违，施肇有训。窃为心善，循循师氏之箴；德若耳鸣，娓娓硕人之度。秦篝郑络，雅善平章；绣谱机丝，精悬妙理。训严姆教，不徒折慈母之荻；曲号姑恩，何异食帝休之草。表清心于林下，镜映屏山；萃和气于闺中，琴调流水。凡我七兄，骈牟笕画，塐镱经营。子晋指困，黔敖炊粥。莫不彻其簪珥，助自闺闱。作天姥之峰，成夫子之德。可谓倡随叶吉，双荣蠲忿之花；爰敬如宾，永卧同功之茧者矣。以故门盈好事，天富善人。白粲云屯，不假秋储善算；朱提雪积，非关少伯能谋。八襦褕裆，木棉昭俭；二升盐菱，竹罂师清。鼎鬵未烧，保谷神于五色；台舆供御，踾踿甬以千人。盖赤帻遍楹廊，几等蚁行而至；青蚨贮箧笥，竟同蝶化而来。虽然聚而不能散者，钱虏之流也；散而不知方者，畸魁之侣也。慨自气少恢，台情藏褊厌。持筹避客，钻核售人。遂使慕义八厨，名高党锢；舍资九塞，豪让伏波。孰是洗弅鄙之风，成磊落之行者乎？

七兄义重嵩衡，财轻籆籍。偿张博之债，宽智永之钱。赠范叔之袍，贷监河之粟。受者若忘其德，与者不居其功。窟岂营三，而恩深薛郡；券虽巨万，而富益宋清。加以平九坂之奇崛，制七星之伟丽。事良缘于大地，追胜迹于灵关。金阙银台，神明有宅；玉都琼观，焜耀生辉。量谷独操，谨挈提于义浆仁粟；心旌无碍，泯芥蒂于怨府悭囊。善无隐而不彰，大吏倾心盛德；功垂成而必录，朝廷议叙长君。准以情焉，洵乎理也。

然而七兄愈柔其色，有晬其容。鞠录其躬，委蛇其度。为善有践绳之迹，修身无息版之期。抄得方书，暍人必荫；焚余药券，尨裺必援。盖其殷勤之心，醇茂之德，视彼冗管小见，眠姬庸流，不啻骐骥尒云，驽骀失道，凤凰振羽，鹪鹩禁声也已。于时权司青女，律居黄钟。翠羽鸣宵，月映梅花之岭；酡颜醉晓，霜染枫叶之林。天上春多，人间福备。占一阳其来复，欣大衍兮呈祥。七兄乃小侑辛盘，亲书亥字。种延龄之药，歌难老之诗。春满寿卮，酒泛三庖玉露；屏围锦帐，藻摛十赍徽言。艾历觊胥者，徽徇而来；稽首树颔者，黎收而拜。顾庭前玉树，燕翼贻谋；调堂上瑶琴，鸿眉举案。青田绕宅，即采灵芝；白石盈阶，齐蒸新芋。弟等交欣捧手，视莫逆心。王逸少之修竹茂林，常陪欢宴；许元度之清风朗月，时慰相思。祝八千岁椿树长荣，东华霭瑞；庆五十载艾光初度，南极腾辉。用布夫华言风语，窃比于丹篆仙经。此时四壁琳琅，尽书金管银管松管；他日五云锦绣，更纪杖乡杖国杖朝。

赐进士出身诰授资政大夫翰林院编修贵州布政使司布政使前山西按察使司按察使甲午科四川乡试正考官加二级愚弟罗绕典顿首拜撰。赐进士及第诰授奉直大夫翰林院修撰加一级纪录一次愚弟萧锦忠顿首拜书。愚弟翰林院侍读学士曾国藩，翰林院编修黄兆麟、黄倬、邹振杰、李杭、周玉麒、陈启迈，翰林院庶吉士周寿昌、孙鼎臣、袁芳瑛，候选主事陶桄，候选员外郎陶亲贤，候选知县张奎，永绥厅训导蒋先茂，姻愚侄候选知县蒋泽润，子婿候选从九品蒋泽瀛同顿首拜。清道光二十六年岁在柔兆敦祥仲冬月榖旦。

辑自何伟臣等纂修《安化何氏三修族谱》卷一下，1930 年石印本。李超平供稿。

石用诒先生暨陈孺人六十寿序

从来夫妇同登周甲者有之，同登周甲而同月诞者，同月诞而同旬仅隔一日者为尤显。先生以八月二十一悬弧，陈孺人即于八月二十三设帨，岂非人世所罕观者乎？黾勉同心，虫飞同梦，食也同牢，志也同行。而且年同庚，诞同月，生更同旬，将来同耄耋，同期颐，同称家室，同为升平人瑞，不待言矣。

余且观其一同而无不同者：先生古貌古心，循先民之矩矱；孺人曰淑曰慎，展邦媛之风规，其体段同也。先生和和蔼蔼，而人切慕膻；孺人肃肃雍雍，而声无叱狗，其性气同也。先生男钱女布，措施不厌其烦；孺人红米白盐，炊爨不辞其瘁，其勤于持家同也。先生藤带葛巾，却丝裘而不御；孺人钗荆裙布，屏珠玉而弗庸，其俭于持身同也。先生训以义方，爱迥殊于舐犊；孺人无事姑息，苦儿等于和丸，其严于教子同也。所以先李孺人举丈夫子二，长既蜚声庠序，而陈孺人举子一，与次皆瑶阶鹄峙，行见名成学立，与兄同为出色人物也。至其孙双双秀发，同于双丁，两两神清，同于两到，殆又同于古人，而不仅同于今人也乎！《书》曰是之谓大同，身其康强，子孙其逢吉者，可举以为贤夫妇拟矣。今圣天子龙飞御宇，世际大同，幼有所长，壮有所用，而于老更体恤而优崇之。先生夫妇异日同邀赏赐，同受荣封，可预卜也。是为叙。

赐进士出身年家眷弟罗绕典拜撰。

辑自石蕴三主修《邵阳石氏族谱》卷七，1947 年木活字本。李超平供稿。

巨麓先生老封翁六旬荣庆序

神降庚寅，纪楚左徒之初度；诗编甲子，识陶靖节之修龄。宋司马会入耆英，品高洛社；梁公孙书征博士，名重京华。自古轶才，弥坚晚节。至若鹤筹已添于海，豹雾尚隐于山。际蓬大夫再仕再化之年，抱周元公一壑一丘之想。人如菊澹，寿拟崧高。阶集莱衣，床荣崔笏。其惟我巨翁先生乎！

先生豢龙华胄，吐凤殊姿。昴宿垂芒，神渊守静。若光初照，燕颔出群。文苑徐探，鸟澜炫彩。方弃书而学剑，东方生心雄万夫；既没矢以投弓，北平守侯轻万户。往往射虎习胆，骑牛读书。志奋青云，英腾紫电。人方谓宗悫之乘风破浪，杨炎之捧日登山。容易摘髭，何难骋步。乃短后之衣屡著，而登先之帜莫操。李子坚一第犹迟，未获芙蓉佳兆；韦元徽五旬已过，遂为松菊主人。富贵云浮，若其天放；烟萝日往，尽得风流。潘岳居惟面城，晏婴宅求近市。其高尚有如此者！

夫眉山晚达，昌其学者并美三苏；窦氏义方，嘉其后者特称五桂。惟父教实兼师教，斯后贤克继前贤。故勃早能文，王福畴誉且成癖；竣能得笔，颜延之语不嫌狂。先生负鸿冥凤逸之姿，萃虎劣龙优之彦。琪珪玘瓘，王尽璠玙；综绛缜维，韩皆经纬。诗歌采藻，论文者旗拔螯弧；赋奏长杨，接武者弓鸣霹雳。技叠双而必中，钱选万以无遗。鹗先百鸷而高翔，虎顾众彪而独乐。其笃庆有如此者！

他若大才独运，小节无拘。持李北海之干将，乱丝可断；擅施文庆之心算，积牍能清。蒿拔邪而古道敦，草指佞而真性见。景福既由身受，阴德亦若耳鸣。作善降祥，颐性养寿。其品概有如此者！

而余所心折者，则尤难指屈焉。我邑霞蒸蓉岭，锦濯渑溪。风水涣而文运隆，江山助而人才聚。耸浮图于北郭，文笔空凌；蠹绮阁于东华，元灯夜炳。凡河雨岳云之灵贶，实傅霖甫衮之先声。先生心切培风，情殷度地。会群贤于枌社，复胜迹于梅山。有始有终，亦勤亦慎。其公正有如此者！

夫寿者酬也，故《洪范》之五福以寿为先；耆者久也，故曲台惟六旬有耆之号。以先生兰襟自馥，藻想惟澄。骨逸如仙，眉庬类佛。康强筋力，直拟伊川；矍铄丰神，何殊新息。继先人之周慎，刻鹄无惭；幸晚景之消闲，扶鸠不事。将见沙纹入咏，情同风日俱清；玉印钟祥，气与星霞并焕。看来岁光荣子舍，赋鹿鸣并赋鹰扬；羡此时龄满甲花，增鹤算更增燕喜。是为序。

赐进士出身翰林院庶吉士充武英殿协修前户部河南司七品京官总制云贵等处苏溪弟罗绕典拜撰。

辑自龙劲初等纂修《安化龙氏泉公六修族谱》卷一，1942 年木活字本。李广供稿。

159

恭祝腾翁先生七秩荣寿暨德配陶孺人双庆序

《豳风》介眉跻以春酒，盖谓春浓如锦。品物咸亨，故取以为富贵福泽者祝。而吾谓高年硕德，于秋尤宜。其秉质也，如金之粹；其得气也，如玉之清。秋圃黄花，晚香馥若，韩相国曾自况焉。则对东篱之佳色，倾南山之绿醑。鸿雁来宾，琴瑟在御。天地吉祥之气，毕萃于兹，是非合乎乾之健而配乎坤之顺者不至此。若我腾翁先生，其殆兼之乎？

先生姿容伟特，超然出群。自幼负通才，善文艺，屡困童子试未售。继铎家塾，游其门者多补博士弟子员。旋步成均，登上舍，人方以旌幢贵客目之，乃浩然亭画，遂为松菊主人。已而留心世务，抱朱公奇策，历名区，出阛阓，所交类皆贤豪长者，而先生谦谨恂恂，诗酒外声色纷华之好恬无所嗜。用是积巨资，殖厚产，操理家政，几尽经营。自奉菲薄，事亲竭甘旨，分财均昆弟。重建宗祠，自备资斧，越四载而董其成，族人咸加敬爱焉。邑有美举，必极力赞襄，倡捐无吝色。接人温恭有礼，遇抱雀鼠憾者，排之解之，且广刻善文劝人以垂世。凡兹芳躅，固啧啧人口者。卜居城东之乡，丹崖青嶂，梅冉竹修，交映于绿野之堂。其一种清幽雅致，俨然太古高风，其诸鹿门之庞德公乎？

淑配孺人善相宜家，操作不辞劳瘁。权出入盈缩，条理井井。事舅姑无间言，待妯娌柔嘉维则。先生经理于外，得以无内顾怀者，孺人之力也。昔梁伯鸾业太学，妻德曜，躅绮缟，屏粉墨，赁舂佐食，以成夫子贤，论者金曰隐君子。今先生年届古稀，孺人亦周花甲，鹿车济美，鸿案齐荣，何多让焉。况令嗣昆季三，翩翩然俱为人中杰。孙曾绕膝，芝兰玉树生于庭阶。积厚流光，固有方兴未艾者。以此言寿，寿岂有量乎！

予承简命，旬宣黔甸，自山右赴署，天恩高厚，俾假省亲，因得见邑中诸旧好耆英。先生苍颜古貌，迥异寻常。甫叙契阔，咸云来秋重九为先生与孺人寿，丐序于予，以予固素悉先生之盛德与孺人阃范矣。予承诸君命，未敢以不文辞，聊即夙所佩闻者，用弁数语以为之寿，则诚有若秋圃黄花，晚香馥若者。至一切祝嘏浮词，均属无谓，故不及赘云。

赐进士出身诰授通政大夫钦命贵州承宣布政使司兼护理贵州巡抚部院前翰林院编修充武英殿纂修年家眷姻弟苏溪罗绕典顿首拜撰。

辑自龙劲初等纂修《安化龙氏泉公六修族谱》卷一，1942 年木活字本。李广供稿。

筠园公像赞

仰惟伯父，爱侄逾子。公能玉我于成，我未能送公之死。牵魂梦于重湖，裂肝肠于万里。越岁归来，始得认须眉于一纸。铜盘已荒，锦衣何喜。负公恩爱，回想生平。持家以俭，感物以诚。

澄襟月朗，清辨风生。药裹苏困，困粮惠贫。筑虹梁以利涉，息雀角之纷争。松菊娱老，云泉订盟。虽足不轻履城市，而数十百里之妇人孺子罔不乐称其姓名。我母弃世，我年尚幼。弱妹二人，晚伴公宿。拊之育之，如鸟离鷇。迨我稍长，负笈灵麓。督我诗书，俾名成就。柯亭珥笔，薇省衣绣。贻我官箴，俾免错谬。宦辙以至，示书相勖。约促膝兮围炉，待汝归为我寿。胡今日兮登堂，渺音容而莫觌。羡蝉蜕于泥中，拜牛眠于宅右。笑语不闻，杯酒空侑。抚此遗图，泪湿襟袖。端详形似，昔肥今瘦。安能返鹤驭于九天，凛训言兮如旧。於虖悲哉！呼公不应，望公若仙。流光逝水，十有五年。我及长兄，俱已华颠。我父八旬，健胜从前。惟公灵兮默佑，俾家庆兮洪延。庶一庭之孙曾子弟，皆能遵公之矩范，保世泽以绵长。

侄男绕典扶泪敬书。

辑自清罗亮杰等纂修《安化罗氏四修族谱》卷十一，清光绪十年（1884）木活字本。罗德瓦供稿。

李孺人像赞

惟我伯母，温惠慈和。根蟠仙李，气得春多。本天怀之淑慎，端仪范而不颇。其辛劳艰苦者，盖数十载无异。迄今身后始得，锡象服于銮坡。忆我幼时，追随左右。见与先慈，侍大父母。柔色以温，承欢恐后。综理麻丝，躬亲箕帚。图家庆于新居，忘悴形而龟手。高堂鬖髦，赞不绝口。诒式巾闱，此真贤妇。偕姒娣如同胞，故情亲而可久。迨我失怙，我妹二龄。茕茕黄口，惨目痛心。伯母鞠育，恩爱逾深。胡瑶池之遽召，空缅想乎徽音。乃结伴琼英者已三十有三岁，而令誉犹称颂而至今。我拜遗图，音容如旧。起视孙曹，桂兰芬茂。慨鹤驭之早归，执兽尊而空侑。所幸存者，惟钟礼与郝法，可千秋而永寿。

侄绕典抆泪敬题。

辑自清罗亮杰等纂修《安化罗氏四修族谱》卷十一，清光绪十年（1884）木活字本。罗德瓦供稿。

李温孺人合传

先伯母李孺人，德一公次女也，与先母温孺人为姒娌，相爱过胞姊妹。先孺人为上珍公季女，于归时年幼弱，祖母龚孺人特珍爱之。及与李孺人同侍二亲，先意承志，下气柔声，凡事禀命行，矜慎不敢肆。待臧获以惠，抚子女以慈，劳争任，逸相推。不孝典数岁时，二孺人挈之偕出入，撷园蔬，濯衣履。秋收获稻盈场，手亲收晒，汗涔涔出不少懈。平居衣旧衫袄，非归省不忍易也。遇宾客盛馔，彻时未尝，少置箸。有甘旨，即敬进于高堂。龚孺人治家严而有礼，偶督责，和颜顺受，退后无怨言。丙辰卜新居，土木工匠日数十人，经营周一载，厨下惟二孺人事炊爨，无假手者，而二孺人怡怡自若也。先孺人尝抚典曰："祖父母为是屋劳苦极矣，今齿发渐衰，得久安享为幸。"癸亥，先孺人病，深讳之，恐为堂上忧。及病甚，而医已无及也。恸哉！时典年九岁，随祖父读，病中呼至榻前，曰："汝当发愤读书，切勿以余为念。余病，汝不能代也。"临终时，李孺人哭之恸甚。季妹甫二岁，代抚之。初断乳，夜昼三四起，以果饵哺之，劳苦异常，视己出，尤痛惜。携持二三载，未闻诟骂声。辛未，祖母病，李孺人与继母氏文同侍汤药，抱病不敢言，家人亦以素康健忽之。越明年，而孺人竟不起矣。卒年五十有三，温孺人三十有六。

嗟嗟！二孺人温慈惠和极矣。先孺人受儿女累，生前眉不少伸。不孝典念学业之未成，怅劬劳之莫报，谨节述其懿行于编，既深自痛恨，并为后之宜尽妇道者告焉。

侄长男绕典敬撰。

辑自清罗亮杰等纂修《安化罗氏四修族谱》卷十一，清光绪十年（1884）木活字本。罗德瓦供稿。

温美玉公传

从来见其人而加倾慕者，其相感犹浅；闻其人而切景仰者，其相感独深。余生也晚，不获见公行事。犹忆幼时从先祖读书家塾，往往举乡里中硕德懿行为余训，必首及公与公元配罗孺人。盖先祖视孺人为曾祖，故所闻尤悉。尝言公起家寒素，曾祖荣卿公以郎舅之情弥加器重，谓公状貌魁梧，志行高卓，他日必当恢廓先业，以表见于时，故相契如同胞兄弟。今我二姓缔好联姻，望衡对宇，朱陈之谊，世及弥亲，实曩日已基其始也。

先是，明季赋役繁，公暨我太祖平山公谋新舍旧，翁婿同徙于安。适值干戈扰攘，缔造维艰，不数年而财阜业隆，溪山富有。公又以祖宗丘墓在邵，乃锦旋故里，重置田园，其立心制行有高出寻常万万者。维时家孺人贤淑之称溢于闾党，相助为理，凡家计客情，措施尽善。故勤俭慈和之誉，及今犹啧啧人口焉。嗣后子孙昌炽，世业恢宏，后裔之析居安、邵者绳绳继继，方兴正未有艾也。每年正月朔十，为家孺人冥诞，晚等恭候节禧，登堂拜谒，瞻公与孺人遗像，回忆先祖畴昔之言，觉懿范芳型，时令人低徊不置云。兹值舅父等续修宗牒告成，谨受命阐扬令德，弗恧不文，用摭所闻以纪之。

眷愚甥罗绕典苏溪氏拜撰。

辑自清温宗秀纂修《安化温氏族谱》卷十二，清道光元年（1821）刻本。温怒云
提供书影。

姚公德圃先生小传

士有生不必同时，居不必同里，或旷世而相感，或异地而相
知，穆然可想见其为人者，余韵流风，百年犹一日也。而况生同
里闬，素习生平者乎？姚公德圃先生，吾友放阶明经之尊翁也，
与先大夫交最笃。气体丰腴，持重寡言笑。与人周旋，即识毕生
休咎，无或爽。余逐队童子军，识公于县治，一见即决曰："我境
得一佳翰林矣，前程未可量也。"故余自采芹食饩，至登拔萃科，
住公家最久。后供职农曹，京邸家书多劳送致。方意归来，重亲
杖履，逮庚寅自翰林假归，公已归道山一载。因吊于其家，哭于
其墓，得读其内兄弟印溟同年挽章，于公之生平一一写出，拟为
诠次铭幽，报公千古。一麾出守，簿书无暇晷。及官黔藩，为灿
儿聘放阶主讲席。谈次，辄请立传，又未果。咸丰辛亥，放阶即
世，时余以外艰归里。公季子鲁余诣余，仍申其先兄意。适余提
军将之荆襄，亦匆匆未有以应。甲寅，总督滇黔，公之孙海涛茂
才邮行状寄予。交亲三世，何敢以不文辞，负知己于幽冥哉？正
不独重违海涛之意也。海涛名士沅，放阶先生之长君也。

赐进士出身诰授光禄大夫兵部尚书都察院右都御史总督云贵
等处地方提督军务兼理粮饷加十级纪录十次世教晚罗绕典顿首
拜撰。

辑自清姚大昌等修《安化山口姚氏族谱》卷首，清咸丰十年（1860）木活字本。

赠翁领三蒋太先生传

赠翁领三太先生，世所称善人君子也。姓蒋氏，讳维纲，号兰墅，居县城之北。先世皆种德，人之知与不知，莫不曰忠厚。蒋氏父松林公，赋性浑噩，好阴行善事，遇横逆来，辄趋避，弗与较，人卒服其让，不敢以非礼干。母氏李，相夫教子，壸范可师，邑中人言持家者，每举李太君为式。松林公生子三，先生其季。年甫龀，失怙恃，不逮养左右。值岁节及生忌日，斋沐执祀事惟谨。朝夕侍祖父母侧，欢然相对。每得异味，必先进之。而尤能先意承志，为世所难。事兄长克尽弟子道，所蓄资财，不斤斤哀多益寡。一门之内，友恭交笃，乡里化之，无弗输诚于先生。先生口不道人过，惟津津于节义。爱贤好士，踵其门者，待之有加礼。于族谊尤笃，若首修祠宇、丘墓诸事务，思有裨于族。尝训其子弟曰："今之称为族人者，皆昔日联为伯叔兄弟者也，尔辈幸无分畛域。"乡邻有斗者，理遣之，情谕之，缠绵悱恻，虽事将涉讼，感而自寝者最多。家初不甚丰，或投以非分之金，则厉色相拒。遇人以贫谋出媳，辄济所无，使得相保。灾疫流行，里人某举家厄于疾，惟二幼稚无恙，东西邻俱惑传染之说，不相存问，公闻之恻然，曰："此性命忧也。"饮病者以药，复为备日用，资活其幼稚，病者亦朝夕得所求，借以免不测。有值除夕居母丧不能殡殓，其人适又病不能自谋，先生乃于元旦日诣至，好购棺椁，代理葬事。力不及则称贷于外，卒以岁所撙节者偿之，无怨色，无德色，天道福善，而先生家卒日以饶。易箦时，无一语及他事，惟以立品存心训子若孙。先数日，若自知，检匣中藏券，察其家之窭者悉焚之。先生芳型，多不暇举，举此荦荦大者，生平可知矣。

先生生于乾隆庚午六月二十七，没于嘉庆丁丑十二月十三，寿六十有八。配陶太安人，子五：长飓亭；次汉槎，官贵州布政司经历；次铨亭，授县丞；次建勋，早世；次凤亭。孙曾数十，列庠序、登贤书者，联翩鹊起，其食报正方兴未艾也。余于先生为后辈，总角时，亲见道貌，犹未知所取法也。比长，而先生没，不及修弟子礼。庚寅，余住京师，汉槎适来京，与同寓。汉槎论学必先辨义利之界、人己之防，论事则上下古今，具真见识，规行矩步，卓然为吾乡伟人。余问之，始悉禀承先生训也。《诗》曰："高山仰止，景行行止。"闻先生之风者，可以兴矣。

大清道光二十年岁次庚子仲冬之吉，赐进士出身诰授中宪大夫分守陕西西乾鄜等处地方督粮道兼管水利事务前山西平阳府知府四川正主考翰林院编修加三级愚侄罗绕典顿首拜撰。

辑自蒋巨源等修《安化蒋氏六修族谱》卷首，1924 年斯文堂木活字本。

狄宣化传

宣化令狄君，名觐光，字宾于，号筑坪，贵筑人，处士赠奉政大夫宣化知县加同知衔文彩之子也。处士君已别有传。君年六岁而孤，事母以孝闻。十四岁以能文补县学生。伯兄祖荣早卒，君事寡嫂、抚从子有恩礼，士大夫称之。嘉庆四年举于乡，时年二十四，再应礼部试不第。归，教授于乡里，多所成遂。九年，将入都会试，而仲兄葆光病，旋以侍病中止。十三年，大挑一等，分发直隶，派会城公局讯鞫，旬月之间判七百余事，两造皆服。大吏嘉之曰："审案不以刑求，惟以一言折之，直隶有一无二之员也。"有会匪案，株连颇众，力求减免，全活无辜者百余人。初试曲阳知县，曲阳事简民淳，君日集士子为之讲贯经义，增书院膏火以奖励之，曲阳之文风遂大进。旋署南乐，奖励士子亦如曲阳。尝派往多伦诺尔鞫狱，一讯而服。浚、滑贼起，官军征剿，设粮台于大名，君司其出入无所苟。俄而督府檄还会城办理军需公局，事平，以军功加五级。枣强有疑狱，系二载未决，大吏令君往勘。先是，枣强有同室男女七人一日被毒而死者，莫知主名。死者之亲戚谓邻妇与其家有微嫌，其日邻妇借硙磨麦，已而其家亦用是硙磨麦，食之而群毙，必邻妇施毒也。邻妇受五木弗承，羁之。至是君至枣强，入其室周视之，于灶后积尘中得砒霜纸一幅，拘其室人讯之，云买之煮面以药鼠，涤釜未净，仓皇作面以食，故一家七人咸毙。事大，未敢自发，时有邻妇借硙之事，故委之也。是狱经数人讯未得其情，君一至而鞫实，大府愈器之。又令往办漕务，亦有能声。清丰无籍之绅民群结而哄，以沮挠公事，制府那绎堂彦成谓非君去莫能弭也，因专折奏补君为清丰知县，君至哄者自息。时浚、滑余党未平，县中兵差络绎，君筹备有法，军兴无乏。一日，有兵三十哄于门，君令役尽缚之，而杖其为首者，带兵官至，随释而授之，于是兵之过清丰者莫敢哗。时禁邪教甚严，官能缉获者不次超擢。君以是至乡，入一庙甚广，中有书匮排列，意谓昔人藏经也，令开视，则白莲教书与其像，开未毕，环至者数百人矣。君令推年长有识者与语，徐谕之曰："此本邪教，想非汝等所习，或是前人误留，火之可也。"立焚之。众皆环而感泣，曰："父母活我。"乃曰："汝等皆良民，今日自新以后，勿再为奸人所诱也。"众皆拜誓而去，自是境内清谧。有习教者，父老必自起而攻之，无少匿伏。县之西乡好斗，出入持械，少龃龉则斗至死不恤，县遣役往捕，辄为所格伤，自君之解散邪教也，西乡之斗亦息。岁饥，请赈未至，先捐廉以赈。上官使家人至县察赈，索小米饲马，君斥之曰："岁饥人尚无食，安所得小米以饲马？"家人嗛之，卒减赈，然君所活者已无算矣。已，又兼署开州知府，兰阳河决，河督请邻封协办稽科，直隶总督许之。已入奏，君知其不可，急言之已无及矣。事既下，哄者四起。而清丰亦有王生之案，王生逃而匿于山东某尚书家，缉之急，以妇人车载之，将入都，中道获之，问充热河军未发。其二子武生也，聚亡命数十辈，入城劫其父以逃，已伤数役，更进欲戕官，诸亡命纷然曰："免而父可也，伤吾好官决不可。"乃四散，而二武生皆获。已而调署饶阳，二武生论枭首，大吏令函首迁道出饶阳，使狄令见之。在饶阳行保甲法极严，有盗三十余辈入境，乡长夜告，即获之。其首为李豁子剧盗，屡捕而未获者，君得之，以功加同知衔，调补宣化知县。口北守道某门丁甚横，属吏咸患之。君一日入谒，门丁至官厅，辞色骄傲，君叱役锁之，叩头乞哀乃免。及见守道，守道徐语之曰："吾与兄闲暇之时宜涵养其性情。"盖微中之矣。张家口八驿在宣化境内，驿旁之民，频供囊施，以济驿务，民力不堪，君言于上官而罢之。宣化有洋河多水患，君请帑建二堤，又率士民捐资以益之焉，堤卒成，水患遂息。已而弗获于上官，上官决欲去之，曰："在下位而才大，难乎为上。"藩伯以下力争之，弗获。

君之未调宣化也，固以终养请矣，弗许，至是君遂以告终养去位。顷之，松相国筠、蒋相国攸铦先后署直隶总督，凤知君才，曰是廉明吏不可使之归，且谓君奉太夫人日夕随侍左右，弗告终养可，决意奏留，未及而君卒，年四十七。

君居官廉而持己勤俭，尝谓勤俭如忠恕，可终身行。凡事迟积不明者，不勤其心也，营营无厌者，贪缘奢侈耗之也。君累治剧县，皆设乡长，有事追召，辄谕乡长，不许往役索一饭一钱。命盗大案，至乡勘验，其株连者立遣之，惟留要证一二人，返署不三日其事即决矣。君断狱既明敏，故其所平反处坐，类归至当。而于豪宗大族，亦无所避。清丰有官国子监学正老而致仕者，其从子有狱应拘召，学正匿之而自出诉，君弗许，学正乃补服朝珠而坐卧于宅门，君召拘狱杖之，曰："何正犯不至，而年老京职在此？皆汝辈不审之故。"杖至二十，其人惶愧自退矣，卒拘其从子治之。有夫妇丐者，保正送之县，君察其形色惊惶，徐问其娶妇几何年？答以一年。又讯之，本赘妇，且夫与其元夫交好。君遽曰："汝因奸谋杀，事虽未发，吾访知久矣，故令保正物色汝，汝何吐实乎？"其人叩头具状。幕友问何以知之？君曰："此色听也。逃饥而丐本常事，未常加以厉色而遽惊惶，是以知之也。"有妇报其姑舁石自压而死者，君勘毕，即拘其妇鞫实，乃妇杀姑也，卒治之如律。人问何以知之？曰："伤在胸，岂有年老妇人而能举巨石至胸乎？"有告兄弟斗而兄死者，君勘之曰："非斗也。"遍召其家人，见其从子妇独居而有色，色且惊惧，鞫之吐实，盖从子远出多年，兄弟共奸此妇，兄居妇室，弟持械往杀之，故兄伤重而弟伤浅且膺也。狱具，廉使欲出此妇，卒以斗论。君曰："伦常大变，三人皆可杀也。死者既蔽其辜，逆弟及禽兽行之妇岂可出之乎？出之，奈风俗人心何？"廉使卒从之。大名有告失火而父母及弟而焚死者，大名令已信之矣。已而其弟妇屡诉于大府，且诉之都下，三勘卒如初词，其弟妇又控弗已。大名下其事于饶阳，令削骨验，大名令屡属君，君意弗许，卒以他县仵作验，验其父骨有刀伤二，后母骨有刀伤三，弟骨有刀伤二，腰骨为木所伤折。鞫实，弟乃后母出也，后母劝父厚予其弟产，兄忿而弒其父母及其弟，弟未死再予以巨棒，故腰折也。狱具，处以极刑。大名令得从末减论军台焉。君之能摘发类如此。君在清丰，一办永定河工，三办热河御道，事皆集而民不劳，其干济又如此。君事兄登封君极恭。登封君以州同候补河南，善病，屡赉药饵往问，偶音耗不至，寝食为之不安焉。著有《燕黔草》二卷。子芬，府学生。

论曰：处则孝恭，出则循良。治民期于不扰，而弗以生事邀功；折狱期于至当，而弗以纵缓邀誉。夐乎狄君，莫可尚矣。消患乱于未萌，而莠民为之感化；正人纪于既颓，而枭獍为之寒心。有以也夫！彼弥缝罅漏，甘毁千万世之大纲，以博一己之躁进者何心哉！呜乎！安得如君者百辈参错于列郡，以大正人心乎？

辑自冯楠总编《贵州通志·人物志》，贵州人民出版社，2001 年，第 841—842 页。伍成泉供稿。

立廷何公传

公讳禄班，字锡周，立廷其号。先世由江右金溪迁邑之小南街，代有隐德，为吾邑衣冠旧族。曾祖祥雯，祖焘，俱名诸生。父世台，增广生，行宜均详郡邑志。母氏张，生二子，公其长也。少壮负奇气，博五经，工制举业。既效班超投笔事，与泽宫选，旋膺今职。盖立功万里外，公夙抱也。顾以堂上桑榆景晚，未敢身许驰驱，比蓼莪卒读，公亦将周甲子矣，故壮志未逮。夫人具瑰异之姿，蕴经纬之略，不克登皇路、博侯封，其行事往往可观，若陈彦方之式乡里、柳仲涂之睦家庭是已。

典素耳公名，乙酉选拔归，谒公于家，肃穆几如朝廷，而雅歌投壶，更有缓带轻裘风度。性豪爽，喜交游，座上客常满，酒阑举觞政，联韵斗捷，吐嘱必压倒元白。诗工近体，尚性灵，惜散佚，无传稿。上梅邓湘皋编《资江耆旧集》，仅得公三绝句，雕镂未经校正，遂讹公为益阳人。后世疑团，谁实授之！典尝见公《福安桥落成诗》，曰：“势亘长虹次第成，晓风明月几经营。敢云慷慨承先志，窃恐迁延误此生。雁齿乍排山外影，鸭头仍涨水中声。从今叠石知无恙，永镇东流护一城。”情韵悠扬，真骚坛飞将军也，奈何不以文章显乎？福安桥者，邑东门外要津也，清康熙二十七年创于公高祖文龙，前令吴公以为水城关键，造福于安，因序之，以“福安”名桥。公曾祖兆炅继志葺修，清嘉庆辛酉圮于水。公鸠兄弟补修，且增高焉。桥侧关夫子行宫，公曾祖建也。

公父以弟玉篆英年游泮逝，恐速朽，加修庙内东西两耳房，祀神像及玉篆主。公茸而新之，此继述之善也。

何氏自明成化间占籍中梅，迄今几四百年。公虑子姓日蕃而服属莫辨也，则有谱牒之修；虑祖茔星散而祭扫多旷也，则有墓田之置。又尝谓宗族虽有亲疏之分，自祖父视之，均子孙也，往往不惜数百金之产，举券还族子。夫岂独膳孤老、完婚娶，族人歌舞之耶？此敦本之谊也。其于邻里乡党，坦白重然诺，好推解，济困扶危无吝色，亦无德色。尤喜扬清激浊，人有一节之长、一行之善，称之不绝口，自以为弗及。至意所不可者，雷轰电掣，面斥其非，虽豪贵不少假，事后怡怡如，故人惮其刚直，又服其宽宏。盖至化横逆以自反，置旧恶而不念，然后知公秋霜之肃，固寓春风之和者也。且夫厚于德者或短于才，德全而才济之，斯为完人耳。公之处事也，利害无所挠于中，议论不能夺于外。慨自世尚浮屠，执亲丧者大都以佞佛为孝。而公当大事，恪遵遗命行家礼，停枢暑天，三月始葬。戚友致书谏函可熟餐，公毅然断以大义，毫无差谬。亦可见习俗之积重难返，而公爱亲之诚与夫识与守之定也。邑父母、邑荐绅先生稔公才，凡邑学、志、塔、阁诸大举，必就谋，谋辄成，成辄易且善。两山陈侯、曲梁周侯、星辕刘侯、尤澹台公，公余屏僚从造庐者，岁数反，而公未尝有私谒。故公任事，浮议辄息喙。陶文毅公留心培植后进，扩书院月饩，助科举费，数千里外专函，强公经纪之。时公年已老，筑城南别业为菟裘，经史自娱，不愿与外事。使者再反，词益切，且云惟先生可肩此任，他人不敢奉讬，卒不获辞。夫文毅公为一代伟人，识量不可一世，而独推重公若此。此所以寄书籍、寄楹联、寻常存问之使踵接于道，意若深景行仰止之思者，公真大老也哉！

寿八十有二，无疾卒。配刘安人，有懿德，同年生，先公一年卒。子四，长邑庠生，次优廪生。孙曾入泮者五人，食饩者三人。清咸丰癸丑，典奉调云贵，便道回里，令嗣具状来，距公殁二十有二年矣。回忆词馆假归，公童颜鹤发，握接殷勤，谈论之次，命题玉照。曾几何时，枌榆无恙而道范云遥，感怀耆宿，何敢以不文辞。谨拨冗摭梗概，以为采遗逸者告。

赐进士出身诰授资政大夫兵部侍郎兼都察院总督云贵等处地方兼理粮饷提督军务翰林院编修世再侄罗绕典顿首拜撰。

辑自何伟臣等纂修《安化何氏三修族谱》卷一下，1930 年石印本。李超平供稿。

例授修职郎姚公放阶墓志铭

公讳大勋，字竹铭，号放阶，一号悔斋，生嘉庆八年癸亥三月二十四日辰时，年四十有八，以咸丰元年八月十六日辰时终于第，葬祖山纱帽仑之阡，子山午向。娶李氏，子四：长士沆，邑庠生；次成埙；次成型，早故；次成奎，皆世其业。其先世居西江，自六亭公守邵州，政成，有去思碑，存府治后。家白水，六世祖舜彩公递迁安化，遂世为安化人。曾祖澹斋公。祖纫兰公，邑优廪生。父德圃公，积学精医，与诸父鼻源公均好施与，多隐德。母王氏，以节孝闻。公生而颖异，读书目数行下，磊落有大志。年十二，应童子试。始学于舅氏印溟孝廉，印溟雄于文，时人有何无忌之目。十九，补弟子员。明年，以高等食饩。越十三年，中甲午科副榜举人，就教职。寿阳祁春圃相国、歙县程春海侍郎奇其才，许为大器。乡先辈如陶文毅公、黄谦山太史、黄惺溪观察咸邮书奖誉，谓后来之秀无如公者。公益攻苦发愤，不欲以小就终。积书盈屋，披诵无暇晷，事繁，则终夕必竟其程。手抄书积数百本，记注精核，为文累千，诗古文半之，族戚后进从者多所成就。

已而念里居局促，非纵览名山水，无以泄其胸中之奇，乃浮鼎澧沂五溪，上牂柯、金筑，登文德之关，拜武乡之祠，慨然想见我圣朝揆文奋武之盛烈，一于吟咏发之。远望白云亲舍，啮指动心，急买舟东下。己酉，游秦中，渡潼关，登华岳，遍访韦杜渼陂诸胜，览古帝王都之殷富盛丽，迥异孟郊黔中诗所谓"山水千万绕"者，乃益叹自任天下者之经济文章，未可拘墟限也。其志节宏远类如此。时客惺溪观察署，会观察北上至南阳，捐馆舍，公送之，奠樏长沙。又经纪其戚友李君鹿苹、黄君理人之丧，尽劳尽慎，无所苟，人以为难。性笃内行，待孀母色养肫挚。七应乡试不遇，或劝改试京兆，则泣然以母老辞。待二弟、二寡妹，恩义兼至。接里党，以厚以和。持家极俭，而赒恤义举，一体先志。使公早达，尽出其才为天下用，岂仅以小善见一乡一家者。乃丰其德，啬其遇，而并啬其寿也，岂非天哉？

余与公雅故，在为童子时，及官黔藩，数晨夕近一载。今年七月，将省试，迂道过余为别，未逾月即以讣闻。缅公素行，有不能已于言者。先是，公家佣梦鼓吹卤簿，以八座迓公去。不一日省归，即以微疾终。噫！所谓天道，是耶？非耶？抑古所云"乘白云归帝乡"者，其信然耶！适其子士沅以铭幽之词请，乃为铭曰：

气横区宇，学辟荒陋。天界以才，曷啬以寿。帽山青苍，崖澨滂洋。蜕形幽宫，经学之乡。潜德朗曜，载笃其庆。

赐进士出身诰授光禄大夫太子少保兵部尚书都察院右都御史总督云贵等处地方提督军务兼理粮饷加十级纪录十次世愚弟罗绕典撰。

辑自清姚大昌等修《安化山口姚氏族谱》卷首，清咸丰十年（1860）木活字本。

山邑公副配刘淑人墓志铭

谢君山邑，余乡荐同年友也。道光十五年八月三日卯刻，丧其副室刘氏。明年四月又八日午时，藏于十一都欧家冲之原，距里第前数百武，首辛趾乙。

一日以书来，言曰：吾年入立境，妻吴无出，母彭太孺人谕以嗣续计。于是刘氏淑裕来归，时年二十矣。今十有六载，卒。所遗大儿曰邦镳，甫十三龄；次儿曰邦铣，年视镳而少其六；一女曰福集，年视铣而逾其四。哭母之声，弗绝于耳。吾虽欲以礼制情，不自知涕之从出也。初，吾母春秋高，故善病，吾命刘氏视药饵，调羞服，而其心尚未可知也。而刘氏则久而愈虔，凤兴问安毕，持具理发，夜则扇枕温席，不少厌。吾寝于母所，间与吾言："太孺人有所需，即惊妾起，毋恃臧获也。"虽吾母亦云："是固善事我者。"及养终，刘氏恸不欲生，由是得瘵疾。逢节诞讳日，辄歔欷。其侍吾，动静必遵禀而行，豪末不敢欺。性俭素，货泉不妄费。既弥留，出其连所遗子女数金授吾，藏且十余岁。然心好施，窭者周之，未埋者赙之，耄而病者竟养之也。妣氏周葬已一终，地不利，心忧甚，卒移与其父同穴，哀慕如故。吾课子，刘氏督亦严。病革，呼子前曰："而世业诗书，能自强以为前人光，母死目当瞑。"旋执吾手而呜咽曰："妾非不欲长奉箕帚，今若此，天也。男君善自爱，心毋妄用，言毋妄费，敢布区区。"遂亡。视其箧，无遗珥及完衣焉。岁戊子，吾举于乡，时母病殊殆，吾不敢远试南宫，刘氏亦不为之强。越甲午年，当计偕，亟治装，促吾行。行载涂矣，心忽动，车遽回，则闻刘氏别后泣，私念前此未有也，讶之。孰意日方百余，而刘氏竟去吾而从吾母于泉台矣。刘氏生于嘉庆五年九月又九日亥刻。祖经书，父尊山，为邑望宗。祖母黄，寿逾八秩，刘氏濒危，犹眷念焉。吾迹其行，固非有大过人者，独悯其恸吾母之故而致疾，且小心寅畏，无一日懈也。幸先生赐之铭，使二子粗有知，或揭诸墓而读焉，则念母之心将油然生，是先生教二子以孝也。

余发视，恻然者久之。呜呼！阴教不行于天下，敬顺之道奉为具文，矧居其位者不为坤而为兑乎？然则有乖妇职，坤也奚贵焉；恪守女训，兑也又何讳焉。是宜铭。铭曰：

猗兰方郁，奈何萎也。善禽遽举，安所之也。天道元远，信难推也。勒辞贞石，聊以宣其悲也。

辑自谢徵广纂修《湘乡谢氏大宗族谱》卷首上，1919 年式南堂木活字本。李超平提供书影。

曾太恭人墓志铭

都门暌隔，与燮庵别三年矣。假归登访，并晤其弟甲庵。剪烛剧谈，细询世德，悉其祖兔园公克敦孝友，当事尝胪其实行题奏，奉旨嘉奖，得旌其门，事载郡县志及《一统志》。其父景山公，性好施与，建桥梁，修道路，与夫郡邑诸义举，罔不解囊乐输。而其母曾太恭人实赞助之，其敬顺相夫，慈惠御下，至今犹啧啧人口，余心折焉。燮庵昆仲因属余一言铭其墓。

余维妇道无成，而有终其不名一善者；必其兼有众善，而能委曲将顺以成一家之善者也。景山公之先既以孝友著，而景山又能继先志，世济其美。太恭人以一身承事其间，设有一事焉逆尊嫜志，不可谓孝矣；设有一事焉违妯娌心，不可谓友矣；即少有一事焉不能顺堂上意旨，相其夫以周济困乏、修举废坠，亦不可谓敬且顺、慈且惠矣。惟其家之世德以孝友闻，以好善乐施闻，而太恭人之德亦附之以显焉。所谓无成而有终者，非耶！观爕庵昆仲，恂恂谨伤，内行之笃，无忝所生。而孙曾玉立，皆足恢其先绪，要非太恭人之慈教不及此，而又何必缕陈其遗事为耶！

太恭人生于乾隆癸酉正月初四戌时，卒于道光己丑六月二十二日亥时，授安人，以子贵晋封太恭人，享年七十有七。葬邑十四里地名鲶鱼潭西岸天马山，子午兼癸丁向。子二：长有鹤，即爕庵；次鹓，即甲庵。女七，孙六，女孙五。铭曰：

水漾潭鱼，山成天马。佳城郁郁，兹山之下。漆灯影寂，碑口名存。积为余庆，垂裕后昆。

桑植县学训导郭君墓志铭

同年友湘阴郭君，年六十举于乡，始望，见君俦众中，修髯广颡，容止魁然，时以方长洲沈尚书。尚书以诸生名重天子，公卿贵人争延致，跻台辅公孤，如坦步履平地，而君挈提所为文试礼部，三不得第，无闻京师，岂非所遭之时异与？而尚书寿九十，君亦八十有二，得年差同。君为选拔生，先余二十有四年，见君名如古人旷世相闻，而君固傑然健在。

道光二十九年，余以先大夫丧，自湖北巡抚解官归，始闻君卒。后又四年，余佐军事长沙，去君居百里，而君之孤以书来曰："先君葬已二年，而无碑于墓，知先君者莫宿于先生，敢请铭。"

按状，君讳世偁，字存门。祖遇贤，庠生，以经学文章知名。父显，太学生，生子三，君其季也。君父兄皆习贾，而君复用儒术起家。少从学湘潭罗鸿胪，与严方伯如煜、李舍人在青同师相亲，砥学砺行，声名大起。嘉庆六年，得选为拔贡生。掌签记有名，礼请无虚岁，足迹常越千里外。嘉庆十六年，天子西幸五台山，西提学周公系英荐君才，得召试，天子惊异其文，赐文绮焉，然终不得试仕为吏。道光八年，举戊子科乡试，卒用拔贡循资铨授桑植县学训导，以老不赴官。

君孝友根于天性。太学君治家严，子弟虽长，衣无裘帛，每怒，长跽听命，为诸生时犹然。兄世伟，赠文林郎；世僖，太学生。以子姓繁，中析食，或不充，而君独丰饶，日伺诸昆困乏，周济之无缺。咸安宫官学教习举人应麟，拣选知县举人清晖，新宁县学训导拔贡生家睿，廪膳生家瑞、家亮，皆君子侄行，从受学。君施教无倦，藉荐待遇殷勤甚，争自刮磨，淬厉于学。所居室子弟取科名署榜标门楔，内外几遍，乡里荣之。生平无他嗜好，床榻几席，萧然一室。精书法，求者踵门至，后进习书法以为师。喜宾客，日丰食饮，款客惟恐不欢。温让谦退，人乐为亲。而性刚嫉恶，遇不可，引绳批根，辞气怫然无少假，乡里为不善者戒无使君闻。

邑文庙、书院、文昌阁诸大徭役，君皆在事，指麾经营。而建立宗祠，创置祭田，酌定家规，务以敦本善俗，力尤勤，心尤笃。岁时祭祀，腥熟之荐，虽至笃老，必监视致严。年八十二，以道光二十九年二月二十九日卒。君功名子姓皆晚昌。元配甘孺人，继配杨孺人，无子，子兄子家鉴，亦早卒。后配李孺人，生子三人，家钧、家铨、家镛，皆为邑诸生。女七人，孙四人。呜呼！君生平遭际，行谊学问，表表如是，是可以铭。铭曰：

有美鸿胪，君学有承。左挈右提，学徒烝烝。视时污隆，辨若淄渑。跂邪抵异，正教朋兴。其容敷愉，中藏圭棱。耄而考终，骏叶云腾。湘流如环，四彻中绳。君没四年，哮寇凭陵。巍然兹邺，野蔓寒藤。先民遗躅，于斯犹征。

辑自梁小进主编《郭嵩焘全集》第五册，岳麓书社，2012 年，第 422—424 页。伍成泉供稿。

卫筠庐山右人物诗序

《唐书》称杜少陵为"诗史",此以诗为史者也。晋袁宏、宋周昙之《咏史》,则以史为诗,尚论古人,即以自撼怀抱者也。夫史,必才、学、识三擅其长,而诗人之诗,每多流连光景,难言直笔,乃欲定古人轩轾于一二韵语中,不其难哉?唐刘知幾作《史通》,凡史臣之论赞品藻,辄诋为失当。况据史以为诗,即借诗以正史,其评骘古人又与自撼怀抱者不同,未许操觚率尔也。

余于筠庐同年《山右人物诗》特心折焉。夫《晋乘》散亡久矣,虞夏之歌咏,唐魏之风诗,有佚其词莫详其旨者矣。登高而望表里山河之胜,其地二千余里,阅世数千百年,古人遗迹,约略难稽,又未易详其里居姓字矣。筠庐对三晋之云山,考千秋之文献,凡圣帝贤王、忠臣孝子、名臣巨儒,皆胪举焉而系以诗,抑所谓"探揣古意,广足新言"者欤?虽以咏史名编,而以是为山右人物表,即谓继武诗史可已。

余与筠庐交二年,其人有真性情,其议论有真是非,不可假借,于是编尤服膺不置云。

辑自清罗汝怀编纂《湖南文征·国朝文》卷七十九。

阳曲县志序

阳曲之名始于汉,而建置沿革,代异其地,地异其名。汉之前为盂县,为狼盂。汉以后为阳直,为汾阳,为罗阴。按其版图,皆不与今所隶之地合。宋罗泌《路史》曰：太原阳曲，旧晋阳城也。《元丰九域志》亦列阳曲于太原首邑，系以次赤，而其移置郭下，则自金天会中始。地附省垣，为文人都会，其文献之足征，自应较他邑为胜。然明以前无志乘可考，即《崇文总目》所载《阳曲见闻录》，《四库目录》所载《太原事迹杂记》及王松年《三晋记》诸书，于邑之典章文物皆不甚详。于此而欲从千百年后综核事实，远绍旁搜，不其难哉？

夫志，特史家一体，而厘职方之图，广外史之掌，实原本于《周官》。兹邑人士本康熙朝戴汝兆先生《阳曲旧志》，广为剟辑，复仿《顺天永清志》例，于图表传略外方隶以六官，非心殷汲古不及此。昔储六雅先生辑《山西通志》，尝自为叙曰：以例约史，以史释经，其辞之玉卮无当，言之河汉无极者，胥在所不取。又仿会稽施志、四明袁志之例，特立经籍一门。是志也，依经史以树义，殆亦遵先正为圭臬者欤？

余以案牍纷繁，未暇细心勘校，惟观作者命意，务在根柢经史，取法昔贤，足补《晋乘》四十二篇所未备，固未始非博雅君子订正舆记之一助也。是为序。

辑自清罗汝怀编纂《湖南文征·国朝文》卷七十九。

周易史证序

《易》之兴，当殷之末世；周之盛德，当文王与纣之事。故其辞多危，其要无咎。如帝乙归妹，高宗伐鬼方，箕子文王之明夷。经也，而史纬之。而包牺、神农皇帝，尧舜之制作，又特详于《系传》。盖推天道，明人事，至精至深，至繁至赜，于道无所不赎。而六十四卦之大象，三百八十四爻之吉凶悔吝，则隐括数千百年得失善败以垂为炯戒，即以作史观可也。

自汉及宋，读《易》者主象、主数、主理，派分为三。汉学中惟郑康成间引古事以证爻象，迄宋李光作《读易详说》，卦爻之辞悉就君臣立言，证以史事。惟时光以论和议被谪岭南，故以当世之治乱，一身之进退，三致意焉。观其所上疏云：淮甸咫尺，了不经营，长江千里，不为限制，未闻专主避敌如今日者。然则其退而著书，非隐以纲维宇宙为己任，能深切著明若是哉？而或且以牵合病之，谬矣。其后与光同书例者，则惟杨文节公《易传》，亦依程氏本旨，杂引史传为证。文节于开禧间闻北伐起衅，忧愤以终，虽书之征引不同，而其纲维宇宙之心则一也。后世讲《易》诸家，非杂入机祥，则务穷造化，卒于治平之要鲜所发明，其与佛氏传心、道家丹诀，亦何以异？视李与杨之综核人事，以求实用，其得失为奚若哉？

今读荷村先生所撰《周易史证》一书，于观象玩辞之中，寓以古为镜之意，大有裨于世道人心，使读是编者随时观省，各存纲维宇宙之心，吾知其远胜于高谈玄渺无裨时事者，非可道里计矣。先生遭逢圣世，归老林泉，扶世翼教，所遇与李、杨异，然辞多危而其要无咎。古圣人当周之盛德，犹时深兢惕之思，则隐括数千百年得失善败以垂炯戒，此其意未可一日废也。先生是编，以之阐明经学也可，以之驱遣史才也可，即以之润色我国家亿万年隆平之鸿业也亦无不可。读竟，缀数言归之，以志钦慕云。

辑自清罗汝怀编纂《湖南文征·国朝文》卷七十九。

教孝编序

尝谓为民上者，使不能尽父母斯民之责，则不能为慈父母，而亦不敢望有贤子孙，何也？子吾子与子吾民无二理也。子吾子而欲俾之为孝子，子吾民而欲俾之为顺民，无二道也。

今之坐堂皇，披案牍，群称为父母官者，何事乎？亦惟举吾民之好勇斗狠、博弈饮酒，与夫惰四肢、好货财、私妻子、纵耳目之欲者，日惩之而日训之，俾之知有父母而已。然或导以教孝之科而民不从，绳以不孝之律而民不畏，可遂曰吾已尽吾父母之责乎哉？语有之物之感也以诚，而化之行也自近。吾有子而姑息焉，纵容焉，使日蹈于声色货利之场，而自外于礼乐诗书之教，是所谓绳以不孝之律者，先不能绳吾子焉，则所以子吾民者可知矣。吾有子而显防焉，默化焉，亦既日示以礼乐诗书之教，必不使偶蹈于声色货利之场，是所谓导以教孝之科者，惟恐不行于吾子焉，则所以子吾民者又可知矣。故不能以爱子之心防民则世教衰，不能以爱民之心防子则家教废。

杜君宰醴泉，于公余之暇，取《论语》中言孝之文，反覆推究，旁通曲畅，以著于编，则杜君之所以子其子者，其用意为独深，即其平日之所以子吾民者，必大异乎俗吏之为又彰彰矣。吾知一时之父召父而母杜母者，将日以子孙之贤，为慈父母祝也。

辑自清罗汝怀编纂《湖南文征·国朝文》卷七十九。

陕西武乡试录后序

道光十九年己亥孟冬月，陕西举行武闱乡试，臣绕典供职提调，谨随同抚臣校阅满汉武生骑射技勇、肩默《武经》毕，取中如额，刊次姓名，恭呈御览。臣例得扬言简末。

窃惟自武科取士实始于关中，而武科得人之盛亦于关中为最著。夫以丰镐盛地，水深土厚，其人勇于攻战，修习武备，班史特称之。然才能御侮备著于成周之世，而和容兴舞、主皮之射谨详于乡大夫，彼时文武无分途也。自炎汉定鼎关中，特举六郡良家子弟给羽林、期门之选，勇猛知兵法则举之，刚毅有谋谟则举之，才堪将帅能明战阵则举之。若李息、公孙贺、李广、赵充国、甘延寿诸人，勋业皆在人耳目。唐长安二年始置武举，每岁孟冬亦与计偕，其科分为二，而试用有七。长垛马射、步射、平射、筒射之法，马枪、翘关、负重、身材之目，皆后世骑射技勇所由昉也。其时关中豪杰济济翼翼，即大勋盛德，身任安危，如郭汾阳辈悉由武举起家，致身通显，则武科之盛孰有如关中者哉？

圣天子揆文奋武，治化远迈成周，曩时所称秦雍川原，壮足天下之吭者，今仅以之拱卫神京，肩楗西徼。又复申谕疆臣，精心衡斠，要使角其艺则为披坚执锐之英材，观其德则为说《礼》敦《诗》之儒将。宜乎鹰扬隼戾者，莫不奋兴鼓舞于三峰八水间，骈出而备腹心干城之用也。

臣昔备员史馆，叠承恩命，于甲午科分校顺天乡试，乙未科典试四川，本年复奉特旨擢任监司，得于文闱后，敬襄武试，亦既恪共葳事。因念古之儒臣，如《长杨》《羽猎》《上林》诸作，凡振威灵而讲武事者，皆得铺鸿藻，扬景烈，传之无穷。臣躬逢盛世，亲见驺虞兔罝之麻风，迥异驷铁车轔之旧俗，而河岳钟英，蒸蒸日上，实为自有制科以来所未有。多士沐浴膏泽，则他日勋书麟阁，绩奏豹韬，必非汉唐诸臣所能企及也，其庆幸又当奚若邪？爰备述武科所自始，与夫人材所由盛，谨拜手轩輡而为之序。

辑自清罗汝怀编纂《湖南文征·国朝文》卷七十九。

山西武乡试录前序

臣惟取士之方贵求其实，用才之法宜尽所长。晋省为唐虞旧都，距京畿千里而近，揆文教，奋武卫，雄杰之气萃于冀方，固帝世所称才薮也。

三代而降，文武分途，选举亦异。汉拔良家子于六郡，凡两河侠少为带水所限，不得给选羽林。唐起晋阳，其兵部武选课试，亦如举人之制。维时勋臣宿将，若尉迟恭、薛仁贵、李光颜等，风兴云会于河、汾、恒、代间。他若金、宋、元、明，识洞韬略之科，武艺超众之目，或举由郡县，或荐自廷臣，衡校失真，人才多不逮古。惟圣朝保大定功，首崇骑射，世祖御宇之始，专设武乡会科，海内魁奇硕彦，幸列贤书。由是入备宿卫，出镇封圻，类多伟绩。我皇上布昭圣武，简练材良，屡谕臣工杜幸，进拔真才。尤严校于命中挽强之技，宜乎匕般懿铄，度越古今。士之感激思奋者，咸愿乐官备于驺虞，而识干城腹心于罝兔也。

臣渥承圣训，春初简阅军实，窃幸山河表里，士气奋扬。兹届乡闱，考其技艺之优长，再三决择，矢慎矢勤，揭晓后复教以尊尊亲亲长长之道。务期士皆好义，勇必知方，说《礼》《乐》，敦《诗》《书》，希踪乎古之将才而儒行者，俾三晋英髦皆得各出所长，收为实用，以无负圣天子兴贤育才之意。他日甄叙勋伐，翊赞隆平，庶臣为国储才之微悃，亦得稍酬万一焉尔。

辑自清罗汝怀编纂《湖南文征·国朝文》卷七十九。

黔南识略缘起

右《黔南识略》三十二卷，乾隆中长白爱必达公撰。书中有嘉道间事，不知出何人手，或曰滇中李复斋文耕也。爱公巡抚贵州时，条列十八事，下所属亲民吏，令各觊缕陈之，以备掌故，属贵阳经历华亭张凤孙芟摘为书。其书以省、府、厅、州、县为纲目，而详纪沿革、疆城、山川、形势、风俗、土田、财赋、关隘、营汛、驿递，无人物、艺文、星野、占候，实事求是，咸以见在为主。即水道亦书当时之名，不用洪稚存之所考，尤为矜慎。总叙及诸府、厅、州之后，各系以论，体制得宜。黔南纪载极少，档册亦多缺略。地界犬牙、华离、瓯脱者不一，州县四至八到，极为舛错。田赋之科则，州殊县异，司里不同。关隘、营汛、铺递，详言者盖寡。是编于方志之外，多所增益纠正，洵黔中不可少之书也。道光丁未之夏，予得其抄本于士人家，因付之剞劂氏。工毕，识其缘起于此云。

中冬仲丁，安化罗绕典。

辑自清爱必达《黔南识略》目录，清光绪三十三年（1907）刻本。

玉台赘咏自序

　　夫筇鼓之声，谐以竞病；冰雪之字，斗以尖义。将化险而为平，实因难以见巧。况夫床栖鸾鸟，协律必配雌雄；被绣鸳鸯，合欢而联文采。是则孤竹之管，难合乐于房中；独茧之丝，惭报章于天上。倘使瘢留玉颊，獭髓谁医；纵教痕贴花钿，蛾眉已妒。兹乃改惊鸿之态，饰坠马之妆。转变风而为正风，歌撒雪而成团雪。珊瑚击碎，乃架笔可咏玉台；玳瑁雕残，忽成梁以营金屋。轩写文箫雅韵，脱口如生；叶题于祐新诗，善心为宛。一再顾无倾国倾城之患，三十章皆宜家宜室之祥。丽矣香奁，猗与彤管。将见筮咸恒之卦，两利贞相感和平；殿周召之篇，五吁嗟无非颂美。是为叙。

　　辑自清邱育泉修、何才焕等纂（同治）《安化县志》卷三十二，清同治十一年（1872）刻本。

宁乡高氏族谱叙

　　尝考宗法废而谱学不明，仁人孝子欲起而厘正之，则惟不诬祖不忘祖，而后能收族敬宗以尊其祖。若沩宁高氏之谱，其殆庶几乎！高君大儒，与余叔交好，自述其先为豫章李姓，其易今姓而徙于宁也，自元少宰清湘公应明初征召始，其缵清湘公之绪而肇修为谱也，自国朝芦庄先生始。夫古名儒名臣，固有不仅以姓氏传而益因姓氏显者。若田千秋之以车易田，文文山之以文易菽，以及晋之羊舌、赵之马服，载在史乘章章矣。独清湘公以胜国旧臣隐怀忠愤，曾不欲传。其姓氏与汝南危素辈贻愧汗青，尚何暇为千百世后保姓受氏计哉？迨至风霜兵燹，旧帙久淹，而追维逸事者，犹慨然而增感。盖潜德隐曜，历久弥光，其渊源于忠孝者，良有自也。且吾闻盛德必百世祀，而李氏之先为皋陶庭坚，实高阳才子之一，则易李为高，源流一头。后李唐时作《贞观氏族志》时，则有高士廉者奉诏而董其成。其贵自尚贵，领护而下以官阀列为四姓。想尔时金枝玉牒及凡官谱之灿然大备者，当未有如李与高者矣。而兹谱概置弗录，岂故为是矜慎欤？抑岂卷帙浩繁，未遑撝拾欤？夫固谓我先人旧德有不容与。凡为高氏李氏者等，则即别立一系，当更有继龙门鹿洞诸矣。而后先辉映者，其立意何深且远也。昔叔孙穆叔论陶唐、御龙、豕韦、唐、杜之裔，而仅以世禄概之，且特称立德立功立言为不朽。今高氏之祖功宗德既卓然可传，若是而上下数十年间，征文考献，有芦庄先生举坠绪而辑之于前，有续修诸君子抚遗编而订之于后，言有本而事有征，则其不忘祖不诬祖，而能敬宗收族以尊其祖者，发越容有涯涘哉！故乐为叙之。

时道光三年岁次癸未仲春榖旦，姻眷晚罗绕典苏溪氏顿首拜撰。

辑自清高耀庶等纂修《宁乡高氏族谱》卷首，清道光三年（1823）木活字本。

安化罗氏三修族谱序

吾宗自庐陵泌著《路史》，言姓氏特详。泌之言曰：姓者，性也。山行十驿，形不脱祖；水行千里，性本其处；子孙十世，性无不类。夫姓同则性同，宜传之千百世而罔不同。而竟有支分派别，不能尽合者，何哉？其地异，其时异，其承借传闻者又异，虽同出一源，而无征不信，则固不能强同也。尝谓言谱难，言谱于我罗氏尤难。即《路史》所载：罗，熊姓，罗君也。初封在襄之宜城西山中，后徙江陵枝江，东周乃定长沙。今潭州之湘乡东北六十里，有罗故城者是此。其说与杜武库《左传注》同。博赡如泌，其自序先世，宜确有可据。而《万姓通谱》则曰：罗本妘姓，以国为氏，望出庐州、襄阳、长沙。与泌所言熊姓者异。《姓氏急就篇》曰：罗，颛顼后，封于罗，今房州也。与泌所言宜城者又异。是将何所折衷乎？

夫念庵公旧谱，尝云先世徙自湘东矣。间尝泛览史乘，就罗氏之在楚者博考之，如晋宜都太守含，当时所称湘中琳琅也，其曾祖为临海太守彦，其父为荥阳太守绥，故宅及墓皆在耒阳，今耒阳罗氏。明天启初礼部尚书喻义，金正希先生师也，以进讲经筵，忤阁臣，退隐益阳，今益阳罗氏。又西汉大农令珠，由长沙徙居豫章西山，今西山罗氏。他如晋广州刺史友，为襄阳人。蜀广汉太守蒙、蜀太子舍人西鄂侯宪，亦襄阳人。唐节度使宏信、长沙郡王绍威，皆长沙人。又《列仙传》载唐之公远，为鄂人。《三楚文献录》载以孝行著者永高，为邵州人。《太平御览》载以果毅称者陵，为耒阳人。是罗氏之著见于楚者，指不胜屈。而西江旧谱概不及焉者，诚以世次难稽，无征不信也。故公在当日亦尝流连于楚者数月，其衡岳所植念庵松，于今尚存，而欲求湘中故城，以追溯春秋以来数千百年旧绪，亦漠然徒见山高而水清，无复有能详者矣。至若罗氏之著望于四方者，宋之此庵以端介显，明之圭峰以撰述名。当涂之彦辅，则德著于姑溪；历城之士信，则爵封于郯国。番禺之德仁，则撤帷供蚋而内行笃；萍乡之尚友，则文章倚马而才思雄。而亨信则仗剑而振军威，必元则抗疏而弹权幸。华胄遥遥，后先相望。而旧谱曾不及焉者，亦虑其无征而不信也。夫谱以传信，非我族而强附会之，是为诬祖；是我族而故慁置之，是为忘祖。诬祖不可也，忘祖尤不可也。明聂尚书双江先生序我旧谱曰：自唐懿、僖以来，其赐进士及第、赐进士出身、赐同进士出身者凡二十有一人，特科进士凡十有四人，分试漕举、军功、荐辟、录荫诸科凡三百七十有五人。昌吾宗者，可谓盛矣。其间如延平之仲素，则师杨龟山，朱晦翁特推重之；饶州之涧谷，则师饶双峰，文信国尤尊仰之。与夫犯颜敢谏之一峰，讲明道学之明德，一时推儒宗、称经族焉。其嘉言懿行可为师法者，岂少也哉？而又何庸附会为哉？惟是世远年淹，搜讨不易，故旧谱始于宋淳熙甲午，广西转运使巨济公尝为《庆源图》而首叙之。绍定间，朝请郎蓬伯公又再序之。迄念庵公而修者已十有八人，而又考订十余年，其义例严明，迥异西山、柏林、书院坑诸谱，而后七百余年之宗牒，乃粲然大备焉。甚哉！言谱若是难也。

自大时公、秀川公而下，南迁于楚，故旧谱多不及详。弘治间，安公创业于邵邑西平，弼公卜居大湾塘，绳公建业于高坪铺，由是而宁邑，而资水，而东安，且有远徙于闽、陕、川、广者。三百年来，明鼎既革，兵燹几经，坠绪茫茫，几难复振。至乾隆壬申，我弼公、绳公、安公之裔始再修之，迄于今又数十余年矣。传世既久，生齿益蕃，使不举而重辑之，则前之人求之典章散佚之日而为其难，后之人生当手泽具存之余而不为其易，其何以绍先烈、示来兹乎？爰合弼、绳、安三房，同心续辑，综世系而厘订之。幸是编之既成，用述祖德、诵先芬，俾我后嗣子孙于性之所近者，各知取法焉，亦继继序不忘意也。念庵公有言曰：垂骏业者，贵自修。能自修矣，虽在白屋，荣于华衮。观是谱也，或以礼学闻，或以孝友著，或以科名重，或以勋业传，仰往哲之遗规，其可不勉自奋励、光昭先人令德乎？至其辑谱之详慎严明，则皆祖述旧例。其各房人心之和而易集，则皆勃发于惇睦之本怀，又赖有前人以为之倡，自不禁闻风而兴起也。是皆为后人者分内不容缓之事，故不复赘及云。是为序。

绕典苏溪谨识。

辑自罗亮杰等纂修《安化罗氏五修族谱》卷首，1929 年木活字本。

安化仙溪姚氏续修族谱序

姚随航兄湘，字九帆者，余前同学中莫逆交也。其为文雅正清真，饶有国初风度。县府小试，时列前茅十数次。辛巳、壬午、乙酉乡场三科俱鼎荐，深惜未售。然天老其才，得志或有日也。自与余契合，屈指二十余年，会时每促膝谈心，情深性命。近年余远宦京都及外省，音问稍阔。今年随航修其族谱成，致书嘱余序其本原。余以心交日深，耳闻最悉，故能津津言之也。

盖姚之先，得姓于虞，以舜生姚墟，帝尧遂赐之姚姓。夏商以前，世列诸侯。至于周，犹首被三恪之封焉。暨汉姚寿，灵帝时授光禄大夫，有伟绩。唐则元之相中、睿、玄三宗，事业文章，彪彪炳炳，封梁国公。历代以来，名臣伟士，史册昭垂。迨元季兵燹，播迁靡定。有明初时，其远祖运公由江苏昆山县迁居安化，迄今衍派十余世矣。相与蔼然秩然，共为居安乐化之人者，断以运公为始。

乃者各房居址星布，若老龙溪、向家墩、淘水洞、九渡水、岩门区，及本邑三都、五都，益邑八里枯杉、十二里南冲，相隔不下数十里至一二百里，而随航兄为之溯其源，分其流，兼综而条贯之，可谓能尊祖敬宗收族矣。况诸姚性仁，各房佳子弟尚众，由此努力鸡窗，标名虎榜，进而会琼林之宴，蜚翰苑之声，吾知必自随航手订家乘始。勉之，望之，余伫足俟之。

时道光十六年丙申孟冬月望日，赐进士出身翰林院庶吉士充武英殿协办乙未科四川正主考充清密堂协办又充本衙门撰文教授翰林院山西平阳府知府前户部河南清吏司七品京官加一级年家姻眷弟苏溪罗绕典拜撰。

辑自清姚行秀等总修《安化姚氏三修族谱》卷首上，清光绪三十四年（1908）木活字本。

楚梅文村李氏三修族谱序

昔谪仙诗云：李氏千万叶，仙干蟠中州。言族姓之蕃者，莫如李，而姓之难谱者，亦莫如李。自有唐御宇，一时功臣多赐姓，其始非李而后为李者，固不可枚举。即史言皋陶为司理，其后遂为理氏。至利正逃难伊侯之墟，食木子得全，遂改氏为李。五世孙元杲，娶益寿氏女，生聃，即老子也。而世乃谓老子生李下，而指树为姓，此何说乎？尝考《管子·法》篇曰：皋陶为李。又《大匡》篇曰：国子为李。注：李同理。夫李氏为皋陶之后，则以皋为理官，而即以官为氏。理与李古字同而其义亦通，又何待因食木子而改氏为李与指李树而自姓为李乎？此可以知其说之不经矣。尝谓姓氏之书，率多牵引附会，凡修辑者尤当泛观博考，必举其信而有征者，始笔诸书。

兹中表朝仪一兄为余家懿戚，以其族中议谱，邮书至署，属书序之。余谓谱者，所以传信非以传疑也，若牵引附会，则滋疑益甚。今李氏之谱，溯源于始祖义福公，此固信而有征者也。义福公生子四，长元辉，三元宗，皆各自为谱，惟就元善公与元芳公合脉。道远良恭四支续辑，亦古人为亲作之意也，极详极慎。观是谱者，孝弟之心可油然而生矣。余以累世姻娅，较孔李通家之谊而更过之，且乐闻诸君子收宗睦族，犹足为里党式，因走笔而为之序。

赐进士出身诰授资政大夫贵州布政使翰林院编修武英殿纂修奏办院事功臣馆提调甲午顺天乡试同考官乙未四川正主考翻书房行走教习庶吉士山西平阳府知府陕西督粮道山西按察使加三级后任云贵总督府姻愚弟罗绕典顿首拜撰。

辑自清李上翠主修、李学英纂修《楚梅李氏四修族谱》卷首,清宣统元年(1909)六箴堂木活字本。李广供稿。

益阳蛇山罗氏续修族谱序

吾宗之蕃衍于楚者,以芊分,以熊析,备详于昔贤姓氏诸书。而长源著《路史》,于罗氏世族特为缕悉。其以豫章为族望者,以吴有豫章沟。而豫章罗氏或以理学传,或以文章显,史册所纪为尤盛。今资阳蛇山一宗,盖由吴而复迁于楚者也。自云邃公至元大帅珣凡七叶,而大珍公始衍为恭、敬、惠三房。嗣后恭、敬两房之裔,若光禄公观、廉宪公安、宗伯公喻义,皆以宏才硕望,列在朝籍。至惠公之子诗敬,以诸昆弟棣棠之爱,举三房之产析为五而均之,视许武之愿成弟名、薛包之笃于内行,其用意尤深且远焉,故越十叶而愈显。公复以孝友称,今其后嗣发祥,文通武达,焜燿炜皇,前人之骏烈清芬,历数千百年无少替,则文章理学之昌其后者,岂一日之积哉?

余自道光己丑以庶常假归,曾阅其旧牒,少得崖略。今年春,甲庵诸君复以续谱既竣,驰书来署属为序。益叹庐陵一宗,虽支分派别,气类自同,而孝友之德垂为世范,尤足为里鄣法而流泽长也。乃举前所未及者,复撮数言寄之。

赐进士出身诰授通奉大夫贵州布政使司布政使前山西按察使

司按察使陕西督粮道山西平阳府知府甲午顺天乡试同考官乙未四川大主考翰林院编修武英殿协修功臣馆提调教习庶吉士奏办院事本衙门撰文翻书房行走户部七品小京官加三级纪录四次宗愚弟绕典苏溪氏顿首拜撰并书。

辑自罗德源主修《益阳蛇山罗氏续修族谱》卷首，1929 年木活字本。

安化胡氏七修族谱序

　　得姓莫古于胡，而其最难谱者，亦莫如胡。胡君云伯为余莫逆交，自应童试，奇相赏，疑相晰。间踵其门，遇茶则饮卢仝之碗，逢酒则用张旭之杯，否则论八股，赋七言，谈笑为欢，从无戏言，并无隔阂。迨后余以拔贡入都，考授小京官来城，相见如故。继从北闱中式，随入词馆，假归来谒，互相唱酬，亦仍如故。自是历任山、陕、云、贵，疏阔虽久，音问常通。今年丁外艰，家园读礼，云伯长君少云乡闱获隽来谒，日夕谈故，因及胡氏将续辑谱。云伯谨承其先君薇垣先生钧嘱，采辑各属胡氏谱，考核前谱未详源本，丐余言为序。

　　余维胡之得姓，肇自黄帝，《世本》言胡曹作衣。自后为归胡，为圭胡，为宗胡，多不详所自出。云伯出老谱源流序，并以所得各属胡氏谱所详源流事实考之。逆溯而上，与胡曹为五帝时人适合。顺推而下，至胡公满之后，时而避乱，时而改姓，然姓虽改而源不差，据事求人，班班可考。递至齐宣王辟疆，其孙名关者，始复胡姓。从此以官宦显，以理学传，代不乏人，垂之史册，朗如也。胡氏续谱，云伯考据详明，持与胡氏诸君子互加参校，庶传信不诬，可不负赠翁之嘱，且以开后世之朦，一脉相承，了如指掌。余心折之，聊撰数言，以应其请。至于胡氏著族，人文蔚起，科第长延，书香之永绍，正其方兴未艾也，余何庸赘。

辑自胡树湘总纂《安化神湾胡氏九修族谱》卷首一，1935年木活字本。李超平供稿。

安化龙氏族谱咸丰谱序

余既拜滇节，便道归里。龙子梧冈暨集安、秀华、养和、学魁、桂园、时化诸君，有序其族谱之请。余始以龙氏为邑中望族，文英武蔚，代不乏人，长波巨源，世为俗美，其为庞公硕儒、名臣节烈后也必矣。及考其世系，果出自东汉公述，历数十传，至宋评事公通方者，由茶陵入湘乡。又数十传而至雱公。雱公生五子，曰贵、道、兴、伯、仲，俱由湘乡迁安化，遂世为安化龙氏。东汉公讳述者，字伯高，京兆人，为山都长，建武中拜零陵太守，见于汉乘。马文渊尝称为长者，以端儒而为循吏，其有后也宜哉！余闻之龙氏居安化且数十世，即近代亦屡梓其谱牒。然统绪既远，星棋散布，干梧萌蘖，懿乎且众口以万计，户以千计，茔墓区落亦以数十计。其间经俦墨党，达者固多，即耕民、凿夫、良工、殖贾，不知凡几。美哉程子之言曰：庸无资财必守宗庙，庸无富贵必守册乘。然则龙氏族谱之举，其不容缓者，殆寓有微旨焉。

夫谱学，太史公谓殷以前不可考。自西汉至今日，凡有姓者，上至爵里，下及方技，捃摭杂遝，一笔之书。若吕氏则谱箓其戚属，卫氏则谱箓其功绩，王氏则谱箓其汤沐第宅，甚且石氏则谱箓其珍宝器服，霍氏则谱箓其仕历郡国，班氏则谱箓其经术词艺。是皆拘困私智，夸大自侈，而于伦常纲纪、昭穆长幼之节无与焉。至宋欧、苏两氏而谱学始正，然卒以据实纂集，朴质寡文，宗之者少。考《说文》曰：谱者，普也，布也，又属也。所以纪祖宗德泽、统代时日、后嗣贤否、闾里迁徙之书也。今之下夫陋子，栖居乡僻，一妇相偶，老死鳏独，井灶鳞促，木石块然。及溯其渊源，则不知祖祢为何人，郡国为何乡，宗族为何物者，不一而足。不几几乎苏氏所谓视一体如路人者耶？

即以龙氏论，以余足迹所至，于幽州龙氏祖龙敏、曲江龙氏祖龙韬、永新龙氏祖龙崇、赵州龙氏祖龙旌、柳州龙氏祖龙文光、万载龙氏祖龙德刚、仁寿龙氏祖龙昌期、会稽龙氏祖龙邱装，率皆庞公硕儒、名臣节烈之胄，寡者或数人，众者或数十百千万人。

然而一传再续，贤愚互见，颓振参半，业作趋执，树门立蹊，厮养徒隶，横悍自党。企往目来见，辄咄舌华宗贵胄，质性等同，而流习日下，败不旋踵，令有克子，罔所收救。何者？老成不能永相厥嗣，而志乘无以垂诸后裔也。况族之有谱，正无异国之有书，著谆劝犹之乎爵赏也，昭炯戒犹之乎刑罚也，严尊卑犹之乎等秩也，树支派犹之乎藩卫也，别同异犹之乎圉域疆画也。是以孔悝有彝鼎之文，陆机有祠堂之颂，颜平原有饬族之条，范仲淹有传衣之寝，贾希贤有秘阁之藏，士大夫兢兢风俗，提子命孙，谱牒一书，公之族姓。诚以户口既众，羁縻匪易，鄙夫不知家乘所系，谓徒以诩炫宗族，夸示阀阅，而默默置之者，盖亦诬矣。昔龙阿之守其部也，将战誓其子弟曰：强敌满城，兵红鼓鸣，头颈可断，吾心不分。卒以自固。此非其种类诚善，殆亦亲亲之谊使然也。曩者蜂蚁之流，四望窃发，挈厥昆季，扶乃妻孥，立竿号召，遂成枭张。土著之民，鲜识巨节，各州氏姓，寡少方略，间遇锋镝，势辄瓦解，东西跄踉，莫得故土。庶子无赖，或为寇仇，蹂躏内肆，骨肉相刃。夫亦曰四体百节之使，不仁而已，可不惧哉？是以龙氏诸子居兵争之世，惧丝繁之变，鉴前代之故，序庶生之徒，复为信规条者若干篇，记庐墓者若干篇，述遗宪者若干篇，总支属者若干篇。俾子孙以东汉公敦厚周谨，廉而有威，各自策励，亦可谓不遗其祖者矣。

呜呼盛哉！谱于咸丰元年进剞劂氏时，余以制居山中，知不事文墨。逮咸丰三年守长沙，军罢移镇荆襄，事竣过里门，而梧冈诸君怀其谱，丐一言冠其首。爰走笔为之序，以志予景仰之意云。

赐进士出身太子少保兵部尚书都察院右都御史提督军务兼理粮饷云贵总督前翰林院编修里人罗绕典苏溪甫序。

辑自龙劲初等纂修《安化龙氏泉公六修族谱》卷一，1942 年木活字本。李超平供稿。

黄氏族谱序

昔苏轼为侍从时，尝举黄庭坚自代，且称其瑰伟之文冠绝当世，孝友之行追配古人，想见前贤交谊未有不以敦本务实为先者。吾乡黄氏将续辑世系，乃以其旧谱见示。余阅之，则其先秉笔者若芹堂、碧泉、嗣玲、重贤、定超、重尧诸先生，皆先大夫旧交，且常称其内行诚笃者，宜黄氏之能保世滋大也。谨为序曰：

考黄氏为金天氏裔，《左氏传》称沈姒蓐黄，世守其祀。今光州定城西二十里有黄国故城，楚与国也。春秋时，卫有黄夷，晋有黄渊，皆以国为姓。他如汉之黄次公、黄文疆、黄世英世居江夏，而黄公覆为零陵人，黄道真为武陵人，则大湖南北称望族焉。至邓元亚《姓氏书》，载唐贞观所定江夏三姓、安南六姓、松阳三姓、东阳十一姓、濮阳五姓，皆以著望。《元和姓纂》复载江陵、晋安、洛阳三族，又唐时新望也。然则黄氏之显于海内，岂易悉数哉？

兹黄氏，旧谱原始于明嘉靖时西江临川之廷安、廷义、廷辅三公，则其近而可征者矣。余尝考诸史乘，若元之黄函翔居新建，黄仲先居临川，黄云、黄晖居金溪，黄止敬居临江，明之黄讷、黄见彩皆居德化，其时代居址未远，其行事皆彪炳宇宙，而谱俱未及，则前贤修辑之详慎可知。抑余又有疑焉。宋时尤重谱学，苏氏谱式迄今为后世法，而山谷与苏同时，集中未有著录，则其散见史乘诸姓氏失传者，可胜道哉？

夫自五代迄今，谱学之伪，率以牵引附会见长。其繁宗豪族，恃其子姓众多，自越礼法者，弊盖不胜言矣。今黄氏所辑，既无崇韬拜墓之讥，又免任棠拔薤之戒，且最重宗子法，其家规条约，至严至细，尤可与《袁氏世范》《颜氏家训》并传。则所谓孝友之行追配古人者，真不愧为庭坚世族，宜乎先大夫所亟称积庆久而流泽长也。是为序。

赐进士出身诰封资政大夫前翰林院编修兵部右侍郎都察院右副都御史巡抚湖北等处地方提督军务兼理粮饷加二级姻世侍罗绕典苏溪甫拜撰。

辑自清黄理中等主修《安化黄氏续修族谱》卷首，为清咸丰元年（1851）肇议续修时赠序，谱成于同治三年（1864）。黄能民提供书影。

安化黄氏四修族谱序

谱学莫盛于宋之欧、苏，而眉山苏氏父子，皆游欧阳氏之门，其谱式不同而意同，苏谱一欧谱也。余独怪老泉《谱引》，第详谱为苏氏作，而究不谓原本欧学者，何哉？世固未有悖睦衰而能笃于师弟友朋者，《周礼》九两之系，师以贤得民，宗以族得民，无二道也。

黄氏谱三十年一修，其秉笔于乾隆间者，为象山明经，先大父资政公业师也。续修则吾师陶爱夫子。其族望江夏，其始祖则迁自江右之禹钟公，而他略焉。夫黄氏自金天氏以来，世传有国，其故城在光州定城南。鲁僖公十二年国除为姓，汉丞相黄次公、太尉黄琼始著望江夏。观邓元亚《姓氏书》，若会稽之黄香、零陵之黄守亮、巴西之黄权，各著地望，不仅江夏一宗也。至《元和姓纂》，则以江陵、洛阳、晋安三族新望并称，似黄氏当谱者不仅江夏一宗。谱江夏者，又不仅江右始迁一系。而旧谱均未之及，亦眉山"亲尽则情尽"例也。象山明经博学工文，其庭训诗有"玉堂墨饱三秋赋，金粟香闻五字城"之句，用意深远，隐然为家门望焉。及余受业弗谖斋，见吾师日置族谱案端，凡丁有增减，随手记注，虽派别疏远，不忍视为涂人，宜其谱之详且慎也。吾族之谱，实创修于先大父，余与伯父筠园公两续之。今序黄氏谱，窃重有感于师弟渊源之谊，一若欧、苏之以谱学相承借者。而上下百数十年，诸先辈性情之敦庞淳厚，其教泽宏且远，其流风余韵犹能起数世后之子姓世讲之，俾蔼然秩然，咸相勉于孝弟，骎骎乎雍睦一堂焉。懿哉！一谱之所阙，非浅鲜也。

黄氏为吾里甲族，家范夙严而多义举。嘉庆庚午，陶爱夫子综修里中石桥，醵费四万金，而其宗人以五百金倡首。道光辛卯，岁大祲，邻境攘夺蜂起，黄氏拘族中无赖子重惩之，风顿息。迄己酉灾，复贷金济各房贫困。此皆风谊之最古者，因并记之，知黄氏之保世滋大，本源有自，不第谱学之能承先志已也。是为序。

咸丰壬子，年家眷世愚弟罗绕典苏溪氏拜撰。

辑自黄世霞等纂修《安化黄氏七修族谱》卷一，1942 年木活字本。李超平提供书影。

益阳刘氏族谱序

益阳十里刘氏，元太守伯河公之苗裔也，将辑其宗谱，邮书以序属余。盖其谱迄今三、四修矣，以族属无成议，爰就刘家村本支辑之，从其率也。余惟郑渔仲撰《氏族志》，凡得姓受氏者分三十二类，有以乡为氏者，有以地为氏者。族类蕃盛，则因其所居之地而呼之，居傅岩者为傅，徙稽山者为稽，守桥山者为桥是也。彤氏则因彤班之食于彤门，颍氏则因考叔之官于颍谷，而居禄里者即呼为禄里氏，居绮里者即呼为绮里氏。高人逸士，流风遗韵，亦往往因丘壑传焉。兹刘家村为刘氏祖居，其各自为宗也，亦固其所顾。或拟前与各房合，今又与各房分，似于敬宗收族之诚心，犹有所未尽。虽然，族姓历千万年亦繁盛矣。邓元亚作《姓氏书》，纪录刘氏凡数千余宗，自汉以下尤为详备，而独于陶唐氏之刘累缺焉，其他又何足论哉！即以刘累论，而御龙祖之，豕韦祖之，唐杜祖之，士氏、范氏又祖之，安见其合而不终分也？许叔重作《说文》，绝无刘氏，而其中浏、镏等字则备载之。然则三代以前彝鼎图书，其散佚多不可考，安在抱残守缺于山巅水浒间者，遂能举陶唐以后诸刘氏悉综括于方策中也？

夫族者，凑也，谓恩爱相流凑也，其疏且远者姑略焉。青杨白杨皆为何，道南道北皆为阮，亦宗族中盛事焉。至欧、苏遗法，或五世，或六世，惟取四世之亲而各为首尾，是尤恩谊之最笃，而刘氏所倚以为重者也。览斯谱者，盍以是求之？

辑自刘镇、刘人瑞主修，刘寿国等纂修《刘氏族志》卷十八，1918 年木活字本。

致陶澍

云汀先生大人钧座：

去岁两致芜缄，借呈藿悃。虽侧身冀北，无由坐领春风；而翘首天南，窃幸光依卿月。瓣香心祝，驰系为劳。比惟鸿猷懋著，燕誉荣施，凡大江东去沐浴恩波者，无不万口成碑，共铭德政。又值本年西成丰稔，秋泛安澜，福曜所临，不知沛几许。傅霖郁雨，旂常伟业，非蠡测所能悉也。典软红历碌，南北奔驰，去秋乞假归里，仰叨福荫，高堂健飦如常。两字平安，足纾锦注。缘敝处瘠田数亩，半厄阳侯，家计颇形竭蹶，不获挈眷入都。而长安日近，亲舍云遥，未免时增眷恋耳。前在邑城时，曾与令弟六先生面订，满拟一帆风便，道出姑苏，恭谒军门，一瞻光霁。而同行诸友，心慑风涛之险，不果于行。纳手扪心，祇呼员员。乃蒙琅缄远赉，绣服荣颁，宏奖后进之心，有加无已。唯是典材同樗散，供职迁愚，又不能励志读书，仰副栽培厚意，对使拜嘉，既感且愧。尤望乔晖所照，时赐矩训，委曲裁成。俾得景附青云，常知奋勉，是所切祷。时因羽便，缕布篆私。敬颂眷绥，附鸣谢悃，统惟蔼照不备。绕典谨启。八月朔日。

再禀者：□□□□难□借贷，旧存者只得一数，因商润芝兄，于执事存项中挪动二竿，以便赶紧赴任，现定期于十月廿日出京。执事冬底用项，敬恳宽为筹备，由贡差添寄，以补此项之缺。先未禀明，事殊孟浪，然仰惟平日栽培厚意，或尚可原恕也。到任后，当于明年□□□还。题图事，已交润芝矣。又及。

编者按：此信写于清道光十六年（1836）。原件藏益阳胡林翼博物馆，由赵建超供稿。

诗

王节母诗

棘心本无知，深感凯风凉。草心亦何知，欲报春晖长。草木无知解报本，爱亲况是孩提良。我从燕台负米归，邛崃恰遇回车王。剪灯为我悄然说，母氏贞心懔霜雪。饮冰茹蘗五十年，坐教苦节成甘节。天题今岁表幽芳，幸沐恩光来北阙。伊昔萱闱泪血枯，孑身哭夫难殉夫。下抚黄口一龄子，上侍白发高年姑。姑性严明子身弱，艰难百折形影孤。岂无葭莩亲，患难谁相扶。岂无姊娌行，析箸各为图。山庄寂处亲属隔，燕子孤飞将一雏。孤飞又怕巢难住，毁室鸱鸮良可惧。典钗买就先人庐，万事伤心向谁诉。雪霜历尽天回春，有子析薪能负薪。红窗万卷课儿读，绿野千顷教儿耕。荻灰画冷熊丸苦，深爱不惜加劳辛。十指操劳心亦困，母勤为补儿迟钝。世纷易扰业易荒，莫使光阴抛径寸。只今八十身康强，载绩习勤师敬姜。贻孙兰砌发奇秀，翼子壁水腾英光。孝笋环生慈竹下，瑞芝绚烂贞松旁。甲子荣登四百九，门前绰楔镌龙章。湛露已看沾帝里，春酒绝胜跻高堂。我生九龄苦失怙，频年奔走长安市。椿庭远望怅云飞，莫获承颜奉甘旨。羡君镇日舞莱衣，不学王尊叱驭归。愿补白华一章志孝养，愿书彤史一卷扬芳徽。

辑自清邱育泉修、何才焕等纂（同治）《安化县志》卷二十九，清同治十一年（1872）刻本。王节母，即安化县归化乡王育庶之妻吴氏，清嘉庆、道光间人。

祝陈上赐先生暨配王安人六旬双寿

浑朴遗规守太邱，花甲璀璨鹤添筹。文通武达贻谋远，让水廉泉厚泽流。陆地乔松原洒落，晚年梁孟自优游。漫疑百里占星聚，德曜还兼寿曜留。

辑自陈道江等修《湘南陈氏四修族谱》卷四十七，1932年木活字本。李超平供稿。

钟太君七十寿诗 南亭公配

桃开度索影芬芳，海屋筹添日正长。束雅升歌兰佐膳，莱衣轩舞笏盈床。绛都仙子陈麟脯，翠水神人佩虎章。难得大罗传韵事，同时腰笛谱霓裳。

辑自曾廉主修《太平曾氏六修族谱》卷百四十四，1924年木活字本。李超平供稿。

唐文思先生安国公七秩寿诗

我闻周兴时，昭陵方建国。列爵封亲藩，康公于此宅。周德虽久衰，醇风尚未歇。至今三千载，常被名贤泽。间尝览近郊，新田护其北。中有隐君子，名藏国子籍。孝友无间言，处世多潜德。耆艾守天和，不被群言惑。芳声播乡间，里党竞腾说。会当隆弓旌，永作邦家则。

辑自唐显尧等主修《新化唐氏合修通谱》卷首，1934 年木活字本。李超平供稿。

游半山岩片石庵

纡回山径上层岩，天气清和称短衫。悬磴坐看红日上，扃门时有白云缄。知谁学道丹炉在，惜少摩崖大字嵌。归去吸潮岩下过，江光吞尽口犹馋。

半椽古刹俯溪流，峭壁横窗望里收。出寺钟声惊野鹊，过桥人影散江鸥。吟魂只为焚香净，禅性谁参入定幽。知有茅仙风骨在，十年相约到瀛洲。

辑自新邵县白云诗社编《新邵古今诗联选》，中国文化出版社，2004 年，第 52 页。邹子均供稿。片石庵位于湖南省新邵县严塘镇白水洞。

题振轩公像

仙李蟠根积庆长，巍然独数鲁灵光。商芝撷秀增遐寿，燕桂经秋发异香。特建虹腰怜病涉，常留碑口颂余芳。买丝待绣平原像，快睹庚星作作芒。

题盛朝公德配节孝陶孺人像

歌残黄鹄泪滂沱，太息流光等逝波。慈竹荫成甘节吉，妙莲花发苦心多。眼看旋马新门第，指顾飞龙化织梭。最喜孙枝栽粤岭，恩纶叠次锡銮坡。

图成遗像倩龙眠，一幅慈云望蔼然。绣阁清风怀栗里，兰阶雅望重平泉。传家楼积盈庄墨，种德村留续命田。莫讶郝钟规范杳，婺星光尚照南天。

以上二题三诗，辑自李凝绩等修《安化长乐李氏四修族谱》卷首，1916 年铅活字本。李超平供稿。

203

奉题周母龙太安人玉照

紫云崒崔，蓝水澄泓。坤灵毓秀，人瑞斯钟。懿哉寿母，上寿百龄。黄发儿齿，眉庞貌丰。饴含似马，尊棒皆龙。眼观五代，斑彩重重。康强逢吉，其乐融融。天题宠渥，德邵遇隆。增光内史，传之无穷。

辑自周桢士等纂修《安化周氏三甲四修族谱》卷一，1930 年木活字本。李广供稿。

题竹村先生小照

东西陆机廨，大小何点山。元方幸有弟，济美称二难。花萼相辉苦不易，每谈棠棣生长叹。士行先生八州督，破壁龙飞云竟逐。长沙之勋照天地，江上春风锁茅屋。许武欲成诸弟名，能事不嫌相迫促。贻书嘱葺先生庐，早有天题照空谷。宫墙缭绕垩涂丹，江树周遭烟锁绿。我来敬蘂后山香，梓里前贤快瞻瞩。濑江握手喜逢君，把酒剧谈频剪烛。披图忽讶君貌殊，往日丰颐今太瘦。君言比岁苦劳心，足茧荒山红雨林。剜苔刻就祠堂记，借慰阿兄忠孝忱。吁嗟乎！子美吟诗瘦，玄宗揽镜癯，古人那惜千金躯。东坡漫笑食无肉，此中至乐清且腴。更当辛勤苦为分阴惜，会看弟昆接武翔天衢。

题湘畹先生玉照

一卷携来对茂林，喈喈雏凤有清音。石栏指点疏梧影，绳武还当日惜阴。

题小山一兄先生玉照

人生何必求仙学道日坐宏景楼，亦不必肘悬金印督八州。但得扶疏绕屋书满架，谈笑能轻万户侯。靖节先生独解此，潇洒柴桑称处士。晚归三径抚松菊，日课诸郎富文史。劳生万事苦营营，绝代高人宜尔尔。文采风流今尚存，披图乃见八柳子。绿阴伍五更参三，栗里烟光恍相似。君家俯瞰茱萸江，江边袅袅垂鹅黄。春风柳花糁作雪，夏日柳丝浓拂墙。敝庐不过蔽床席，中有数椽深柳堂。既寄南窗傲，还招北窗凉。读书何事求甚解，但取醰醰清味声琅琅。目极薛家凤，比翼争翱翔。手植王家槐，接叶垂芬芳。有时一曲赋招隐，万里腾骧云路长。那须更问是何世，此身早已游羲皇。有酒巾可漉，无弦琴自张。坐看十围大木凌青苍，会当补作八柳先生传，更赋拟陶诗百章。

以上三诗，辑自陶思曾等纂修《资江陶氏七续族谱》卷六，1939 年木活字本。李广供稿。

奉题鹤亭太封翁大人玉照暨德配吴太孺人遗照

仙鹤频添海屋筹，升平逸老自风流。雅言训俗直如矢，古道照人清若秋。卖杏林边时卧虎，种芝岭畔不扶鸠。纷纷刻鹄多成鹜，敦厚高风孰与俦。

神栖翠水弃潘舆，兰蕙清风尚穆如。黄卷仅留韦母幔，绿郊记挽少君车。草心长恋春晖永，萱背空存夏屋虚。独喜鸾封荣指顾，桂兰相继配金鱼。

奉题化池老伯大人玉照暨德配老蒋伯母孺人像赞

壮年挟策踏燕台，司马江山笔扫开。紫陌春深归骑返，黄花秋老称心裁。梦回池草诗吟谢，香馥阶兰彩戏莱。此日披图瞻道貌，鲁灵光殿郁崔嵬。

伯高敦厚古风存，快挹春风笑语温。阮籍诗坛雄北道，陶潜酒社结南村。高年合入耆英会，雅范长留通德门。指顾泥金传吉语，扶鸠拜荷九重恩。

论交久缔茅容友，拜母初登孙策堂。千载德留彤管记，一篇诗补白华章。寿萱花好秋容淡，慈竹林深春日长。载展琛图瞻懿范，天边宝婺正腾光。

三径清风今尚存，和光蔼蔼色尤温。潘舆养志情先洽，韦幔传经道益尊。化俗芳型勤且俭，闲家懿训义兼恩。金花有诰从天锡，寸草光常恋晓暾。

恭赞类占老先生

卓卓乎鸿轩鹤立，恂恂乎玉润珠圆。学富则胸罗锦绣，才敏则纸落云烟。吁嗟乎！书满架，业连阡，信能裕后而光前。何所举似，人曰山中宰相，我云陆地神仙。

以上三题七诗，辑自龙劲初等纂修《安化龙氏泉公六修族谱》卷一，1942年木活字本。李广供稿。

云峰张老先生讳裔崇遗像诗

经籍研穷日醉心，孔颜真乐恰幽寻。闲情自适烟霞趣，余韵常存翰墨林。凤阙綍纶褒宿学，鲤庭桃李护新阴。虎贲漫取中郎貌，世德犹留教泽深。

恭赠大盛公张年翁像赞

道貌巍然乐事融，拥比终日坐春风。昌黎手障文澜阔，明道心传讲席崇。三径蓬蒿任岑寂，一庭桃李蔚葱茏。我来珂里瞻遗像，却羡吾乡拟郑公。

以上二诗，辑自张颂轩纂修《安化张氏四修族谱》，1944年木活字本。李广供稿。

音玉公讳禄玲赞

梅阁之英，葛天之民。治家以俭，律己以勤。惟耕与读，贻子若孙。宜子孙之，丕振家声。

衣谷公讳禄裕赞

具轩昂度，抱悱恻情。黔粥苏饿，僚丸解纷。迹潜农圃，行高士林。固宜祥麟威凤，佑启尔后昆。

立廷公讳禄班八旬寿旦寿诗

雅度推平叔，高年拟大椿。诗常编甲子，术不守庚申。古谊俗能化，坦怀人共亲。佛心亦仙骨，怀葛此遗风。

谁挽狂澜住，斯人乃庶几。闲持渭以钓，久息汉阴机。公恕物能化，宽仁世所稀。香山图画在，长愿奉清晖。

刘太安人禄班公配八旬双寿寿诗

鸿案优游八十年，璇闺真有地行仙。桑看白海计偕隐，梯步青云勖后贤。花底潘舆行缓缓，风前莱彩舞翩翩。登堂合作针神拜，宝月慈云望霭然。

老圃黄花晚节香，秋深连月舞霓裳。西池千载此嘉会，南极一星同寿昌。壁挂织梭龙自化，坞栽慈竹凤争翔。闲居已是神仙福，翠竹何须佩虎章。

以上四题六诗，辑自何伟臣等纂修《安化何氏三修族谱》卷一中，1930 年石印本。李超平供稿。

送瓜词

中秋月色最清佳，锣鼓喧阗笑语哗。番扮仙姬来送子，背篼兜个大南瓜。

宴陈瓜果待牵牛，水拍银盘倚画楼。近日瓜期交待缓，直移七夕到中秋。

箫鼓声喧近镜奁，月光斜透水晶帘。填街塞巷痴男女，纵是瓜田不避嫌。

金背虾蟆照碧空，嫦娥笑倚海云东。怜他世上无灵药，种子新方乞月宫。

贺客纷纷索喜茶，几时娇面靥桃花。痴心只把绵绵祝，知是甘瓜是苦瓜？

辑自顾久主编《黔南丛书》第十辑，贵州人民出版社，2010 年，第318 页，引清吴振棫《黔语》云："罗苏溪方伯喜作俳语，有《送瓜词》十章，录存其四。"又辑自王尧礼著《竹园集》，贵州人民出版社，2014 年，第20 页，引罗绕典《竹枝词》云："中秋月色最清佳，锣鼓喧阗笑语哗。番扮仙姬来送子，背篼兜个大南瓜。"伍成泉供稿。

答人问黔中土物，用放翁《戏咏乡里食物》韵

黔山郁郁丛蒿莱，土物佐堠充舆台。自经汉家采蒟酱，蒟子，如桑椹叶，可合槟榔食之，今龙里等处称为掬槟榔，似即此物。野芳一一搜琪瑰。草脚鸡㙡蚀寒雨，蕨拳龙爪撑恢台。土人呼蕨为龙爪菜。水槟榔嚼甜似蜜，水槟榔，形似栗，味甘脆。地萝葡奄酸于梅。地萝葡，味甘，微土腥味，奄之则酸。米熟天心穗可掬，天心米，红子累累，可作糖食。霜寒佛手拳难开。柑似佛手而不开，名蜜桶柑，出清镇。搅瓜下筋散香雪，瓜如瓠，以箸搅之成丝。谏笋走鞭惊冻雷。即苦笋，见陆诗。莲花细剥回子白，莲花白菜，一名回回白。刺藜争咤竿儿醅。刺藜，一名送春归，实可酿酒，黔俗有竿儿酒。虾蟆兜向药笼贮，车前子，俗称为虾蟆兜，叶亦掇以为菜。鱼鳅菜借砂锅煨。泥鳅菜，叶细，可食。罗鬼新蔬杂芝菌，罗鬼菜出苗洞。姨妈嫩薇供嘲哈。嫩叶如荷包牡丹，可食，名姨妈菜。蛮乡久住识风物，忠果淡咀甘初回。

黔岭梯田污且莱，蛮花如绣标重台。野蔬充膳不胜采，一诗难括千琼瑰。降真之香拟赤铁，降真香即紫藤香，茎赤如铁，其花可食，出贵阳。长寿之草宜黄台。草出广顺，食之多寿。银丝结网北山蕨，遵义蕨粉，漉如鱼网。丹液落皑南村梅。黔中杨梅作膏。斤斗香芹叶寸切，芹之短者，俗呼为斤斗芹。棉花嫩菜枝纷开。棉花菜，如鼠耳，亦名巴巴筋。观音莲蕊滴甘露，观音莲，根可作葅。罗汉竹笋抽新雷。罗汉竹出罗斛州。箐鸡澹白深避缴，箐鸡出水西，高数尺，见人即避。女酒浅红新酸醅。苗俗，生女埋酒山中，色红始用。四腮鱼向玉屏钓，玉屏出鲈鱼，亦四腮。九香虫许金炉煨。九香虫出毕节，微火炒熟，服之身轻。豪彘抽簪大可骇，彘出大定山中，刺可为簪。狗鱼掉尾真堪哈。狗鱼即人首鱼，能上树。圆蛇孝兽数珍怪，宛炼云母从方回。圆蛇出古州，孝兽出思南之甑峰。

辑自顾久主编《黔南丛书》第十辑，贵州人民出版社，2010 年，第 323—324 页。伍成泉供稿。

题周渔璜宫詹《桐野书屋图》

康熙朝视学浙江，复奉命祭禹陵及明孝陵，阅兵江南。方文輴先生，其门下士也。图为京江张素存相国题额，携李沈宏图，百余年物也。

国初诸老盛风雅，黔南首推桐野翁。英年射策才第一，殿上作赋声摩空。是时海内重经术，皇华四牡光熊熊。东南半壁山水窟，天假绛节收豪雄。遂梯茅山瞰禹井，海气江声荡文轸。龙化梅梁湖水荒，鸟营会计泉台冷。砭石亭前问禹功，怒涛尚锁支祁颈。回首钟山霸气销，诸陵石马风萧萧。金牌鹿蚀长生字，瓦殿鲸铿墓夜潮。吊古长吁心独永，三尺腰横电光炯。破碎金瓯往事非，剩水残山谁管领。归来虎帐握牙璋，天语传宣气奋扬。凫藻声和令如水，八十七营亲颔颅。乃知真气贯胸臆，武达文通并奇特。丹青傥许画凌烟，褒鄂犹当借颜色。挹来偶展桐野图，书生骨相何清臞。水光树影伴岑寂，面目严冷神恬愉。京江老人首题品，画笔萧疏携李沈。冷然洗我心头热，愿向桐阴借高枕。

原载（道光）《贵阳府志余编·文征（十八）》，辑自清周起渭著《桐野诗集》附录，贵州人民出版社，1999 年，第 530 页。伍成泉供稿。

咏周渔璜宫詹《西崦春耕图》后

绿柳拂烟霄，桃花满洲渚。布谷催春耕，新晴歇秧雨。奚奴
饷耕携酒脯，画意依稀少陵杜。谁欤画者鸿胪禹，桐野先生乃田
父。我闻先生天挺豪，手综文阵兼戎韬。底事长镵白木柄，蕉衫
芒履耽频劳。冰衔尚署周太史，身在东华软红里。岂厌簪组太喧
嚣，要借田园相料理。君不见渊明五斗懒折腰，归来植杖耘东皋。
又不见东坡先生携大瓢，千年春梦等覆蕉。达人万事脱尘鞅，蓬
庐戢影真超超。我谓画家画心非画状，浩浩天机司意匠。蓬瀛天
上列仙图，丘壑胸中耕者相。不然捷径觅终老，充隐何能洗凡障。
我以披图发浩歌，故山桃李春风多。高堂取足具菽水，愿典朝衣
披绿蓑。

原载（道光）《贵阳府志余编·文征（十八）》，辑自清周起渭著《桐野诗集》附
录，贵州人民出版社，1999年，第531页。伍成泉供稿。

庚寅秋入白云寺奉佛，柬士、定智两僧
赠以诗，依原韵次和（九首录三）

偶为看山入鸽林，云堂夜静月初临。羡君妙笔同怀素，引我
忘机学汉阴。四面好山环佛髻，一溪寒水照禅心。蒲团棐几多清
课，阅罢金经抚素琴。

三生慧业极相关，偶谒蜂台万虑删。无事社堪邀慧远，有情

涕为拾寒山。读君翰墨缘常结，愧我轮蹄迹未闲。吟罢新诗愿呈佛，如来应不笑疏顽。

情禅味共清幽满，月树何劳斧更修。好为寻梅随铁獭，不须入海觅泥牛。胸中丘壑空千古，笔底烟涛壮九秋。最羡在山泉不滓，一泓明澈到源头。

辑自张湘涛主编《长沙名胜诗词选》，岳麓书社，2014 年，第 483 页。伍成泉供稿。

斑管次韵

妙制传从楚水滨，枝枝宝相最圆匀。湘灵幽怨情无限，梁苑文章价有真。玉筋千行江上杳，琪花五色梦中新。尧天雨露滋培久，握管犹存太古春。月印湘天影二分，苍梧环佩隔烟云。水中瑶瑟传遗憾，枝上苔花认旧纹。怀古深情寄三楚，论文遗兴扫千军。平生翰墨因缘在，不俗惟应共此君。一片红冰染绿筠，依稀犹似翠眉颦。含情帝子留陈迹，阿冻宫娥认后身。洗墨定烦王内史，簪花应伴卫夫人。凤楼结构须劳汝，三径曾依屈宋邻。斑驳浑疑柳汁融，琅玕节节抱玲珑。唬烟泣露情如见，镂月裁云兴自同。鹦鸹眼中青照影，鹧鸪声里绿成丛。吟余好借生花管，轻扣瑶琴问舜风。

原载（光绪）《宁远县志》卷三《赋役·物产》，辑自万里、刘范弟辑校《舜帝历史文献选编》，湖南大学出版社，2011 年，第 927—928 页。伍成泉供稿。按：（光绪）《宁远县志》此诗无诗题，1942 年《宁远县志》卷二十二《文摭下》收此诗，题作《斑管次韵》。

洗耳泉

昨望九箕山，苍苍烟雾里。闲访巢父踪，或是旧乡里。今晨见穿碑，云此耳曾洗。伊昔戴尧天，明廷歌喜起。父傥能总师，勋华应媲美。胡为藐黄屋，视若捐敝屣。甘偕鹿豕游，不共夔龙理。万事付东流，苍生究安恃。帝陛有笙镛，愿汝常提耳。无令照影时，赧然对清沚。

辑自孙奂仑、贺椿寿修（民国）《洪洞县志》卷十七，1916 年铅印本。

《书法花卉册页》题画诗（四首录二）

蔷薇几度花，人尚东山卧。浣露读新诗，闲中亦工课。

饮水得长生，爱香荣老同。富贵与神仙，都入黄花谱。

辑自马天云著《贵州中国画·花鸟卷》，贵州人民出版社，2018 年，第 103 页。伍成泉供稿。

题明莱州太守黎平朱万年重见守御图

芙蓉岛外天如黑，凌河城毁烽烟塞。吴桥夜半霣妖星，辽卒十千皆蚁贼。浮脂未饱武昌鱼，战血先飞莱子国。伟哉朱太守，丹青照颜色。赤手障孤城，雄心吞反侧。是时思陵运际阳九穷，塌天蔽日来群凶。中枢醉梦鼎足折，羽檄纷驰天耳聋。毛文龙死胜遗孽，磨牙吮血东山东。只见长城陨徐勋，北楼悲谢公。隧道穿埔九幽黑，炮车列炬千山红。点军枉纵曲端鸽，系帛莫归苏武鸿。壮士谯楼夜挥涕，望援援绝终何济。岂无申包胥，痛哭唇空敝。岂无南霁云，断指声空厉。六军怯退任翱翔，万颈倒悬终待毙。忽闻贼骑渐移营，魏绛和戎事竟成。戈藏兔窟险难测，诏捧龙亭诺转轻。太守请行目眦裂，谯议不隳剿谁决。请剑难诛佞悻头，绝缨权掉常山舌。秋阴惨澹秋风腥，刁斗不闻闻哭声。计驱枭獍出狐穴，手诏雷霆烬蚁城。英魂上诉彻天听，三路兵驱旗正正。貔貅迅扫地轴平，箕尾上乘天宇净。吁嗟乎！太守死，莱城生，谁翻败局维神京。太守祠，明社屋，谁破金瓯如转毂。贰臣余焰荡寒烟，一代孤忠光汗竹。画壁犹存守御图，褒忠莫罄归围录。七月七日箫鼓鸣，莱城士女拜城闉。二百年来感遗爱，丝绣平原无限情。公灵仿佛知未远，旌旗影照天船横。愿留一臂撑鳌极，长挽银河洗甲兵。

辑自黎平县县志编纂委员会办公室校注（光绪）《黎平府志》下册卷七（上）《人物志第七（上）》，方志出版社，2013年，第1919—1920页。伍成泉供稿。

诗四首

紫禁门外柳如金，几日不来成绿荫。折取一枝城里去，教人知道已春深。

溶溶情港漾春晖，卢笋生时柳絮飞。还是江南好风景，桃花流水鳜鱼肥。

寄寓安全抱节君，与君相见合相亲。写真又是文夫子，我与忠莹作记人。

贪看翠盖引红装，不觉湖边一夜霜。传却天机云雾梦，看来霹震写秋光。

以上四诗，由罗绕典五世孙罗虞勋抄录，抄录时间为1987年8月。抄件原件藏安化县档案馆。

登东海云台山和陶文毅公原韵

排云直上数千级，划却苍梧剩此台。浩浩黄流自东去，峨峨丹峰记南来。袖中海气腾初日，足底潮声卷怒雷。回望齐州烟九点，葱葱郁郁亦佳哉。

瑶草奇花手自扪，笑看群岫列儿孙。天风缥缈闻仙乐，尘海苍茫洗积昏。直以随山看禹迹，漫夸碣石辟秦门。百川回障谈何易，始信磷嶒砥柱尊。

述初一赋记何年，石室仙人去杳然。蒸枣几曾花照水，熬波终古海为田。诘戎不待标铜柱，惩吏无劳问铁船。留取新诗续周雅，江淮千里待旬宣。

经营方号无遗算，赓颂皋夔有正声。驻马峰头新事句，刺船海上最移情。闻歌欲起蛟龙舞，学步终惭熊虎英。何日六鳌挥手策，扶桑濯足赋长征。

以上组诗四首，由安化罗蔗田抄录，抄录时间为 1987 年 8 月。抄件原件藏安化县档案馆。

赋得可以赋新诗 得"公"字

诗思来何处，银笺得句工。偶然幽兴属，便与古人同。小队逢严武，圆庵访己公。池边新草绿，江上晚霞红。修禊春方暮，挥弦曲未终。檐花催细雨，樽酒忆清风。罚岂依金谷，成应付竹筒。旧曾题咏处，珍重碧纱笼。

赋得寒梅著花未 得"知"字

花事经年别，江乡系寤思。名柯春意早，芳信故人知。试开犹未□，因何放较迟。平量风料峭，苦忆雪纷披。质想凌霜劲，姿宜带月窥。无言添瘦骨，有色到寒枝。东阁吟成后，西州望断时。窗前须护惜，莫遣笛轻吹。

以上二试帖诗，原附于《臣事君以忠》一文之后，似为罗绕典早年习作。此诗阙一字，疑为"著"。其后又有残句："瑞纪援神契，祥符卉物呈。经华春自放，得地顶常平。静影临珠水，灵光……"此三诗有原件，为罗绕典后裔所传承。罗德瓦供稿。

对联

邓母苏太孺人百龄大庆

上寿百龄，籍登金母；
同堂六代，彩舞莱衣。

辑自《宁益邓氏五修族谱》卷三，1928 年木活字本。

雨苍三兄先生七旬大庆

献策彤廷似赵洪祚；
爱育后进拟许文麻。

辑自何伟臣等纂修《安化何氏三修族谱》卷一下，1930 年石印本。李超平供稿。

题安化万龙山众善禅林寺

山外有溪横玉带；

门前无地不金沙。

此联由邹子均供稿。

少时参加龚姓祠祭对联

龙共龚，二月朋，龚姓祭先祖，谁肯待亲朋；
四维罗（羅），两夕多，罗汉请观音，客少主人多。

辑自邓建楚、唐海龙主编《傅治同的文学世界》，光明日报出版社，2016 年，第 144 页。伍成泉供稿。

题周李氏贞烈坊

无一面仍是所天，任瑶池吹折梵莲，誓随君子花香埋并蒂；
不二心自盟匪石，借玉剪摧残仙李，愿化女贞木缘结来生。

题宋徐氏节孝坊

六十年蔗境回甘，课哲嗣无恨零丁，科名传红杏词中，小宋还追大宋；

廿余龄兰陔致养，奉威姑居然孝子，文彩照玉华宫里，今徐更胜前徐。

以上二联，辑自何静梧主编、贵阳市志办《金筑丛书》编辑室编《贵州联语两种》，贵州教育出版社，1999年，第444页。伍成泉供稿。

八言行书联

红杏春风尚书丽藻；
黄花秋圃相国芳修。

辑自朱良津著《古黔墨韵——贵州书法文物阐释》，贵州人民出版社，2013年，第113页。伍成泉供稿。

题安顺崇真寺联

民登大愿船，待扫除戎马干戈，水月光澄佛海；
我识无遮境，好借此斋鱼粥鼓，嚣尘净洗蛮天。

辑自娄清、彭银、吴晓秋、郑远文著《贵州古代驿道线形文化遗产保护研究》，贵州科技出版社，2014年，第151页，又引（民国）《续修安顺府志》载罗绕典所书额云："最后则为玉皇阁，三层供玉皇，额曰'天威咫尺'，二层额曰'呼吸可通'，下一层供观音大士，额曰'俨然天竺'。"伍成泉供稿。

贵州藩署题联

门绕红栏，敢夸官贵施行马；
桥横绿水，预兆年丰聚众鱼。

云山纵目成千里；
晴雨关心百万家。

辑自向行端编著《黔联璀璨》，贵州人民出版社，2003 年，第 542—543 页。伍成泉供稿。

题阳明洞楹联

三载栖迟，洞古山深含至乐；
一宵觉悟，文经武纬是全才。

辑自安顺地区诗词楹联学会编《安顺名胜诗词楹联选》，贵州人民出版社，1996 年，第 141 页。伍成泉供稿。

题贵州修文阳明洞王文成公祠楹联

十三郡人文此为根本；
五百年道统得所师承。

辑自侯清泉编著《历代名人与贵州》，贵州人民出版社，2004 年，第 308 页。伍
成泉供稿。

玉溪通海秀山公园慈仁寺联

僧为帝，帝亦为僧，一再传，衣钵相缘，从头可溯；
叔负侄，侄不负叔，三百载，江山安在，到底是空。

辑自何歌劲著《建文帝之谜》，湖南人民出版社，2006 年，第 203 页。伍成泉供
稿。在玉溪通海秀山公园的慈仁寺内，至今还有明代建文帝和追随他流亡的几个大臣的
塑像。传说，建文帝曾来到通海秀山妙有阁住了一段时间。建文帝走后，通海人为了纪
念他，便把妙有阁改作了慈仁寺，并在寺中为他塑了帝王装束的坐像。慈仁寺的寺名是
由明代状元杨慎书写的，清代翰林罗绕典撰写了一副对联。

南昌湖南会馆题联

立功德言，有三不朽；

尚齿爵位，无一非尊。

辑自曾主陶著《湖南会馆往事》，岳麓书社，2015 年，第 182 页。

陕西湖广会馆宝善堂题联

话荆楚岁时，故乡风景他乡似；
聚长安车马，今雨情怀旧雨同。

辑自曾主陶著《湖南会馆往事》，岳麓书社，2015 年，第 186—187 页。

对联二副

薛行山茵，荷抽水盖；
琴号珠柱，书名玉抔。

春水半池梧叶雨；
秋风七夕藕花天。

以上二联，由罗绕典五世孙罗虞勋抄录，抄录时间为 1987 年 8 月。抄件原件藏安化县档案馆。

自嘲联

期穷形而尽相；
请息交以绝游。

赠某高僧

又续天童正脉，威扬刹海，锡振卢峰，杜斩群魔擎慧剑；
全提密印宗纲，德播寰区，杯浮沩水，重开五叶喷莲香。

以上二联，原稿无标题，标题为编者代拟。安化谢国平供稿。

赠象春公新居联

象符泰运人文起；
春怡华堂景福多。

此联由安化罗辉义供稿。

挽垂荣田氏

忆今春苦寝裁书，念公为先生至交，素性不阿，尚有芳型遗后辈；
怅去岁花桥对酒，嘱我代饥民请命，苍颜如梦，只留顾爱在乡间。

挽刘殿秋司训元配张

女史箴家室清芬，念舞勺童孙，阅二三年，萱背承欢，常亲爱日；
天台侣神仙眷属，怅凌云才子，仅廿六载，桃花同饭，已住蓬山。

挽姚训皆副贡 八月十六日

志目乃中眉，数十年桑砚磨穿，恐消沉剑气珠光，壮心耿耿；
转头皆是梦，三五夕桂轮圆后，忽归向琼楼玉宇，仙骨珊珊。

再挽姚训皆副榜

博浪椎困老英雄，忆往年剪烛夜郎，与我同心经百战；

长沙策竟淹才子，曾几日槐忙秋士，见君一面了三生。

挽杨兰圃

两月前祝与佛同生，弹指去来今，惜洛水五音，尚欠如来十岁；
八局后竟游仙小别，脱身劳病苦，胡烂柯七日，不闻王质重归。

附注云：四月八日寿筵，不久与客手谈，局终即逝，时年七十。

挽丁诵孙学使

簪笔侍三天，谪仙人秉节南来，似经万里夜郎，听莺小住；
锋车驰六月，选佛地乘云西去，空望千年华表，化鹤重归。

附注云：曾上书中允，奉使贵州，没于铜城府署。

挽王首翁

子舍传经，正负米南游，万里紫鸾承帝命；
辛楼闻笛，忽乘云西去，几时黄鹤返仙踪。

挽陈葆亭

徐孺归来，莫招旧雨联吟榻；
孔璋行矣，又送文星入夜台。

挽唐育庵

二千石未展鸿才，记金部含香，长我十年，领郡占西湖明月；
卅六湾仍寻鸥约，怅铜官逝水，住公五载，招魂添北渚悲风。

挽李石梧

边事近何如，恸射虎将军，怒空没羽；
主恩隆极矣，怜听莺好友，别忍吞声。

挽浮泥里克权禅师

问只履人归，是真是幻；

向众香国去，无灭无生。

挽陈年伯母

都讲胜宣文，看城南诗废蓼莪，绛纱弟子咸知孝；
大年几卫武，自堂北忧忘萱草，碧水湘娥早结邻。

挽鹿崖

皖公山万里云飞，侧闻绿草波平，慈母扶鸠送南浦；
夜郎城一宵春别，忽报碧桃花落，众仙迎鹤返西池。

挽张提军

四十年戎阃功高，数元老壮猷，剑血阵云留汗简；
八百里滇池梦远，叹将军大树，冰魂铁骨冷梅花。

附注云：滇人，告老居贵州，仙逝。

挽姨丈陈君语

千里难教魂梦到；
再生应结弟兄缘。

贺罗花城八十寿翁之子入武庠

小范胸藏甲兵十万；
大椿岁纪春秋八千。

以上十六联，由罗绕典五世孙罗虞勋抄录，抄录时间为 1987 年 8 月。抄件原件藏安化县档案馆。

题安化陶文毅公贤良祠

公业继长沙，曾记召对銮坡，询家世，奖忠勤，九陛追思，直轶八州都督；
吾庐依栗里，自续瓣香词馆，试蜀闱，陈晋梟，半生宦迹，宛披三径清芬。

附注云：宫太保陶文毅公，为绕典同里前辈，入词垣后，宦辙略同。迨公归道山，绕典于辛丑、甲辰两次入都，仰荷宣宗成皇帝温语垂询及公居后裔，嘉奖优渥，儒臣遇合之隆，从古罕有。谨撰一联，以志钦慕云尔。咸丰二年壬子春仲，馆晚生罗绕典谨书。

辑自陶思曾等纂修《资江陶氏七续族谱》卷十三，1939 年木活字本。李广供稿。

节母吴太孺人昌隆公配六旬大庆暨哲嗣鼎建泮游志喜

寿母赞鸿图，俾立室家，嫺宿流辉金屋润；
名才开峻业，此令兄弟，荆花吐秀玉阶新。

辑自何伟臣等纂修《安化何氏三修族谱》卷一下，1930 年石印本。李超平供稿。

赠钧台四兄

缀响兰深，缉言琼秘；
秉仁岳峻，动智渊明。

辑自郭开朗主编《湖南明清以来书画选集》，湖南美术出版社，2010 年，第 81 页。

失题（一）

静坐不虚兰室趣；

清游自带竹林风。

辑自李智勇、张国清编著《湖湘近现代名人书画》，湖南美术出版社，2012 年，第 76 页。

失题（二）

月静云闲，赋成招鹤；
霜寒雨快，书仿来禽。

辑自湖南图书馆编著《湖南图书馆馆藏字画选》，北京图书馆出版社，2004 年，第 83 页。

失题（三）

百里桃花开世界；
一窗松雪论天倪。

题大福坪石门村田则仕故居堂屋

陋室溯前徽，谈笑往来，拟昔人注经西蜀，抱膝南阳，草色苔痕，图书四壁吟宾客；

　　石门寻古道，窈深缭曲，卜此处捧日五云，擎天一柱，朝曦夕霭，林壑千岩汇洞庭。

田则仕，安化县大福坪石门村人，罗绕典之岳父。此联有原件图片。

应田开兰

石上苔藤堪入药；
门前百草可医人。

田开兰，罗绕典之妻。此联为田晓华书法作品。

受山老前辈大人五旬荣庆

鸾掖升华，春颂鹿毂；
鸿畴衍福，绩懋乌台。

以上四联，辑自原件，藏安化县大福镇罗绕典社区陈列室。

题梅城罗氏宗祠

族望重湘，南绪熊缵，理学一峰传旧德；
人才盛左，祥征虺梦，文章五色嗣先锋。

温怒云供稿。

题酉州罗氏宗祠

地近辰山，峰皆顾祖；
源探酉水，派尽朝宗。

黄正芳供稿。

附　录

曾主陶　等　辑佚　点校

清史列传·罗绕典传

罗绕典,湖南安化人,由拔贡生于道光六年朝考,以七品小京堂用,分户部。九年,成进士,改翰林院庶吉士。十二年,散馆授编修。十三年,大考二等,赏文绮。十四年,充顺天乡试同考官。十五年,充四川乡试正考官。十六年,授山西平阳府知府。十九年,迁陕西督粮道。二十年,署按察使。二十一年,升山西按察使,署布政使。二十三年,以朝审招册内范守仔一犯拟罪未当,下部议处。二十四年,升贵州布政使。二十八年,署巡抚。二十九年闰四月,擢湖北巡抚,十一月丁父忧。

咸丰二年五月服阕。时粤匪洪秀全等稔乱,命绕典偕钦差大臣赛尚阿、湖广总督程矞采,于湖南、广西接壤处办理防剿事务。八月,署江西巡抚,未赴任。适粤匪窜至湖南境,由郴州等处犯长沙省城,据妙高峰、鳌山庙一带。绕典潜毁其垒,贼稍却。寻复蜂至,势甚炽。奏入,谕绕典等激励绅民兵勇,尽力守护,毋稍疏虞。旋复授湖北巡抚,仍命俟长沙防务事竣,再赴新任。先是,绕典率兵勇出城攻击,屡有斩获。至是,贼于金鸡桥汔水道、南门汔地道为袭城计,又以大炮轰塌南门数垛,屡濒于危,俱经绕典等击退抢筑,并于城上另筑炮台,安放三千斤大炮为备,奏催各路援兵会剿。九月,我兵三路攻妙高峰等处,败之。嗣贼六七千人由妙高峰绕至浏阳门外扑城,提督向荣、总兵秦定三、候选知府江忠源分队迎剿。总兵和春等以一军横截之,贼不支。绕典等三面夹攻,贼死伤枕藉,余贼遁。忽又啸聚转战,我兵奋力合击,俘馘无算。奏入,谕曰:此次大加惩创,贼胆已落,恐复乘间逃窜,着罗绕典等乘此攻剿得手之时,激励将士,合力歼擒。初,绕典以省城东面一带最为要害,自城根至河岸,密布营垒,并乞长壕以堙之。向荣等扼贼河西去路，候补知府朱启仁、都司张国樑等扼南路浮桥，以阻贼援。叠次于妙高峰一带，捣其巢，贼坚匿不出。至是，南城西垛被贼地雷轰蛰四丈余，贼二三千人麇至。绕典豫调副将邓绍良率镇篁兵驻城策应，遂大呼跃出，手刃数贼，并戮其渠，兵勇乘势冲击，贼败退。城中即时抢筑，多乞壕沟为备，并饬城外各营叠攻贼巢，俾不得逼城侵扰，人心大定。寻地雷又发，离南城根丈许，土石迸起。贼误以为城陷，突出二三千人。和春等鏖战逾时，贼乃遁。十月，升云贵总督，未赴任。贼复穴地道，轰陷南城八丈余。檄副将瞿腾龙等堵击，殪扑城悍贼三百余。贼乘风雨夜渡西岸，由小路翻山四窜。我兵分途追截，戮其渠，长沙围解。奏入，谕曰：此次省城防守八十余日，内外夹攻，叠挫贼锋，保卫城垣，居民借得安堵，罗绕典着交部从优议叙。旋以贼窜陷岳州，绕典未与钦差大臣徐广缙等即时奏报，降三级留任。时湖北襄阳土匪乘机滋扰，绕典遵旨由长沙驰往剿办，悉擒获，置之法，地方肃清，下部议叙。

三年四月，命即赴云贵总督任。九月，以云南回匪数千人分据东川府之翠云寺、小雪山等处，檄总兵王国才进剿。回匪由柳树村出拒，兵勇击败之，追奔至翠云寺，捣其巢，歼毙无算。进逼小雪山搜剿，余匪震慑，赴营求抚。遂将首逆马二花及余党悉数擒获，其被胁民回万余人，均递回安抚，东川遂平。四年十月，以贵州桐梓县匪徒杨瀗等踞城滋扰，并分屯遵义府城外之雷台山等处，偕提督赵万春督师追剿，戮其渠，余匪溃。其由雷台山犯遵义府城之贼，亦经副将彭长春等击退。时绕典已感疾，谍知黄泥堡屯贼五六千人，即移师前进，斩擒多名。十一月卒于军。遗疏入，谕曰：云贵总督罗绕典，由翰林外任道府，洊擢封圻。前年逆匪滋扰长沙，特命驰往湖南帮办防剿，嗣后驻扎襄阳剿办土匪，一切悉臻妥协。朕以其扬历有年，实心任事，特授为云贵总督，倚畀方殷。见值黔匪不靖，督师进剿，方冀小丑荡平，苗疆绥定，兹闻溘逝，悼惜良深。着加恩照总督军营病故例赐恤，任内一切处分，悉予开复。应得恤典，该衙门查例具奏。伊子捐纳知府罗涛、罗勋，着俟服阕后交吏部带领引见。长孙罗清湜，赏给举人，一体会试，以示朕笃念荩臣至意。寻赐祭葬，赠太子少保衔，予谥文僖。

子涛，候选知府；勋，广东候补道。孙清湜，钦赐举人，恩荫以知县用。

辑自《清史列传》卷四十二，台湾中华书局，1962 年。

239

诰授光禄大夫太子少保兵部尚书云贵总督谥文僖罗绕典御祭文

朕惟威宣幕府，实资制阃之猷；任重封圻，允荷筹边之寄。惟成劳之丕著，宜褒宠之优加。式洁苾芬，用昭恩礼。尔原任云贵总督罗绕典，矢勤匪懈，奉职无愆。始入选于登瀛，兼持文柄；旋分符于典郡，洊陟监司。慎刑昭明允之称，敷政著旬宣之绩。屏藩无愧，节钺斯膺。曩以盗弄潢池，氛临湘浦。命参军幄，用张桴鼓之威；留镇雄关，顿扫萑苻之迹。克承恩于简畀，遂授节于边陲。际黔匪之未平，统元戎而进剿。方冀尽歼丑类，伟画攸资；何期遽遘沉疴，遗章入告。倦言荩悃，深切轸怀。饰终特沛以殊恩，懋赏更延于后嗣。於戏！念生前之扬历，爰沛丝纶；备身后之哀荣，载陈俎豆。尔灵不昧，庶克歆承。

辑自清罗亮杰等纂修《安化罗氏四修族谱》卷十一，清光绪十年（1884）木活字本。罗德瓦供稿。

（光绪）湖南通志·罗绕典传

罗绕典，字苏溪，道光己丑进士，选庶吉士，授编修，典四川乡试，授平阳府知府。平阳故多盗，狱讼繁兴，猾胥舞弄文法，恒私系讼者，绕典一绳以法，弊尽革，并清积案千余起。洪洞巨盗阑入陕、豫，计擒其魁敖油、王鳖等数十人斩之。擢陕西粮道，迁山西按察使。平反冤狱二百余案，而杜痣案尤难。初，痣与人斗，夜逃，俄有死尸暴于路，仅一足，痣母控县，坐斗者罪，绕典知其冤，遣役缉至山东磨坊获痣，冤乃白。迁贵州布政使。贵州地贫瘠，岁倚外省协济，绕典变通铅厂章程，清库款，务加节裁，顿增库储三十万，复置备荒谷五万石，发饷募民兵捕诛盗贼，下游苗为敛迹。迁湖北巡抚。却盐商规银数万两，释株连平民二千人，制炮船设兵巡缉重湖盗贼。以忧归。

服阕赴都，适粤寇事棘，奉旨办理湖南防务。时贼已踞道州，绕典议于省城南门外增筑土城，以陕兵厄守石马铺。会贼突至，歼陕兵，绕典遽入城闭关，与城中文武登陴固守。时守城兵少，绕典会同文武拊循激劝，不惜重赏，守者益力。各乡奸民群思劫掠，绕典令乡人练团御匪，格杀勿论，风顿息。贼据天心阁，新宁江忠源率师扼之，贼不能越，则日夜穴城，抵城根，绕典令预修月城，开内壕，缒健卒凿外壕，破其穴。贼轰城，城凡三圮，皆为我军所堵，城复完。贼计穷，夜火其营遁，长沙围解。绕典居围城八十余日，昼夜亲巡。

是月，奉总督云贵之命，旋以武昌沦陷，遏贼北窜，奉旨防荆、襄，遂驻襄阳。土寇郭大安、杨连科等窃发，擒二寇及余党千余人斩之。南北驿道通，赴云南。回逆马二花稳乱，负嶰死拒，以计夺隘入，回众惧，缚献二花，东川平。广西百色土寇犯境，击走之。绕典以滇兵弱，故简标兵四出，令结壮佼厂民暗为防护，回患稍衰。贵州逆民杨隆喜纠众围遵义府城，绕典率练勇攻破凤凰山、螺蛳山贼垒，斩馘数千，围立解。将督师进攻雷台山老巢，遽中风卒，年六十二，赠太子少保，予祭葬，谥文僖，遵义敕建专祠。

子焘，己酉拔贡，候选知府；勋，广东候补道，署盐运使司。孙清湜，赏举人，寻荫知县。

辑自清李瀚章等修、曾国荃等纂（光绪）《湖南通志》卷一百八十二，岳麓书社，2009 年。

（同治）安化县志·罗绕典传

罗绕典，字兰阶，号苏溪，归化乡浮泥里人。生而有文在手，曰"典"，其父光奕因以命名，"绕"，其派也。性恬澹，凝定不渝，尤耐勤苦。读书麓山十二年，岁两归省，去家三百里，徒步未尝命舆。道光乙酉，以选拔贡入都，授小京官，分户部河南司行走。戊子，举顺天乡试。己丑，成进士，选庶吉士，授编修。历充武英殿纂修、翻书房行走、奏办院事、功臣馆提调、顺天乡试同考官、四川乡试正考官。绕典自为童子时，业师黄嘉菊即以国器目之，学使汤金钊、侍郎吴文镕俱奇其才，谓异日必大用。丙申，简放山西平阳府知府。己亥，擢陕西粮道，三署按察使。辛丑，迁山西按察使，再署布政使。甲辰，迁贵州布政使，署巡抚。己酉，迁湖北巡抚。未几，以忧归。

咸丰二年，服阕北上。值广西寇事，湖督告警，文宗显皇帝命办湖南防务。驰抵长沙，贼陷道州已两月。集众议曰：贼久驻道州不动，乃探吾虚实，城内间作必多。今兵丁未集，急于南关外增筑土城，备外攻，内严街团，设栅阑，稽出入，断内应。不旬日，贼突至，陕兵扼守石马铺者惊溃，仓卒闭关。贼队云集，炮雨下，守陴者怯，立不定，令以布裹糠子，着无劲。城中兵不满二千，贼乘虚梯钩蚁附，昼夜仰攻不休。绕典与巡抚骆秉章穿行炮火中，督率堵御。继而兵亦劳伤，拊循而激以重赏，带伤者殊死战，劳极气益振。伪西王萧朝贵中炮死。倏贼炮碎城楼楹柱，提督鲍起豹惊仆，绕典谭笑自若，众心乃定。一日，贼冒死攻城，击杀千余，余贼数十人藏身门洞，锥凿城门，攻之不及，势甚危。绕典设霹雳桶坠下，数十人立毙，无一逃者。阅数日，镇算劲兵八百人至，其将邓绍良、瞿腾龙骁勇善战，绕典使驻城外击贼，日有斩获。旬余，伪太平王洪秀全大股至于天心阁外，据高阜筑垒，将环攻东北诸门。绕典令江忠源率所部力扼其地，与贼对垒。贼不能越，仅据西南一隅，于是贼渐蹙。暗掘地道，直抵城根，无虑数十。绕典修月城，开内壕，破其七八。令邓绍良、瞿腾龙入城为游兵，备缓急。侦知贼粮将尽，益调诸将，环贼为营，断接济，防遁逃。以龙飞塘为西窜要路，特檄秦定三选精兵五千扼之。贼于是益困。九月二十九日，魁星楼侧地雷发，城圮数丈。十月十八日夜五鼓，复发于魁星楼侧，塌城十余丈。皆经邓绍良、瞿腾龙先后抢获堵塞，杀贼亦多。贼至是技穷。总督徐广缙拥重兵驻湘潭，屡请其移营，不报。新抚张亮基惟以解围为计，暗调秦定三防城。十九日，贼探知，夜二鼓悄以浮桥渡湘，从龙回塘窜去。当是时，绕典居围城八十余日，每夜登城巡警达旦，日则督战驻扎，期于一鼓尽歼无遗种。乃以事权不一，贼已穷蹙，乘间而逃，心甚憾之。

是月，奉总督云贵之命，旋以武昌沦陷，天子虑贼北窜，檄选得力兵勇，防驻襄阳。时土匪郭大安、杨连科聚亡命，乘机肆掠楚、豫间。绕典至，散其胁从，探径道，出轻骑，禽二寇及其党千余人，悉斩之。粤贼闻郭、杨俱败死，知锋不可当，遂顺流东下，不敢窥伺荆、襄矣。绕典赴武昌，痛城陷殉难诸人，为文号泣以祭之，侍从将弁皆激奋。正拟具折誓灭此贼，会滇督吴文镕攻东川马二花不下，奉诏赴任。吴执手笑言曰："赏鉴在二十年前，何幸今乃代予，予知自此无南顾忧矣。"绕典察知二花负嵋死拒，不可攻。而按得其形势，以重兵临其前，张皇声威。别遣骁将率敢死士二百人，趋间道出其后，夺隘而入。回众骇惧，生献二花及酋长数十人，东川平。回民剽悍，滇兵脆弱莫能制，乃简标兵及地方健捷者百余人，令总兵王国材带领，日亲训练，皆精锐无匹。有事争先陷阵，诸兵继之，脆弱者亦劲。回惧，而患遂衰。四年春，广西百色土寇窜滇，击走之。杨隆喜者，贵州桐梓革役也，纠众倡乱，劫县署，连陷仁怀诸县，围遵义府城，扼要抗拒。巡抚、提督集兵二万余，不能进。绕典提兵进剿，破城南北凤凰山、螺丝山各贼垒，斩馘数千，围立解。复部署诸军攻贼雷台山老巢，诸军畏缩，而所训练精兵，先为湖督吴文镕调去，绕典愤甚，惟率标兵千五百人移驻山下，誓次日进攻，为诸军先。日甫入，大星从西南坠下，殷殷有声，其光如电。顷之，身不能怿。扶坐，几不能语，手书属军事。夜三鼓卒，时十一月四日也，年六十二。遗疏入，优诏悼恤，赠太子少保，予祭葬，谥曰文僖。孙清湜，赏给举人，一体会试，旋荫知县，世袭骑都尉。十一年六月，遵义府绅耆以绕典有督战功，呈请署抚何冠英奏，允于遵义地方建立专祠，慰忠魂、酬民望也。

绕典体貌丰硕，坐立如山，居官平旦即起，视事至日昃无倦容。初，出守平阳，平阳故大郡，狱繁多盗，豪吏猾胥舞文法，往往私系狱，而官不敢问。绕典一绳以法，陷诬立剖，经岁而积案千余宗悉清。洪洞有巨盗，横行劫掠，间阑入陕、豫，计禽其魁敖油、王鳌等数十人斩之，盗顿息。其陈枭山、陕也，平反冤狱二百余案。有杜姓民以足痣名杜痣小子，日与人斗，夜遂逃，次早闻人尸解，余一足暴于路。杜母控县，验足痣，坐斗者罪。绕典接篆，知事枉，缉查至山东磨坊，获小子，冤乃白。其开藩贵州也，陛见入都，当道言贵州旧有银矿，面奏开之，足以济用。

绕典谓与苗瑶争利，极陈得失，不可，乃止。既至，清查库款，节浮滥，变通铅厂章程，顿增库储三十万两，置备荒谷五万石，发饷募勇，捕诛盗贼，数月而苗不梗路，商旅通畅，贵州大治。其抚湖北也，抵任却盐商规银数万两，饬放株连平民二千余人。凤闻重湖为盗薮，制炮船，设兵巡防，商舶上下，一时颂肃清焉。

绕典自奉甚约，食不重味，宦游二十年，不受下僚馈遗，亦不献奉权贵。尝自言曰："吾一介不以与人，一介不以取诸人。"而于县置科举田，于房族置义谷，于里党给度岁钱米。己酉，湖南大饥，安化故有常平仓谷，令畏考成，执不肯发。绕典驰缄促之，曰："此何时，但速出谷，有诘责，我任之。"全活无算。解囊贷乡里，使自运给于家。设粥厂数月，费以万金计。其俭以养廉，义能济众，又如此。所著诗文集若干卷，详《艺文》。子二：涛，道光己酉拔贡，候选知府；勋，两广盐运使。

辑自清邱育泉修、何才焕等纂（同治）《安化县志》卷二十三，清同治十一年（1872）刻本。

罗文僖公别传

公讳绕典，字苏溪，安化人。生而有文在手，曰"典"，因名焉。道光五年拔贡，廷试除户部小京官。八年举顺天乡试，明年成进士，选庶吉士，授编修。十四年，分校顺天乡试，明年典试四川，皆得士。尤究心经世学。湖南瑶变，时成皇帝询军事，公图形势、厄塞以进，曹文正振镛言于上曰："有用才也。"未几，上书房员阙，上询于潘文恭世恩，举公及杜文正受田以对。上复以二人询王文恪鼎，鼎对曰："罗某良吏才也。"会召对，垂询良久，谕近臣曰："此人精神满腹，可外任。"

十六年，授平阳知府。郡故多盗，狱讼繁兴，猾胥舞文法，每私系讼者，恣鱼肉。公至，一绳以法，弊尽革，经年结积狱千余起。洪洞有巨盗，横行数百里，间阑入陕、豫为害，公计擒其魁敖由、王鳌等数十人斩之。十九年，擢陕西粮道，三署按察使。二十一年，迁山西按察使，再署布政使。二十四年，迁贵州布政使。黔地贫瘠，岁倚他省协济，恒苦不给。公变通盐厂章程，清库款，遇事裁节，增库贮三十万两，购备荒谷五万石。举胡公林翼守镇远，徐公兴煜牧黄平，发饷募民兵，令捕诛剧盗，下游苗皆敛迹，遂署巡抚。檄各镇协增缮炮械，无敢弗具，军政大修。二十九年，擢抚湖北，以忧归。

咸丰二年，服阕入都。适粤寇棘，遂奉办理湖南防务之命。公驰抵长沙，贼已陷道州，议增筑土城南关外，而以陕兵扼守石马铺。七月秒，贼从间道突至，陕兵惊溃，陕安镇总兵福诚公、潼关协副将尹公培立等死之。公方督筑土城，贼旗入市，始绕县西门入，闭城拒守。时承平久，人不知兵，城中仅川兵千，抚协二标兵并练勇不及千，公示以镇定。又数日，镇篁兵八百人至。公与巡抚骆公、布政使潘公拊循激励，不惜重金赏，于是川兵屯南城上者守益力，而镇篁将邓公绍良、朱公占鳌尤骁健，公令驻城外，分途鏖击，日有斩获，人心渐定。贼于天心阁外据高阜筑垒，将环攻东北门，会江公忠源帅所部力争其地，与贼对垒，击柝声相闻。贼仅踞西南隅，不能越攻，则壹意掘地道，直抵城根，无虑十数。公与新抚张公预修月城，凿内濠，并缒健卒出浚外濠，破隧道七八。又调邓公及瞿副将腾龙入城为游兵，备缓急。九月二十九日，地雷发魁星楼侧，十月十二日，发城外金鸡桥，十八夜，复发于魁星楼，城坏各十余丈，均为瞿、邓诸将所堵御。贼技穷食尽，十九日，自烧其营，縣浮桥渡湘西窜，长沙解严。方贼之骤至也，群不逞之徒，竟思倡劫掠，公驰示各州县，趣办团练，土匪起，格杀勿论，风顿息。

是月，擢云贵总督，旋以武、汉沦陷，奉诏防荆、襄。当是时，粤贼东下，所在土寇蜂起，三郡势岌岌，襄阳守至仰药死。公帅师驻襄，擒土寇郭大安、杨连科及其党千余人，悉斩之。荆、襄天下冲要，据江汉上游，可以制贼死命。自公督防，土寇不敢发，南北驿道始通。其后官军复武、汉，以二郡为根本，赖有此先着也。居亡何，署滇督吴文节攻东川逆回马二花不下，诏公赴任。公察知二花负嵋死拒，乃以重兵临其前，番休进击，别遣骁将率敢死士二百人走间道，击其后，夺隘入。回众骇惧，生献二花及酋长数十人，诛之，东川平。四年春，广西百色土寇窜滇，击走之。然滇兵脆弱，回民剽悍，相仇杀不止。公自拣标兵，教以坐作击刺法，密遣干弁四出，择厂民之壮狡者，募为牙兵。回知有备，不敢逞。杨隆喜者，贵州桐梓革役也，勾众劫县库作乱，连陷仁怀等县，围遵义府城，扼险拒官军。巡抚、提督集兵勇二万人援之，不能进。十月二十一日，公亲帅所练千五百人，攻城南北凤凰头、螺蛳山各贼隘，斩馘数千，围立解。贼退奔雷台山老巢，公督诸军进攻，方指画地势，失足而踣，遽中风不语。舁归，手书属军事，夜漏三下卒于军，时十一月四日也，年六十有二。遗疏上，优诏褒闵，照总督军营病故例议恤，赠太子少保，赐祭葬，予谥文僖。

公体丰硕，坐立如山，饮啖兼人，而自奉甚约。虽贵显，不异寒素。好恢谐，而胸有定见，胆勇尤过人。躬履行间，与士卒同苦乐。公卒后，遵义士民请建专祠祀公，当事以闻，诏曰可。著有诗文集数十卷。子焘，拔贡，候选知府；勋，广东候补道。孙清湜，赏知县。

赞曰：遵义，古播州，柳子厚谓非人所居者也。公以督部之尊，蒙犯霜露，以死勤事于此，其世祀也宜哉！公少读书岳麓，凡十二年，岁两归省，皆徒行，曰："吾以习劳也。"乌呼！公之自刻励久矣。同治戊辰，元度帅师平教匪，道遵义，始拜公祠。父老言及公，往往悲感流涕云。

辑自清李元度撰，王澧华点校《天岳山馆文钞·诗存》，岳麓书社，2009年，第249—251页。

谥文僖赠太子少保云贵总督罗绕典传

罗绕典，字兰阶，号苏溪，长沙安化人。生而有文在手，曰"典"，其父光奕因以命名，"绕"字其派也。道光五年，选拔贡生，廷试一等，以小京官分户部河南司行走。八年，举顺天乡试，联捷成进士，选庶吉士，散馆授编修。历充武英殿纂修、翻书房行走、奏办院事、功臣馆提调。十四年，顺天乡试同考官。十五年，四川乡试正主考。十六年，简放山西平阳府知府。十九年，擢陕西粮道，三署按察使。二十一年，迁山西按察使，再署布政使。二十四年，迁贵州布政使，署巡抚。二十九年，迁湖北巡抚，旋以忧归。咸丰二年，服阕入都，而广西寇事孔棘，遂有办理湖南防务之命。

初，绕典未遇时，为学使汤文端金钊所赏识，及居词馆，老宿皆器异之。湖南瑶变，成皇帝询军事，绕典图形势、扼塞以进。曹文正振镛言于上，谓非京秩才。他日，尚书房乏人，上询于潘文恭世恩，举绕典及杜文正受田以对。上复询二人于王文恪鼎，鼎谓绕典文学优，且良吏材。值召见清秘堂翰林，垂询良久，遂得外任平阳。平阳故大郡，盗贼滋多，狱讼繁兴，豪吏猾胥舞弄文法，常私系讼者，官不敢问。绕典一绳以法，弊以尽革，经岁而积案千余宗悉清。洪洞有巨盗，横行数百里，间阑入陕、豫，绕典计擒其魁敖油、王鳖等数十人斩之，盗风顿息。贵州地贫瘠，岁倚他省协济，恒苦不给。绕典变通铅厂章程，清查库款，务加裁节，顿增库储三十万两，复置备荒谷五万石。首举胡林翼守镇远，徐兴煜牧黄平，发饷募勇，令捕诛盗贼，数月而下游苗不梗路，商旅通畅。及署巡抚，檄各营增缮炮械，无弗完具。

绕典既奉命驰抵长沙，粤贼已由全州攻陷道州。绕典集众议于南关外，增筑土城，以陕兵扼守石马铺。贼久踞道州未动，陕兵意其尚远，壁垒未固。七月杪，贼突至，陕兵惊溃，陕安镇总兵福诚、潼关协副将尹培立、商州城守营游击马义、守备程大振等死之。绕典方督工土城，比贼旗入市，方绕西门入。闭关固守，贼炮雨集，守陴恇怯，令以糖裹布子，着无劲。而城内仅川兵千人，简阅抚、协标兵及召募勇丁亦不及千人。又数日，镇篁劲兵八百人至。绕典与巡抚骆秉章、藩司潘铎，拊循激劝，不惜重赏。于是川兵营南城上者守御益力，而镇篁将邓绍良、朱占鳌尤骁勇善战，绕典使驻城外纵击，日有斩获。时贼于天心阁外据高阜筑垒，势将环攻东北诸门，江忠源率所部力扼其地，与贼对垒。贼不能越，仅踞西南一隅。仰攻不利，则日夜暗掘地道，直抵城根，无虑十数。绕典与巡抚张亮基、藩司潘铎预修月城，开内壕，并缒健卒凿外壕，破其七八。又令瞿腾龙、邓绍良入城为游兵，备缓急。街石、木椟诸填塞之具，悉已运置。九月二十九日，魁星楼侧地雷发，城圮数丈，十月二十日复发于城外金鸡桥，十八日夜五鼓复发于魁星楼侧，城圮十余丈，皆经邓绍良、和春、瞿腾龙先后抢护堵塞，杀贼亦多。贼至是技穷，十九夜二鼓自火其营，从浮桥渡湘，西窜宁乡以去，省会围解。当是时，巡抚新旧践更，使相则赛尚阿、都统则开隆阿、总督则徐广缙驻湘潭，提督则向荣、鲍起豹，总兵十余，类多意见歧出。绕典和衷调剂其间，居围城八十余日，殚竭心力。至家，一仆几绝，自是有疾。方贼至时，乡村奸民群思倡为劫掠，绕典亟驰布示，谕令乡人团练御匪，格杀勿论，其风顿息，人尤德之。

是月，奉总督云贵之命，旋以武昌沦陷，诏防荆、襄。时二郡震动，土寇窃发，襄阳守至仰药死。绕典师驻襄阳，土寇郭大安、杨连科方聚亡命，恣劫楚、豫间。绕典散其徒党，侦其径路，出轻骑乘之，掩二寇及其党千余，悉斩之，南北驿道始通。会滇督吴文镕攻东川回马二花不下，绕典奉诏赴任，察知二花负嵎死拒，不可攻。即按得其形势，以重兵临其前，张皇声威，迭为攻击，而别遣骁将率敢死士二百人趋间道，疾击其后，夺隘以入。回众骇惧，生献二花及酋长数十人，东川平。四年春，击走广西百色土寇窜滇者。然滇兵脆弱，回民剽悍，时相仇杀。绕典自简标兵，教以技艺战阵，日申儆之。复密谕干弁四出，择厂民之壮佼者，要结为爪牙。回知有备，患稍衰息。杨隆喜者，贵州桐梓县革役。其服役时，勾结土匪，蠹害一邑，既被斥革，日思作乱。是年某月，纠众劫掠县署，连陷仁怀诸县，围遵义府城，扼险以拒官军。巡抚、提督集兵二万余，不能进。十月二十一日，绕典率所练千五百人，驰至城南北凤皇头、螺丝山各贼垒，斩馘数千，围立解。复部署诸军，亲督以攻贼雷台山老巢，失足坠石下，遽中风不语。舁归，手书属军事，夜三鼓卒，时十一月四日也，年六十有二。

遗疏入，优诏悼惜，着照总督军营病故例恤，赠太子少保，予祭葬，谥曰文僖。子于服阕后着来京，由部带领引见。孙清湜赏给举人，准一体会试，旋奉旨荫知县，仍准一体会试。十一年六月，遵义阖郡绅耆以绕典有运筹决策之功、躬亲督战之劳，追念荩臣，思崇禋祀，呈请署抚何冠英据情奏请于遵义地方建立专祠，得旨俞允。

绕典体貌丰硕，坐立如山，饮啖兼人，而自奉甚约，食不重味。虽至贵显，不异寒素。读书麓山十二年，岁两归觐，皆徒步以习劳也。所著有诗文集若干卷。子涛，道光己酉选拔贡生，候选知府；勋，广东候补道，加盐运使衔，署理广东盐运使。

辑自清罗亮杰等纂修《安化罗氏四修族谱》卷十一，清光绪十年（1884）木活字本。此文原出《湖南忠义录·殉劳》。罗德瓦供稿。

皇清诰授光禄大夫赠太子少保云贵总督
安化罗文僖公神道碑铭

云贵总督罗文僖公既葬之十年，两公子涛、勋以状属枢，曰："先公外碑缺弗具，吾侪小子非敢忘也，惧夫文之而或非其实也。今子先公年家子，其铭先公哉？"枢作而叹曰："世之表其先，不维其实，维其文之出于名贵人久矣。矧公之勋位，吾子不达人臆仕之求，而少贱如枢之是属，其尚实而忘势，贤于世之人不亦远哉！虽不文，不可以不成两君之美。"

谨按，公讳绕典，号苏溪，先世自江右迁浙东，再迁湖南，历宝庆、常德至于安化，遂为安化人。太公以上皆不仕，及公贵，三代赠如官。公始以道光五年拔贡生，朝考一等，河南清吏司，签分户部。中八年顺天举人，九年进士，馆选，授编修，分校北闱，典试四川。归，授山西平阳府知府。公体貌丰硕，饮啖兼人，而举止详华中度，开敏夙成。为文章，操笔立就。吏事尤精熟，不矜明而自察，不立异而自远。在翰林七年，歙县曹文正公、蒲城王文恪公亟称之。永州瑶叛，宣宗成皇帝询军事于湖南之官京师者，公刊图说进，上以是知其才。既又益闻诸大臣数言公，乃试之平阳。平阳剧郡，晋之故都在焉，犹有霸国之遗风。民习奸盗，而吏治隳坏，狱讼繁兴，豪胥猾役布满郡邑，专窟穴为大蠹，舞弄贼害，至私系讼者，官不能过问。公一绳之以法，察其恶尤著者逮治之，次闲勒而驱驾之，悉畏，谨用命，摘伏如神，弊以尽革。终日坐堂皇，研核决剖，饔飧不入私室。如是经岁，而积狱千余清。洪洞有巨盗，横行数百里，间及于陕、豫之郊，人无宁居。公廉得其魁敖油、王鳖等数十人，捕置之法，而十一州县之盗风息，邻省胥赖焉。守平阳两年有六月，省境有大狱，无远近大府必属公平治。中间凡一署太原府，奉檄三四走旁郡，名声益彰彻远闻。迁陕西粮道，累迁贵州布政使。鬼方苗地僻瘠，赋入微，岁倚他省协饷，不给，常匮而哗。镇远等府州顽苗，朋出屠掠，商旅断绝。公至，即清察库金，得耗羡四十万，别储之。裁节百务，变通铅厂章程，置备荒谷石五万。首举益阳胡文忠公守镇远，徐兴煜牧黄平，发饷募兵，令得专生杀，不一年而下游苗不梗路。贵州于是有储峙军政矣。

咸丰二年，以丁忧湖北巡抚服阕入都。会广西报贼警，文宗显皇帝亟命公帮办军务，驰抵湖南。洪秀全已据郴、桂，公则治防长沙。秋七月，伪西王萧朝贵突犯长沙，南门阓，公方躬督役筑土城南门外不辍，贼旗入市，始迁道西门入，与巡抚骆公秉章策城内兵不盈二千，坚陴死守。数日，镇箪将邓绍良、朱占鳌始以八百人至，颇骁悍，稍稍开城击贼。炮中萧朝贵，毙之，城中略定矣。未几，援师大集，守渐固。而贼亦大至，攻城转益力，连三月不休，至十月十九日解围去。当是时，湖南二帅、一总督、两巡抚、一都统、三四提督、十数总兵，各不相统，驰檄亦莫应，号令论议，乱如棼丝。又兵起未久，自文武官及乡党士大夫皆承平恬嬉之余，事后自叙功，则曰"吾守城守城"云云，其在当时，曰战曰守，茫然莫解。所谓即最号知兵若新宁江忠烈公，亦未若后之精深也。其次向忠武公老行伍，又被议褫职，愤激不驯。公立其间，虽苦心调停，卒无如诸将何。城外贼梯冲如风雨，炮石如尘沙，公使裂布裹糖着堞上，陴者始能立足。贼又为隧道十余，实火药崩城，成者三道。邓绍良、和春、瞿腾龙先后死战，塞其冲。而公所运街石、市樑预堆积城下，将士前拒，工匠后作，即崩即补砌完固，三崩三补。贼终不得逞，乃浮桥渡湘，自龙回潭西走宁乡，西岸虚无兵也，遂出临资，直下长江而去。公与围城，终始八十余日，身未尝即枕席。围解诣家，入门仆而绝，良久始苏，自是有疾，不复如常时强力云。

旋授云贵总督。适武昌陷，荆、襄大震，苍无居人，而土寇郭大安、杨连科乘机窃发，襄阳守仰药死。公复奉命防荆、襄，驻兵襄阳，擒二寇及徒党千人斩之，南北始通。滇回马二花叛东川，前总督攻之不下，上命公赴任。公察知二花据巢抗死，不可攻。辄按得其形势，授方略使大兵临其前，张声威叠连进战，而别遣心腹将敢死士二百趋间道，疾击其后，夺隘入。回众骇惧，生献二花及酋长数十。又击走广西百色土寇窜滇者，滇疆平。然滇兵终脆弱，而回民剽悍，汉回互相仇有年。公简标兵，教之技击、行阵，无日不亲讨阅而申儆之。密遣亲将四出，择厂民强有力者，深要结为爪牙。功未毕，贵州杨龙喜之难作，连陷仁怀、桐梓县，遂围遵义府。公即将所教兵千五百驰之遵义，甫至，即挥军击破城南北凤皇头、螺丝山、红花冈贼垒，馘数千级，围立解。公入城，部署诸军定，亲督队攻杨龙喜雷台山老巢，失足坠石下，遽中风不语。舆归，手书属军事，是夜三鼓薨于军。赠太子少保，谥文僖。

公为人和易，好谐而深自刻厉，坚凝有直节，忠孝出于天性。生五岁时，大母疾，乡父老强携观剧，公惘然独坐场中哭泣。父老惊问之，则答曰："母此时不知食否？"其幼而笃至如此。论事无上官、属僚，必与之嘲谑诙诡，天趣横溢，往往颠倒坐人。至于关系重巨，毅然正辞，权要无所避。其迁贵州布政使也，执政议开金矿平越州之黄港苗洞中，将以属公。公解山西按察使入觐，力陈苗洞大险，石户如线才通人，而苗守严，自古无官府及师旅入者，开矿利不可知，或启衅转益增费，且扰远民，持议不可，与执政喧争朝房中，不得，则拂袖径出。当是时，执政方隆赫有大力，能排摘倾陷人，人以是为公危，公恬若无觉。执政亦卒无所发怒公，第别使人开矿，竟不得入洞而止。自起家田间至为总督，食不重肉，衣敝不易。肄业岳麓书院，年中再归省家，足具舟舆，而公必负笈徒步，十二年如一。既膺官寄，益不肯一刻自暇逸，于国与民事心无不至。平阳故难于汲，公凿城北渠数十里，又浚城内故莲花池，跨石梁其上。贵州省城隘，米谷之市隔河在南城外，城中亦仅资一井汲。公曰："一旦有变，闭城绝食饮，人立死矣。"议广外城包河，及米谷市城中。巡抚忌之，阴使人沮其议。既贵州大乱，省会数危，士民始咨嗟，恨公议不行。而平阳民泛舟北渠，岁时游观于莲花之池，登石梁，俯清波，咏歌公德，至今不能忘焉。勋从侍贵州，公尝语曰："自吾少时，见天下士浅者治词赋，深者研经而已。今渐不然，所见佳士，大抵其气雄烈，喜谈天下事利病及山川要害，辄慷慨风生。士气与世风转移，天下其殆有事乎？"自是讨论戎政，汲汲惟恐弗详。嗟乎！公之识可谓见微，而公亦遂以兵事终矣。云贵自公死，乱遂不沮，以迄于今。

公生于乾隆五十八年十一月十二日，薨于咸丰四年十一月四日，享年六十有二。夫人田氏。二子，涛长，官候选知府；勋次之，广东候补道，记名盐运使，被议归。涛出长孙清湜，荫知县；勋出次孙佐清、佑清。以某年月日葬公于归化扶竹之原。铭曰：

梅山匝天，资江在中。古峒千年，其气郁蓬。是生达人，休我皇风。文毅陶先，踵继以公。茕茕我公，有显其光。结生二圣，勤施四方。夷妬之性，果达之政。大畅滇黔，扬风秦晋。瘴雨蛮烟，公则披之。猺村狗国，公亦縻之。阴阴桑梓，公护持之。大逵九达，清且夷之。播人告矣，雕戈耀矣。大星夜流，天子悼矣。约以褆躬，艾物则丰。冰山可触，和而不同。世谓公留，公胡遄终。应龙未灭，蒙舍继雄。东方虽平，南服阻风。孰起公灵，以竟公功。松柏丸丸，视此幽宫。

诰授通议大夫光禄寺卿候选知府赏戴花翎湘乡姻愚侄左枢顿首拜撰。

辑自清罗亮杰等纂修《安化罗氏四修族谱》卷十一，清光绪十年（1884）木活字本。罗德瓦供稿。

诰授光禄大夫兵部尚书都察院右都御史云贵总督赠太子少保谥文僖皇考苏溪府君行述

先公罗氏，先世自江右迁浙东，再迁至湖南，又再迁而定居于安化，实为我曾大父之世，大父及先公两世生焉。先公生而有文在其手，曰"典"，大父因以命之，上一字"绕"，族派名也。天性笃孝，大母温太夫人疾，乡父老或强携公观剧者，公辄坐场中泣。父老惊问之，答曰："母不知已食否？"时生甫五岁也。九岁，温太夫人薨，哀毁如成人。事继大母文太夫人，一如温太夫人。嘉庆十七年，始补博士弟子员。道光五年，登拔萃科，朝考一等，分户部河南司行走。中八年顺天乡试举人，联捷成进士，选庶吉士，散馆授编修。在翰林七年，历充武英殿纂修、翻书房行走、奏办院事、功臣馆提调。十四年，顺天乡试同考官。十五年，四川乡试正主考。十六年，补外授山西平阳府知府。平阳故大郡，领州县十一，而吏治隳坏，盗贼滋多，狱讼繁兴，积案千余起。豪吏猾胥，蠹居棋处，专舞弄文法，至私系讼者，官不敢过问。公一绳之以法，察其恶尤著者擒治之，稍差者闲勒而驱驾之，悉畏，谨用命，发奸摘伏，弊以尽矫。常终日坐堂皇，研核决剖，日结数案，饔飧皆不入私室。如是经岁，而积案清。洪洞县有巨盗，横行数百里，间及于陕、豫之郊，人无宁居。公廉得其魁敖油、王鳖等数十人，以计缚之，置于法，而盗风息，邻省胥赖焉。平阳城艰于汲，公凿城北渠数十里，又浚城内故莲花池，周袤亦数里，跨石梁其上，水饮不竭，民益利赖之。至今平阳民岁时游观，登石梁而俯清波，咏歌公德，不能忘公。守平阳凡三十阅月，大府倚如左右手，境内有大狱，无远近必属公平治。中间一署太原府，奉檄走旁郡者三四，能声益彰彻太行。十九年，迁陕西粮道，三署按察使。二十一年，迁山西按察使，再署布政使。二十四年，迁贵州布政使。当是时，初息海疆兵，与英夷议和定约，耗帑金巨万，而累年黄河决，工费频兴，国家府库空竭，度支无所出。执政议开金矿平越州之黄港苗洞中，是以迁公贵州。公入觐，以苗洞天险，石门一线才通人，而苗守严，亘古无官府及能以师旅入者，开矿利不可知，或启衅转益增费，且扰边民，因力陈不可，与执政喧争朝房中，不得，则拂袖径出。执政方赫奕有大力，能拔挤人，人以是为公危，公恬然不顾。执政亦卒无所发怒公，惟别使人开矿，竟不得入洞而止。公既至贵州，贵州故瘠区，岁倚他省济饷，或不能给，恒苦匮乏。公为变通铅厂章程，又清查库款，百务加裁节，顿余库储三十万金，复置备荒谷五万，贵州于是有积储矣。首举胡文忠公守镇远，徐兴煜牧黄平，发饷募勇丁，令得专生杀，不一年下游苗不梗路，商旅以畅。署巡抚，发令增缮各营炮械，无弗完具，贵州于是有军政矣。省城隘，米谷之市隔河在南城外，城中仅一龙井资汲水。公曰："一旦有变，闭城绝食饮，人立死矣。"议建月城南门外包河，及米谷市城中。而是时林文忠公督云贵，贵州事必谘公。巡抚以是忌之，阴使人阻其议。既而贵州大乱，省会数危，贵州人咨嗟恨公议不行焉。二十九年，迁湖北巡抚，旋以忧归。

咸丰二年，服阕入都。适广西军书报警，奉命治防湖南。公驰抵长沙，全州、道州相继陷矣。乡人留公保长沙，公以陕兵南守跳马涧，而筑土城于南门外。未就，七月贼突至，陕兵走，贼径进犯城，南门阖，公犹躬督役不辍，贼旗入市，始绕道西门入。而城内川兵才千人，所简阅抚、协标兵及召募勇丁亦不及千人。又数日，镇算劲旅八百人始至。公与巡抚亲拊循激劝，出重赏，将士亦感动奋兴。于是川兵营南城上者守御殊死力，而镇算将邓绍良、朱占鳌尤骁勇，昼则出队纵击，夜则登陴城守，日有斩获，城中人心小定矣。未几，使相赛尚阿公至，提督向忠武公至，都统开隆阿公至。未几，巡抚骆公秉章有解任之命，新巡抚张公亮基至，新钦差徐公广缙又至湘潭，而总督程公矞采驻衡州如故。湖南士大夫号知兵者江忠烈公最，亦自上游至，营于南城外。贼见援师日集，攻城益力，梯冲如风雨，枪炮如尘沙，城岌岌震摇。公使以布裹糖护于城上，弹子陷之则力微，陴者始能立足。贼又为隧道，实火药轰城，一崩数十百丈。而公先所运街石及市椽久堆积城下，使兵众拒于前，工匠作于后，随崩随补砌完善，三崩三补，贼卒不得逞。当是时，湖南有两钦差、一总督、一都统、两巡抚、两提督、七八总兵，各不相统，而湖南提督鲍公起豹尤寡合。公立身其间，左右调停，更甚难于御贼，所调发兵，往往不应。且兵事初兴，文武皆承平恬嬉之余，曰战曰守，茫然莫知所谓。唯向公老行伍，习军事。其次惟江公，然亦未若后之精熟也。援兵未集时，长沙危如累卵者二十余日。公乞师于程公，不至。既而公与诸公布画稍周备，惟剑家河无兵，又乞师于徐公。久之，许以三千人来，而假无营垒为词，公发兵五百人为筑垒，垒成三日，师犹不至。而贼走剑家河，渡湘水西窜矣。公在围城八十余日，未尝就枕席，心血困竭。围解至家，一仆几绝，自是有疾，不复如前强健矣。

十月，授云贵总督。十二月，复以武昌陷，奉命防荆、襄。公驻兵襄阳，襄阳土寇郭大安、杨连科聚亡命恣劫楚、豫间。公先计散其徒党，侦其径路，忽出轻骑乘之，擒二寇及余党千，尽斩之。方武昌之陷也，荆、襄大震，苍无居人，土寇乘机窃发，襄阳守至仰药死，非公至，南北几不通矣。会云贵总督吴文节公攻东川叛回马二花不下，上命公赴任。公至受事，察知二花据巢抗死，不可攻。即按得其形势，授方略使大兵临其前，张皇声威，叠连攻战，而别遣心腹潜将敢死二百人趋间道，疾击其后，夺隘入。回众骇惧，生献二花及酋长数十人，东川平。四年春，又击走广西百色土寇窜滇者。然滇兵终脆弱，不堪用，而回民剽悍，汉回相仇有年，蠢蠢几不可终日。公乃自简标兵，教以技艺、战阵，无日不亲讨阅而申儆之。复密遣亲将四出，择厂民强有力者，深要结为爪牙，回患不起。而贵州土寇杨龙喜之乱作，连陷桐梓、仁怀诸县，围遵义府。贵州巡抚、提督集兵二万余人，不能进。公即将所练兵千五百驰之遵义，至则挥军击破城南北凤皇头、螺丝山、红花冈各贼垒，斩馘数千，围立解。公部署诸军既定，亲督队攻杨龙喜雷台山老巢，失足坠石下，遂中风不语。舁归，手书属军事，三鼓薨于军。奉旨照总督军营病故例赐恤，赠太子少保，予谥文僖，谕赐祭葬。子服阕后，着来京由吏部带领引见。孙清湜，初赏给举人，准其一体会试，旋改荫知县。

公体貌丰硕精神，饮啖皆兼人，坐立如山岳，而为人和易平通。议论纵横，穿穴娓娓，动数千万言，杂以恢谐，天趣横溢。又或时不言，而他人问答纷纭中稍出冷语间之，无不倾其坐人。生平不即安逸，为秀才时，肄业岳麓书院十二年，年中一再归省家，足具舆马，而公必负笈徒步。人怪之，公曰："吾以习劳苦耳。"自起家田间至为总督，自奉未尝重肉，衣敝不易。常训涛等曰："俭非徒节费也，可以习苦矣。"为文章操笔立就，理道纯熟，词采蒨瞻。史事尤精敏，疏草必己以出，他人累牍不尽者，公数语了了如指掌。最先见赏于学使者汤文端公，其后歙县曹文正公、吴县潘文恭公、蒲城王文恪公尤亟称之。翰林归省日，会馆课，曹公谓人曰："罗翰林归，馆无赋也。"湖南瑶赵金龙畔，宣宗成皇帝询军事于湖南官京师者，公图其形势、厄塞以进。曹公言上，以为非京秩才。既而宣宗以上书房乏人，询于潘公，举公及杜文正公以对。上又询二人于王公，王公曰："罗某，非徒文学臣，且良吏也。"清秘堂召见，宣宗谘询甚悉，是以有平阳之命。文宗显皇帝既以南防委公至长沙，复奉上谕：贼如下岳州，窜湖北，则巡抚湖北；自醴陵，窜江西，则巡抚江西。长沙围甫解，即又命督云贵。呜呼！公受两朝圣人特达之知，至优极渥，日夜忧惧，惟恐有毛发之遗无以称上恩礼，事事勤身精思，穷力尽气而为之，故以过人之精神，仅止下寿。薨之时，书遗嘱犹谆谆以不能平贵州愧负朝廷，死不瞑目，盖忠孝皆出于天性，故终身事君，与幼之时事亲，至诚如一也。孰知朝廷之恩优于身后，且及其子孙而未已。而涛等不肖借余荫得官，不能毕犬马以报国家，慰先人于九原。呜呼！其无以为人也已。

公之为贵州布政使也，忽一日谓不肖勋曰："吾往见天下士，其浅者治词赋，深者研经而已。今渐不然，所见佳士，大抵其气雄烈，英华发露，喜谈天下事利病及山川要害，辄慷慨风生。士气与世风转移，天下其殆有事乎？"自是专讨论兵书，凡事之涉于戎政者，汲汲讲求之，惟恐弗详且悉云。

公生于乾隆五十八年十一月十二日，薨于咸丰四年十一月四日，享年六十有二。男涛、勋谨述。

辑自清罗亮杰等纂修《安化罗氏四修族谱》卷十一，清光绪十年（1884）木活字本。罗德瓦供稿。

（光绪）湖南通志·诏谕（二十篇）

咸丰二年八月初八日

谕曰：前已叠次降旨，令徐广缙驰往湖南，接受钦差大臣关防，督办军务，该大臣定已带兵兼程前往。本日复据罗绕典、鲍起豹、骆秉章驰奏，贼匪于七月二十八日由醴陵猝至省城，逼近南门，占踞妙高峰。经罗绕典等督率官兵登陴轰击，贼势稍却，复由大小西门至东南鳌山庙一带潜行分扰。虽省垣防守尚为严密，而兵力未免单弱。现已有旨，令赛尚阿统领大兵赴援，而衡州是否被贼围扑，亦尚未据奏报。朕南望焦灼，寝馈难安。该大臣何日由粤带兵起程，抵楚后应于何处要隘扎营，何处分兵截击，总期迅速援剿，万勿稍误事机。且贼自郴州北趋，越衡郡而径扑长沙，不顾我军之袭其后。若带兵大员调度得宜，贼之冒险深入，亦有孤注之势，大兵前后夹击，何难一鼓歼擒。但恐师老力疲，将士骄玩畏葸，致令贼氛日炽，坐失事机。军情变幻，旦夕不同，亦难遥度，想该大臣与朕同此焦思，定能权衡缓急，计出万全也。其两粤防堵事务，该大臣随时与叶名琛、劳崇光互相知照，并将楚中剿贼情形与确探贼踪所向，随时咨会。广东、广西或严守边界，或越境痛剿，妥筹办理为要。罗绕典等折，抄给阅看。

咸丰二年八月初八日

谕曰：罗绕典等奏粤匪窜逼省城，现筹防剿一折。道州逆匪纷窜，自攻陷郴州后，安仁、攸县相继失守。兹复由醴陵猝至长沙省城，逼近南门外妙高峰，分扰近城各处。似此猖獗，殊堪发指。大军现扎衡州，乃任听贼从间道直逼长沙，不派兵邀击，亦未能遽报近日攻剿情形，岂坐拥重兵，待贼自毙耶？现在罗绕典督饬四川、江西各营兵勇，登陴开放枪炮，轰击贼营，虽贼势稍退，并击毙多名，而大西门、小西门及东南鳌山庙等处，尚有贼匪分扰。省垣重地，岂可稍有疏虞，如衡郡刻下未被贼围，赛尚阿即带领大兵迅赴长沙一带，督饬镇将员弁，于城外水陆各要隘分路攻击。城内、城外合力兜剿，使贼匪腹背受敌，有进退维谷之势，何难聚而歼旃。更宜严拿奸细，多设侦探，不惟知彼知己，且内外声息相通，互资策应，则剿灭更易得手。惟贼情诡谲，难保不声东击西，明攻省城，暗遣伙党分投窜扰，或径窥岳州，或转掠衡州，亦不可不侦探的确，预为布置。并着程裔采督饬文武员弁，分路堵御，以绝其分扰之路，毋得坐镇郡城，一筹莫展。郴州失守后，迭陷各城，文武下落均未据赛尚阿等奏报，是否道路梗塞，文报不通，朕心甚为焦灼，着即查明据实具奏，毋稍延宕。

咸丰二年八月十一日

谕曰：前据罗绕典等奏，逆匪于七月二十八日由醴陵猝至省城，逼近南门，占踞妙高峰、鳌山庙一带分扰。当即谕令赛尚阿统领大兵，迅赴长沙应援，并谕徐广缙星速赴楚督剿。本日复据罗绕典、骆秉章、鲍起豹驰奏，该匪于二十九等日对城开放枪炮，均经我兵击退。该匪仍踞鳌山庙及马姓高屋，于墙隙开炮，伤我兵勇，经该抚等密挑劲兵，潜往放火，该匪纷纷逃散。现在大股继至，分扰城外各处等语。逆匪自窜踞郴州以后，胆敢绕越衡郡，直扑省垣。该大臣等若能迎头截击，何至令其肆行冲突？即使贼匪冒险深入，亦应迅速发兵救援，将现在攻剿情形详悉奏闻，何以半月以来并无奏章报到，殊出情理之外。赛尚阿、程矞采均着摘去顶带，拔去花翎，仍着赛尚阿统带官兵驰援长沙。徐广缙此时当已督带精兵行抵楚境，着即并力夹击，使贼匪进退无路，庶期一鼓成擒。湖北提督博勒恭武现在岳州防堵，亦着带兵前进，赶紧应援。罗绕典等务当激励兵勇绅民，尽力守护，毋稍疏虞。朕现复简派各省劲兵即日赴援，必当珍此丑类，拯我穷黎。赛尚阿统领全军，程矞采节制两湖，均属责无旁贷，倘再玩误失机，自问当得何罪？懔之！

咸丰二年八月十三日

谕曰：张亮基奏行抵湖南常德府，筹办堵剿一折。逆匪窜扑长沙省垣，经罗绕典、骆秉章、鲍起豹等协力防守，并经赛尚阿等督饬带兵镇将，迅速赴援。昨复令湖北提督博勒恭武，由岳州带兵接应。现在张亮基业已行抵常德府城，复调辰沅道所属土兵一千名、镇筸镇兵八百名，并前调之贵州兵一千名，合力进剿。着该抚即亲督将弁，与省城派出兵勇内外夹击，痛加剿洗。此时徐广缙计可抵楚，续调各省劲兵均可陆续驰到，足资攻剿。该抚等惟当同心戮力，迅珍妖氛，以绥疆圉。

咸丰二年八月十四日

谕曰：罗绕典、鲍起豹、骆秉章奏贼匪窜扑省城，兵勇迭获胜仗一折。逆匪自窜长沙以后，连日扑城。八月初四日，鲍起豹先饬川兵川勇下城攻击，毙贼多名，夺获枪炮、黄旗多件，生擒长发二贼。并善化县知县王葆生所募四川壮勇，协同营兵，出城杀贼无数，夺获器械甚多。该匪于金鸡桥开挖水道，亦被我兵用火药桶轰散。现据赛尚阿、程矞采已将派防安仁之河北镇所带河南官兵，凤凰厅同知贾亨晋所带留衡土兵，副将邓绍良所带楚兵，副将瞿腾龙所带土兵，并张亮基添调镇筸镇、辰沅道所属，暨贵州调到之兵，约计不下七八千名，分投赶赴省城，与长沙城内外现存兵勇合力夹攻，足资剿洗。该抚等惟当督饬所属官绅兵民，戮力同心，相机痛剿，不但城围立解，并可扫荡贼氛，勉之望之。

咸丰二年八月十七日

谕曰：罗绕典、鲍起豹、骆秉章奏援兵到省获胜，现筹防剿一折。逆匪自窜长沙，连日攻城，于南门开挖地道，经该抚等督饬兵勇烧其药桶，并将掘洞贼匪杀毙。署四川绥定营游击周兆熊、保安营都司蒋立勋等，直冲贼队，兵丁赵得华、高昂等，亦接踵扑入，跟追数里，约毙贼三四百名。八月初五日，该匪复用大炮对城轰击，势甚危急。适赛尚阿等所派副将邓绍良、游击朱占鳌等，统带援兵赶到，分路出队，奋勇跟追，共毙匪数十名，割获长发贼首级二颗、耳记十对，夺获旗帜、刀械数十件。现于城上另筑炮台，安放三千斤大炮，以备轰击，仍飞催未到各兵，即行会筹进剿等语。逆匪扑城，屡被官兵击退，其锋已挫。现在各路援兵云集，和春等大兵计亦不日可到，着罗绕典等迅即会合攻剿，并着张亮基督带所调官兵，速抵省城，内外夹攻，务将扑城各匪悉数歼除，毋稍观望延缓，致误事机。

咸丰二年八月十九日

谕曰：前据罗绕典等奏逆匪窜扑省城，当经降旨，令赛尚阿等飞催官兵星速救援，并令张亮基迅速赴省，相机痛剿。本日复据罗绕典、鲍起豹、骆秉章奏，连日进攻贼营，负固不出，现在碧湘街、鼓楼门、西湖桥、金鸡桥一带民房，均为贼踞，党羽甚夥；老龙潭、白沙井、履升典各处，均建高台，若安设大炮，则城中殊为可虑。计惟先毁炮台，继焚民房，使贼失所凭依，攻剿更易得手。自应如此办理。惟该逆诡诈多端，现虽踞巢不出，难保非阳围省城，阴图他窜，以为声东击西之计。抑或等候大伙匪众续到，再图攻扑，亦未可定。着罗绕典密派得力弁兵，详细侦探，应如何断其接应，防其逃窜，相机筹办，毋稍大意。赛尚阿等所派援兵，惟邓绍良已抵长沙，屡获胜仗。此外如副将瞿腾龙所带土兵，河北镇王家琳所带河南官兵，凤凰厅同知贾亨晋所带留衡土兵，现在是否均经到齐？衡州距长沙三百余里，何以派出带兵各员如此迁延，着赛尚阿等确切查明，倘系畏贼退缩，借词逗留，着一面奏闻，一面以军法从事，毋稍宽纵。张亮基职任封疆，责无旁贷，不特镇筸、辰沅等处官兵可供调遣，即钦差军营兵勇亦可咨调拨用，况衡州已派援兵。该抚自当前赴长沙，就近督率，若株守常德，又将调到各兵截留，省城设有疏虞，该抚岂能辞咎！着懔遵前旨，即带现调官兵星速赴援，内外夹击，迅扫贼氛而靖疆圉，毋负委任。至总兵福诚、副将尹培立等，前于长沙城外遇贼兵溃，该总兵等何以尚无下落？是否临阵退避？该抚等仍确查，据实参办。

咸丰二年八月二十三日

谕曰：赛尚阿、程矞采奏逆匪分窜长沙，省城内守外援，并督诸军分剿各匪一折。据称逆匪分股窜逼长沙，其郴州、永兴仍有贼首分踞。赛尚阿等以省垣紧急，先后派委和春及总兵王家琳、副将邓绍良、瞿腾龙，同知贾亨晋、侍卫开隆阿、副将巴图等，各带官兵，星驰赴援，分路抵省，与城内官兵合力攻剿，两次击败大股贼匪，省城居民商旅人等均资镇定。其郴州贼匪，先经和春督率各镇将连日攻击，歼擒无数，现移交总兵李瑞督率进剿。永兴贼匪，经常禄带兵轰击，焚夺贼营两处，歼获甚多，现在仍饬进攻等语。长沙被围，节经降旨令赛尚阿等赴援，昨又谕令张亮基由常德驰赴省垣。当此大兵云集，急宜内外夹击，着赛尚阿即驰赴省城，督率各路官兵，与罗绕典、鲍起豹、骆秉章等协同剿办，务期迅解省围，扫除群丑。向荣前因称病迁延，降旨革职发遣。兹据赛尚阿奏称，前经檄调向荣由粤赴楚，现已行抵衡州，饬令统兵即赴长沙应援。该革员此次遵调来楚，尚为迅速，暂缓发遣，即令统带四川、河南等处官兵，奋勉剿贼，戴罪图功，以观后效。其郴州、永兴等处贼匪，仍严饬带兵镇将分路攻剿，毋任窜逸。

咸丰二年八月二十九日

谕曰：罗绕典等奏连日攻剿城外贼营情形一折。览奏，均悉。长沙城外贼匪总计不过三四千人，我兵勇多至数倍，自应乘后队贼众未到以前，及早剿洗。据称该匪居高负固，砖墙林立，闻南门外妙高峰地势尚不甚高，民屋砖墙虽然坚固，岂能屹若城堞，难于攻破？初十、十一二等日接仗，仅止互相轰击，十三日分路进剿。河北镇王家琳督带弁兵，尚属勇往。而十五日和春等分两队攻打贼巢，自卯至午，仅十余炮打入墙内，兵勇之距墙甚远，发炮无准，已可概见。独委员江忠源管带楚勇，抢至墙边，其余将弁兵丁何不同时抢进？且贼营占地无多，我军宜水陆会合，四面环攻，同时并进，可期一鼓歼除，何得分日轮流出队，任令负嵎抗拒？总由官兵积久疲玩，不能并力向前。和春自统带诸军以来，惟事尾追，道州、郴州等处任贼冲突蹂躏，竟无与贼鏖战之时，贼窜后方始探闻，每隔数日，始拔营跟追。此次带兵援剿，若再不奋勉出力，致郴州、永兴大伙贼匪北窜，复行串合，自问当得何罪！现在向荣已到长沙，据称该员素悉贼情，着罗绕典、张亮基等即会同筹议，克日分派诸军会合进剿，务将城外屯踞贼匪全数歼擒，毋再迁延时日。赛尚阿、程矞采现在衡州，距攸县、安仁等处近在咫尺，岂得坐视贼匪窜越，务即遣派奇兵，从中路拦截，并饬常禄等迅速进兵夹击，使贼首尾不能兼顾，仍飞咨台湧、博勒恭武，于荆州、岳州水陆要隘及常德一带，严加堵截。其江西与湖南交界地方，一体飞饬严防，毋任窜扰。另片奏请于省城设立军需总局，着照所议办理，所有支放一切，即照程矞采所奏章程核实撙节，不准复蹈粤西前辙，致滋浮冒。又据蒋文庆奏安徽军饷运至湖南首站巴陵县交替等语。着该督抚等即派员拨兵，妥速迎提，慎重接护，毋稍疏失。蒋文庆奏片，抄给阅看。

咸丰二年九月初四日

谕曰：罗绕典等奏剿贼获胜情形一折。八月二十等日，官兵分三路进攻白沙井、妙高峰等处贼巢，毙贼四百余人。二十三日，复毙贼一百余人，斫获首级七颗，夺获大小黄旗、刀矛、鸟枪数十件，贼势屡经挫折。着各路带兵大员迅速围剿，毋任窜逸。所有中炮伤亡之贵州朗洞营参将任大贵，奋勇捐躯，殊堪悯恻，着部从优议恤。伤亡弁兵，查明照例请恤。该部知道。

咸丰二年九月十五日

谕曰：罗绕典等驰奏长沙兵勇大获胜仗一折。逆匪大股至省，欲肆攻扑，经罗绕典、张亮基、鲍起豹、骆秉章暨和春、向荣等预为准备。九月初二日卯刻，贼匪六七千人由妙高峰绕至浏阳门外校场，分三路进扑各营，经湖南官兵并广西候补县丞严正坼所带辰勇，凤凰厅同知贾亨晋所带土兵，陕西候补知府江忠源所带楚勇，出队迎击，秦定三复带贵州兵勇从中攻截，向荣选派精兵二百名，与开隆阿带领川兵缒城协剿，和春督率官弁兵勇驰至校场，开放枪炮，分投横截，立毙贼匪多名，该匪渐退。我军又三面夹击，奋勇直前，刀矛相接，该逆死伤枕藉，由校场东首分路奔窜。我兵紧追，贼忽总聚一处，转回抗拒，又经官兵截杀，败入贼巢。统计是日毙贼四五百名，砍获首级六十余颗，生擒十五名，夺获大小黄旗二十余面、刀矛军械百十余件。该逆自围省城以来，经此次大加惩创，贼胆已落，恐复乘间逃窜。着罗绕典、张亮基等乘此攻剿得手之时，激励将弁，合力歼擒。徐广缙计日已到大营，着即督饬在事文武各员，迅速进攻，痛加剿洗。至湖北、江西交界各处，即并着各该将军、巡抚、提镇等一体严防，毋任余匪分窜，总期扫荡妖氛，勿留余孽，以靖疆圉。

咸丰二年十月初二日

谕曰：赛尚阿等奏各路官兵攻剿贼匪情形一折。据称赛尚阿到长沙以后，严饬诸军克期进剿。向荣亲督各兵由排头口，与朱启仁潮勇，并马龙、秦如虎、明安泰等至龙回潭、靳家河等处，攻河西岸之贼。和春、秦定三、常禄、李瑞经、文岱、王锦绣等督率兵勇，由金盆岭、新开铺至妙高峰、西湖桥、黄土岭等处，攻省城外之贼。赛尚阿、张亮基等密饬邓绍良挑带镇篁镇官兵，与光禄寺署正劳文翻带勇出焚贼巢叠次，各歼毙多名，夺获黄旗、器械多件。向荣复督官兵，从牛头洲上之江神庙一带涉浅渡河，与马龙、王家琳等进攻贼营，兵勇枪炮齐施，贼匪纷纷倒地，烧毁贼踞村房数处等语。现在徐广缙计已行抵湖南大营，着会同罗绕典、张亮基，严饬在事文武各员，分带兵勇赶紧攻剿，毋得稍有迟延，致贼窜逸。阵亡尽先参将萧逢春、都司姬圣脉奋勇捐躯，殊堪悯恻，着交部从优议恤，余着照所议办理。

咸丰二年十月初二日

谕曰：前据罗绕典等奏查明长沙城外剿贼阵亡各员，当经降旨，将总兵福诚、副将尹培立等交部从优议恤。兹据赛尚阿等奏，续行查出七月二十八日陕西官兵在长沙城外石马铺地方遇贼冲扑，尚有守备程大振等打仗同时阵亡。该员等闻贼匪窜赴长沙，中途截剿，使省城得以豫为设防，奋勇捐躯，深堪悯惜。所有阵亡之署陕西抚标右营守备甘肃红城堡守备程大振等，均着交部从优议恤，以慰忠魂。片并发。

咸丰二年十月十六日

谕曰：罗绕典等奏官兵连日围剿贼匪获胜情形，并请将出力员弁先行奖励开单呈览一折。九月二十五日，总兵和春督兵进剿，齐抵妙高峰贼巢，击毙数十人，贼匪败退不出。二十六日，委员朱启仁、都司张国樑会攻浮桥，轰击贼匪，纷纷落水，割取首级十三颗。二十九日，贼于城南突发地雷，城身蜇陷四丈有余，该匪二三千人蜂拥向前，副将邓绍良大呼跃出城墙缺口，手刃数贼，右膊被炮子穿过，屹立不退。弁兵一齐抢下，立将执大黄旗之贼目斩首，杀毙长发贼百数十人、短发贼三百余名，余贼败退不出。罗绕典等当饬署长沙府知府仓景恬等，赶将缺口补砌。其河西一带贼匪，经向荣、马龙与副将明安泰等，督饬兵勇枪毙多贼。参将虎松林、秦如虎等从上游接应，攻拆浮桥，夺获贼船二只，贼匪凫水逃窜。十月初二日，贼匪又于南月城外暗发地雷，突出二三千人，向城头开放枪炮。和春挥弁兵由本营横冲而出，上城指挥，其亲兵二人为贼飞炮所中，和春头面右手亦被砖砂扑伤。适候补知府江忠源所带六品军功徐以祥首先带勇，同镇算弁勇从城西缺口抢下，三路兵勇合力冲杀，毙贼三百余名，割获长发贼目首级七颗，夺获旗帜、器械多件。此次贼匪暗用地雷，连扑省城，经罗绕典、张亮基、骆秉章、鲍起豹等督饬官兵，杀毙贼匪多名，叠获胜仗，剿办尚属认真。所有战守出力各员，自应量予恩施。提督衔总兵和春，着交部议叙；运同衔署善化县事、浏阳县知县王葆生，着赏戴花翎，以同知升用；长沙县知县陈丕业，着交部从优议叙；军功蓝翎湖南即补县丞、补缺后以应升之缺升用杨恩绥，着免补本班，以知县用；前任江西莲花厅照磨卓异、候升县丞萧盛远，着以县丞遇缺即选，并赏戴六品翎顶；云南楚雄协副将邓绍良，赏加总兵衔；贵州清江协右营都司全玉贵，着以游击尽先补用；四川阜和营都司周兆熊，着赏戴花翎；湖南尽先守备、提标左营千总萧知音，着免补守备，以都司尽先补用；湖南辰沅道标守备苏元林，着以都司即用；湖南宜章营守备万年新、镇筸营尽先守备侯光裕，均着赏换花翎；镇筸镇把总龙玉耀，着以千总尽先补用；把总徐嵘、姚大兴、外委尹开泰，均着赏戴蓝翎；楚勇头目徐以祥，着以把总尽先补用；阵亡之千总赵继宗，着交部照例议恤。该部知道，单并发。

咸丰二年十一月初三日

谕曰：罗绕典等奏贼匪被剿窜逃，省城围解一折。据称贼众分距湖南省河东、西，迨经我兵围剿，十月十二、十三、十四等日，于城侧挖出地洞五处，用火罐炸炮轰击，歼毙多贼。十八日，贼由旧穴斜穿一洞，忽将南城轰陷八丈有余，贼众蜂拥上扑。经永绥协副将瞿腾龙、永绥把总邓绍英、四川参将张协忠、外委罗宏点等，督率兵勇争先堵击，夺获伪头目黄旗三杆，乘势抢下缺口，击毙凶悍贼匪三百余人，夺获器械无数。该匪因追剿紧急，于十九日黍夜乘风雨黑暗偷渡西岸，皆由小路翻山，四散纷逃，复被我兵分途探截，迭有斩擒，各乡团练亦堵剿获胜，杀贼一千余人，生擒二百余人，并将伪翼王歼毙。现已飞咨徐广缙，亟筹策应催追，省城仍设兵防守等语。逆匪扰扑长沙省城，屡被我军痛剿，党伙死伤殆尽，其逃散余众势益穷蹙。着徐广缙、罗绕典、张亮基督率各路将弁兵勇，迅速兜截，合力追剿，务期扫荡贼氛，毋留余孽。此次省城防守八十余日，该督抚等统率各员昼夜严防，内外夹击，迭挫贼锋，保卫城垣，居民借得安堵，办理尚无贻误。罗绕典着交部从优议叙，张亮基着交部议叙。骆秉章、鲍起豹前因贼匪窜入楚境，屡陷城池，所有应得处分，此次省城防守功过尚足相抵，着加恩免其议处。所有在事文武员弁、绅民人等，着徐广缙会同罗绕典、张亮基择其尤为出力者，秉公酌保，候朕施恩，毋许冒滥。

咸丰二年十一月十一日

谕曰：据常大淳、双福先后驰奏逆匪窜入，岳州府城失守，湖北情形紧急各一折。览奏，曷胜愤闷。逆匪窜入湖南，节经降旨，谕令该督抚等派委提督博勒恭武，带兵驻扎岳州，专司防堵。乃于十一月初三日，贼匪大股由湘阴县渡过东岸，窜至巴陵县地方。博勒恭武带兵迎击，旋即东门火起，贼匪马步从后抄出，我兵腹背受敌，不能抵御，营盘尽被焚毁，以致溃散，府城失守。是显有匪徒溷入岳城，为贼内应。该城文武防御日久，何以毫无觉察，殊堪痛恨。岳州以北尚有蒲圻、嘉鱼、咸宁等县，何以不择要堵截？据称撤兵回省，岂蒲圻等县竟全然置之不顾耶？前此贼窜宁乡，据徐广缙奏称，派和春、秦定三、李瑞、王锦绣四镇及瞿腾龙等各带劲兵，与福兴、向荣等合力追剿，何以任贼四窜？并据称令向荣设法抄前堵截，另派朱启仁、常禄、张国樑等各带重兵，遏其窜往湘阴之路。何以此次贼匪径由湘阴县窜入岳州，且府城文武全无准备，致贼匪如入无人之境？种种情形，殊不可解。

徐广缙自粤赴楚，业已迟延，及到湘潭，正贼匪穷蹙图窜之时，屡接奏报，亦知杜贼窜路为最要关键，何以亦蹈从前覆辙耶？此时贼踞岳州，是否分股北扰蒲圻以北，水陆要隘如何堵截，着该大臣迅即统带大兵亲往岳州一带，严督各提镇将弁等，设法绕出贼前，并力兜剿，断不得再任奔突。常大淳、双福驻扎武昌、防护省城及境内水陆紧要地方，与台涌分饬文武严密防堵，徐广缙仍当设法派兵接应。朕连日望报正殷，该大臣想已续有奏折在途。以后军情，务须随时由六百里驰奏，以慰朕怀。提督博勒恭武受伤，是否属实？何以任兵溃散，着先行革职，仍着查明据实具奏。岳州府城文武下落，一并查明奏闻。湖南省城现有张亮基、鲍起豹驻守，罗绕典着暂留湖南，若有应行带兵堵剿之处，着该大臣等酌量筹办，毋误事机。苏布通阿带兵现在何处？各须扼要调拨。

此次贼窜，究系何路失防，致令复肆猖獗？着徐广缙确查严办，毋稍姑息。朕细察湖南军营积习，总由带兵大员不能预出贼前，迎头兜剿，或设伏要隘，拦腰截击，其在后退剿之兵，又不肯跟踪紧蹑。即如徐广缙前奏内，向荣于追贼吃紧之时，又以兵单为词，俟调省城兵到，随后尾追。此等举动，安能不失机会耶？该大臣统领大军，责无旁贷，南、北两省皆所统辖。现在贼已窜踞岳州咽喉，要路为其所扼，军饷银两何路绕越？荆州防兵亦单，武昌城守尤要。该大臣应于何处驻扎调度，必当全盘筹画，勿致顾此失彼。陕甘续调之兵，迅速催令赶到。兵贵神速，当此万分吃紧之际，若不就现在兵将相机调遣，即再调远兵亦缓不济急。朕宵旰焦劳，省躬滋惧。该大臣等同膺委任，当如何尽心竭力，为朕分忧也。

咸丰二年十一月十五日

谕曰：本月十一日，据常大淳等驰奏贼匪于十一月初三日窜入岳州府城，折内仅称贼至岳州，提督带兵接仗，旋即东门火起，府城失守，并未将城中文武防堵情形，及湖南追兵是否应援之处，详细具奏。降旨将博勒恭武先行革职，由六百里加紧谕令徐广缙等迅速追截兜剿。数日以来，望报甚殷，乃本日据徐广缙等五百里驰奏，犹是十一月初一日以前沿路追剿各情。该大臣于本月初一日移营长沙，此折系初七日奏报，何以初三日岳州之事毫无见闻，军营侦探所司何事？据称带兵大员等于初一日已抵湘阴，距岳州甚近，岂前途失事迟至数日尚无禀报耶？览奏愤闷，殊不可解。徐广缙、罗绕典、张亮基、骆秉章均着先行交部议处。岳州、湘阴一带，乃南、北两省要隘。朕早料及贼匪穷蹙，必由此路奔窜，九月间屡降谕旨，令该大臣等派拨精兵前往协防。即徐广缙前所奏报，亦经派兵扼贼北窜之路，何以博勒恭武与贼接仗，并无湖南追援官兵前后夹击？

近日军营积习，贼来不击，贼去不追，种种胆玩，实堪痛恨。若不严申纪律，何以整饬戎行。着徐广缙等遵照前旨，查明贼由何路窜越，带兵各员何人追剿不力，倘系临阵退缩，坐视不援，即着一面奏闻，一面以军法从事。徐广缙由粤赴楚，本已迟延，若不亲督镇将就近调度，任听饰词禀报，贻误事机，自问当得何罪？长沙省城现有罗绕典、张亮基与鲍起豹等防守，徐广缙着即统带大兵，兼程驰赴岳州一带，绕出贼前，迎头截击。提督善禄计已行抵湖北，着即截留该省，扼要驻扎，帮同剿捕。武昌、汉阳、荆州水陆各要隘，俱着分派精兵并新调到陕甘劲旅，一律防堵，毋任再有窜逸。逆匪前在益阳，有河可阻，该县并不先将船只收往僻港，以致匪得渡河，进城掳掠，罪无可逭。益阳县知县陈应台，着革职拿问治罪。仍查明岳州失事文武各员，据实具奏。该部知道。

咸丰二年十一月十七日

谕曰：本日据徐广缙等奏岳州失守，急筹堵剿，复据常大淳等奏贼匪窜踞岳城，湖北省城防堵情形，各一折。披览之余，实深愤懑。自贼窜长沙，迭经降旨，令于岳州、荆州各要隘严密防剿，该地方官应如何认真防守。乃贼匪于初三日窜至岳州，而该郡官吏于初二、初三等日先出城外，以致官兵溃散，贼匪得以窜入府城。是进不能战，退不能守，平日毫无准备，遇变即弃城而逃。似此昧良丧心，实出情理之外，着徐广缙等严行查办。此等贻误员弁，若不择其尤者正法数人，何以挽回积习。

昨因该大臣等奏报迟延，已降旨交部议处。兹据徐广缙具折奏请议处，当此军务紧急，调度乖方，身为统帅，咎岂能辞？徐广缙着革职留任，张亮基、鲍起豹均有地方之责，着降四级留任。

现在贼众盘踞岳郡，窥伺武昌。据常大淳奏，向荣已派总兵常禄、王锦绣带兵赴援，已抵湖北省垣。仍着徐广缙飞饬向荣统领重兵，星速由通城、崇阳绕出武昌，截贼前路。该大臣亦即亲督镇将直赴武昌，于水陆要隘分布兜剿。荆州一带，着将军台涌等一体严密防范，毋任匪党窜逸。并着罗绕典、张亮基、鲍起豹等严防贼匪回窜之路。现复添调各省精兵陆续前进，誓必灭此丑类，拯我生民。该大臣等具有天良，其各悉心筹画，庶可以功补过。倘仍前玩忽，再失事机，其能当此重罪耶？近来地方恶习，一闻警报，辄借词择险防堵，先行出城，规避取巧，实堪痛恨。该大臣督抚等着随时严查，倘贼经过地方文武员弁仍蹈此等恶习，即一面奏闻，一面正法，以昭炯戒而肃军律。

咸丰二年十一月二十七日

谕曰：本日据徐广缙驰奏十一月十八日行至湘阴，途次探明汉阳府城失守，并查明岳州文武先期逃散情形一折。览奏，曷胜愤懑。自贼匪攻窜岳州，迭经降旨，令徐广缙统带大兵，分饬提镇，直抵武昌一带，绕出贼前迎头截击。兹据奏称，该大臣暂住湘阴，并称向荣于七日带兵直逼岳州府城，赶紧进攻，贼匪纷纷逃窜，兵勇登时抢上，杀毙数十名，生擒二十七名。因该匪大队已去，向荣率兵紧追。福兴、玉山之兵尚在向荣之后，苏布通阿等又在福兴之后，迭次严催，总未迅速赶行，以致贼由水路顺流直下。岳州文武当贼未至，先自逃散，并未闻有带兵迎击之事等语。不料该文武等昧良丧心，一至于此，除已革提督博勒恭武由该大臣迅速查奏外，岳州府知府廉昌、巴陵县知县胡方毂、岳州营参将阿克东阿，均着先行革职，交刑部按律速议罪名具奏。

蒲圻县城存兵仅四百名，贼众大至，以致失守。知县周和祥骂贼不屈，被戕甚惨，不愧守土之官。嘉奖之余，实堪怜悯，周和祥着赏加道衔，照道员例赐恤，并于蒲圻县建立专祠，以慰忠魂。同时殉难之县丞、千总及阵亡之带兵将备二员，均着查明请恤，并附于周和祥专祠，以昭旌奖。又据台涌奏荆宜施道文辉，在白螺矶分防驻守，不能督兵堵剿，退离防所，着徐广缙、常大淳查明参奏。其余退避各员弁，并着查明分别参奏，台涌着交部议处。向荣计抵武昌，福兴、玉山、苏布通阿等追剿之兵计亦齐到。徐广缙着无庸株守湘阴，仍遵前旨，兼程驰赴武昌一带，率兵勇与常大淳前后夹攻，毋得再有迟误。岳州府城着罗绕典、张亮基、鲍起豹等酌量，带兵前往收复，并抚绥难民，毋令失所。武昌下游，朕已谕令陆建瀛统带大兵溯流而上，信阳以北，复令琦善带兵兼程前进，会合兜剿，并调集东三省劲旅前往接应，誓必灭此群丑，以彰天讨而快人心。汉阳失守情形，文武如何下落，并着该大臣等查明速奏，伤亡兵丁照例议恤。该部知道。

咸丰二年十一月二十九日

谕曰：昨据徐广缙查奏岳州失守情形与汉阳相继失守。当有旨令该大臣迅赴武昌一带，与常大淳内外夹攻，并令台涌一体设法应援矣。细阅徐广缙折，称向荣出队逼近岳州城内，贼匪纷纷逃窜，追赶二十余里，而岳州府县如何下落，仍未据探确实。该大臣近在湘阴，于逆匪突入岳州，有无头目在内，其大队系何匪督领，窜出之后是否尚有余匪在城占踞？向荣一路追剿，在后之福兴、玉山、苏布通阿等何以不将岳州收复？贼既远窜，则文武员弁存亡应有确信，何以仍无禀报？且称该匪大队去远，何以又称赶调弁兵前赴岳州督剿？是岳州之应否攻剿，抑已收复，该大臣尚无闻见，奏报均未明晰。至汉阳相继失陷，并无月日及详细情形。究竟现在逆匪分为几股，其陆路由蒲圻、咸宁与水路沿江而下之贼作何分合，系何头目统带？武昌省城系十二日被攻，十九日报到，至今旬余未得续报。朕心焦灼难言。逆首洪秀全、杨秀清、冯云山、萧潮溃、罗亚旺等，是否确在贼营？何贼分扑武昌、汉阳？现在贼众多寡，汉阳文武如何下落，该匪陷汉阳后是否又窜他处？该大臣统率全军，兼辖两省，自应通筹兼顾，勿再迟缓失机，着即确查，一一具奏。

本日已明降谕旨，赏给向荣提督衔，令其帮办军务。该员经朕破格加恩，弃瑕录用，自必逾常感激，奋迅图功。所有武昌一带剿贼事宜，即着责成向荣以专委任。徐广缙仍亲督大兵，由间道绕赴武昌下游险隘，扼定该匪去路，必须水陆并剿，勿令该匪再行夺险占踞，仍与向荣渡江之军并力攻击汉阳之贼。琦善现已驰赴河南，陆建瀛亦溯江迎击。该大臣等三面攻剿，定可立殄群凶。湖南贼匪与各县小股土匪，着责成张亮基、鲍起豹尽数歼捕，并确探岳州贼匪如未尽窜，即着饬将弁趁其攻扰湖北之时，赶紧兜围，迅速收复，此举最为紧要。湖北荆州一带虽有台涌防堵，尚觉空虚，着罗绕典拣带得力文武员弁兵勇，驰赴襄阳，与荆州水陆合兵，表里密防，遏贼西窜，俾不得由汉江北驶，则徐广缙、向荣援救武昌、汉阳之兵可资得力。

前任丁忧侍郎曾国藩，籍隶湘乡，现闻在籍，其于湖南地方人情自必熟悉，着该抚传旨，令其帮同办理本省团练乡民、搜查土匪诸事务，伊必尽力，不负委任。云南游击陈得功、都司安如嵩，着查明如未带兵来楚，即咨该省督抚饬调来营，以资差遣。连日据侍郎吕贤基、太常寺少卿雷以诚条奏军务各折片，多有可采之处，着摘要抄给该大臣等阅看。

辑自清李瀚章等修、曾国荃等纂（光绪）《湖南通志》卷首之四，岳麓书社，2009年。

罗绕典年表① 曾主陶 编

乾隆五十八年癸丑（**1793**） 一岁

罗绕典，字兰阶，一作兰陔，号苏溪，乾隆五十八年（1793）十一月十二日丑时，出生于湖南安化县大福坪浮泥里。

曾祖父罗永绍，字继周，康熙四十二年（1703）八月十八日生，雍正二年（1724）十二月二十九日没。

曾祖母杨氏，康熙四十四年（1705）四月初七日生，雍正八年（1730）六月二十日没。

祖父罗远玉，字瑶琮，号琢庵，原名裕，字耀宗，雍正二年（1724）十一月初八日生。时年七十岁。

祖母龚氏，雍正九年（1731）七月二十二日生。时年六十三岁。

父亲罗光奕，字晴辉，号省庵，乾隆三十一年（1766）正月十七日生。时年二十八岁。

母亲温氏，乾隆三十二年（1767）八月三十日生。时年二十七岁。

罗涛、罗勋《苏溪府君行述》云："先公生而有文在其手，曰'典'，大父因以命之，上一字'绕'，族派名也。"

嘉庆元年丙辰（**1796**） 四岁

是年，大福坪罗家大院修建。

清罗亮杰等纂修《安化罗氏四修族谱》卷十一《李温孺人合传》云："丙辰卜新居，土木工匠日数十人，经营周一载，厨下惟

---

① 年表中所用月日为农历，所标注的岁数为虚岁。

二孺人事炊爨，无假手者，而二孺人怡怡自若也。"

嘉庆二年丁巳（**1797**） 五岁

是年，母亲温氏病。

罗涛、罗勋《苏溪府君行述》云："天性笃孝，大母温太夫人疾，乡父老或强携公观剧者，公辄坐场中泣。父老惊问之，答曰：'母不知已食否？'时生甫五岁也。"

嘉庆六年辛酉（**1801**） 九岁

是年，随祖父琢庵公读书。

嘉庆七年壬戌（**1802**） 十岁

是年，随祖父琢庵公读书。

嘉庆八年癸亥（**1803**） 十一岁

十月二十五日，母亲温氏病逝。（编者按：据罗亮杰等纂修《安化罗氏四修族谱》，罗绕典的母亲温氏"嘉庆八年癸亥十月二十五日薨"；据罗绕典《李温孺人合传》，"温孺人三十有六"；据罗涛、罗勋《苏溪府君行述》，罗绕典"九岁，温太夫人薨，哀毁如成人"。三处文献所述温氏病逝时间不尽相同，读者察之。）

是年，随祖父琢庵公读书。

嘉庆九年甲子（**1804**） 十二岁

是年，随祖父琢庵公读书。

嘉庆十年乙丑（**1805**） 十三岁

是年，随祖父琢庵公读书。

嘉庆十一年丙寅（1806） 十四岁

是年，师从安化县名儒黄嘉菊先生，读书弗谖斋。

清邱育泉修、何才焕等纂（同治）《安化县志》卷二十五《黄嘉菊传》云："黄嘉菊，字东篱，号陶爱，归化乡大福坪人，里中儒宗也。为文酷似黄陶庵，以古文为时文，而见解超特，议论多前人所未发。学使姚雪门颐拔诸生，一时文誉澡湘中。学务本原，凡当代掌故、历朝沿革、天下形胜，了如指顾间。罗文僖绕典年十四从之游，嘉菊语人曰：'翰苑才已在吾门矣。'每以经世宰物、泐鼎铭钟、古名臣事业相启迪。"

罗绕典《安化黄氏四修族谱序》云："黄氏谱三十年一修，其秉笔于乾隆间者，为象山明经，先大父资政公业师也。续修则吾师陶爱夫子。……及余受业弗谖斋，见吾师日置族谱案端，凡丁有增减，随手记注，虽派别疏远，不忍视为涂人，宜其谱之详且慎也。"

嘉庆十二年丁卯（1807） 十五岁

是年，师从黄嘉菊先生，读书弗谖斋。

嘉庆十三年戊辰（1808） 十六岁

是年，师从黄嘉菊先生，读书弗谖斋。

是年，同父异母弟罗绕籍出生。绕籍字石亭，号芸庄，母亲文氏。

是年二月十三日，祖父琢庵公病逝，享年八十五岁。

嘉庆十四年己巳（1809） 十七岁

是年，师从黄嘉菊先生，读书弗谖斋。

嘉庆十五年庚午（1810） 十八岁

是年，师从黄嘉菊先生，读书弗谖斋。

嘉庆十六年辛未（1811） 十九岁

是年，师从黄嘉菊先生，读书弗谖斋。

是年七月初八日，祖母龚孺人病逝，享年八十一岁。

嘉庆十七年壬申（1812） 二十岁

是年，师从黄嘉菊先生，读书弗谖斋。

是年，通过县试、府试和院试，成为秀才。

罗涛、罗勋《苏溪府君行述》云："嘉庆十七年，始补博士弟子员。"又云："为秀才时，肄业岳麓书院十二年。"

是年四月二十日，伯母李孺人病逝，享年五十三岁。罗绕典有《李温孺人合传》，追叙其懿德。

嘉庆十八年癸酉（1813） 二十一岁

是年，在岳麓书院学习。

嘉庆十九年甲戌（1814） 二十二岁

是年，在岳麓书院学习。

嘉庆二十年乙亥（1815） 二十三岁

是年，在岳麓书院学习。

嘉庆二十一年丙子（1816） 二十四岁

是年，在岳麓书院学习。

嘉庆二十二年丁丑（1817） 二十五岁

是年，在岳麓书院学习。

嘉庆二十三年戊寅（1818） 二十六岁

是年，在岳麓书院学习。

嘉庆二十四年己卯（1819） 二十七岁

是年，在岳麓书院学习。

嘉庆二十五年庚辰（1820） 二十八岁

是年，在岳麓书院学习。

是年，成婚，开始主持家政。

罗绕典之妻田氏，安化县大福坪石门村田则仕之女。安化大福坪当地流传，田氏名叫田开兰，又名田韧秋，知书达理，擅长吟诗作对，与罗绕典因对联而缔结良缘。

罗绕典作制义文《譬如为山 一章》，以表明求进取的心迹。其识语云："嘉庆庚辰岁，始理家事，米盐凌杂，几至废书。明年，拟仍负笈麓山，乃于元日成此篇，并作诗八章，代为千古英雄、饭牛屠狗者洒一副热泪，亦以自坚其志也。"

道光元年辛巳（1821） 二十九岁

是年，在岳麓书院学习。

九月二十八日，长子罗涛生。

罗涛，派名衍焕，字鼎新，号小苏，一号晓初。

道光二年壬午（1822） 三十岁

是年，在岳麓书院学习。

道光三年癸未（1823） 三十一岁

是年，在岳麓书院学习。

二月，为《宁乡高氏族谱》作序。

道光四年甲申（1824） 三十二岁

是年，在岳麓书院学习。

道光五年乙酉（1825） 三十三岁

以选拔贡入都。

拔贡试题："约我以礼　一句""圣人人伦　一句"。

朝考一等，以小京官用，分户部河南司行走。

罗涛、罗勋《苏溪府君行述》云："道光五年，登拔萃科，朝考一等，分户部河南司行走。"

八月初五日，次子罗勋生。

罗勋，派名衍灿，字绂来，号小溪，一号肖溪。

道光六年丙戌（1826） 三十四岁

户部河南司行走。

道光七年丁亥（1827） 三十五岁

户部河南司行走。

道光八年戊子（1828） 三十六岁

八月，参加顺天乡试，中举。

此科主考官：协办大学士、吏部尚书卢荫溥；副主考官：户部尚书王鼎、户部侍郎李宗昉。试题："言思忠事　二句""苟不固聪　知之""周公弟也　四句"；制诗赋得"檐际雨余逢月色"得"檐"字。解元：王松陵。

道光九年己丑（1829） 三十七岁

三月，会试中式。殿试列二甲第三十八名，赐进士出身，选庶吉士，入翰林院。

此科主考官：内阁大学士曹振镛；副主考官：兵部尚书玉麟、户部侍郎李宗昉、兵部侍郎朱士彦、光禄寺卿吴椿。试题："欲速则不　二句""或生而知　四句""夏日校殷　七句"；制诗赋得"春色先从草际归"得"归"字。会元：刘有庆。此科状元为李振钧，同科进士有龚自珍等。

道光十年庚寅（1830）三十八岁

为庶吉士，在翰林院学习。请假回乡修墓，主持《安化罗氏三修族谱》的编纂，并撰写序言。

安化县大福坪浮泥里罗氏，始祖推则公，唐懿宗时人，居吉州庐陵县化龙乡。传十七世有秀川者，携三子仕伦、仕德、仕安迁湖南。《谱》称："秀川公南迁于楚，安公创业于邵邑西平，德公分建于上梅云里。"罗仕安（安公）生于明洪武二十七年（1394），据此可以推断该罗姓家族迁湘的时间在永乐时期。明代末年，罗仕安的第八世孙罗正右（字平山，后裔称为平山公）因避乱从邵阳迁安化琅塘溪，三传至罗永绍（即罗绕典之曾祖父），再迁于大福坪浮泥里。罗绕典乃平山公之七世孙。罗氏族谱创修于明代中叶，二修于乾隆二十四年（1759）。

罗亮杰《安化罗氏四修族谱序》云："道光十年，先大父太子少保云贵总督续修家谱，至是五十有三年矣。"

在翰林院时，见赏于曹振镛等前辈重臣。

罗涛、罗勋《苏溪府君行述》云："最先见赏于学使者汤文端公（汤金钊），其后歙县曹文正公（曹振镛）、吴县潘文恭公（潘世恩）、蒲城王文恪公（王鼎）尤亟称之。翰林归省日，会馆课，曹公谓人曰：'罗翰林归，馆无赋也。'"

道光十一年辛卯（1831）三十九岁

在翰林院学习。

道光十二年壬辰（1832）四十岁

散馆授编修。先后充武英殿纂修、翻书房行走、奏办院事、功臣馆提调等。

是年，湖南有瑶民赵金龙起义，道光皇帝问计于湖南在京官员，罗绕典"图其形势、厄塞以进"。

罗涛、罗勋《苏溪府君行述》云："湖南瑶赵金龙畔，宣宗成皇帝询军事于湖南官京师者，公图其形势、厄塞以进。曹公（曹振镛）言上，以为非京秩才。既而宣宗以上书房乏人，询于潘公（潘世恩），举公及杜文正公（杜受田）以对。上又询二人于王公（王鼎），王公曰：'罗某，非徒文学臣，且良吏也。'"

道光十三年癸巳（**1833**） 四十一岁

在编修任。

是年翰詹大考，列为二等，赏文绮。其律赋受到道光皇帝的赏识。

蒋湘南《知养恬斋赋钞序》云："癸巳大考，仰邀睿赏，赋中警句，经丹毫圈出，宫绫之赐，儒臣荣之。厥后持英荡，拥旌旄，受知特达，皆自此始。"此次大考，参加者一百十九人，五人列为一等，四十八人列为二等，五十八人列为三等，五人列为四等，三人不入等。

道光十四年甲午（**1834**） 四十二岁

在编修任。

八月，充顺天乡试同考官，分在第四房。

此科主考官：协办大学士、户部尚书穆彰阿；副主考官：礼部尚书史致俨、工部尚书汪守和、刑部侍郎姚元之。试题："君子之仕 二句""中也者天 四句""徒善不足 一句"；制诗赋得"吉人辞寡"得"言"字。解元：李有棠。

道光十五年乙未（**1835**） 四十三岁

在编修任。

八月，担任四川乡试主考官。

六月十八日召见勤政殿。《蜀槎小草》有《奉命典试蜀中恭纪》诗云："金殿论思顾问周，小臣何幸效涓流。亲承天语虚前席，旋趁星轺赴益州。"诗内注云："六月十八日召见勤政殿，越四日即承典试之命。"

六月二十二日离京赴成都，途中作《蜀槎小草》，计诗二百四十八首。《蜀槎小草自序》云："道光乙未岁，绕典奉恩命典试蜀江，途中携陶文毅公《蜀輶日记》，昕夕展阅，每逢胜迹，辄系以诗，及抵蜀，计得诗二百余首。"又云："记嘉庆庚午，文毅公使蜀，曾有《皇华草》之刻，前后相距二十有五年。"《蜀槎小草》卷端有祁寯藻、梅钟澍、邓瀛、崔光笏、卫济世、沈兆霖、陈瑞琳、胡元焕、周祜、黄彝等友人的题词。

八月，在成都主持道光乙未科四川乡试。此科副主考官：编修步际桐。试题："夫子欲寡　能也""体群臣则　礼重""是以论其　二句"；制诗赋得"濯锦江边忆旧游"得"秋"字。解元：周开忠。

是年，适龚氏女没。此女生年失考。

道光十六年丙申（1836）　四十四岁

在编修任。

九月，外放山西平阳府知府。

离京之前，致书乡前辈、两江总督陶澍，感谢"栽培厚意"，同时向陶澍借钱，"敬恳宽为筹备"。

九月二十三日，内阁奉上谕："江西吉南赣宁道员缺，着赵仁基补授。所遗山西平阳府知府员缺，着罗绕典补授。"

罗涛、罗勋《苏溪府君行述》云："平阳故大郡，领州县十一，而吏治隳坏，盗贼滋多，狱讼繁兴，积案千余起。豪吏猾胥，蠹居棋处，专舞弄文法，至私系讼者，官不敢过问。公一绳之以法，……常终日坐堂皇，研核决剖，日结数案，饔飧皆不入私室。如是经岁，而积案清。"又云："洪洞县有巨盗，横行数百里，间及于陕、豫之郊，人无宁居。公廉得其魁敖油、王鳖等数十人，以计缚之，置于法，而盗风息，邻省胥赖焉。"

十月，为《安化仙溪姚氏续修族谱》作序。

道光十七年丁酉（1837） 四十五岁

在平阳府知府任。

九月初二日，长孙罗清湜生。

罗清湜，罗涛之子，字礤钓，号渭臣。

是年，醵金重修平阳府城南之八蜡庙，修缮庙南之关壮缪祠，另建刘将军祠，并撰《重修八蜡庙记》。

道光十八年戊戌（1838） 四十六岁

在平阳府知府任。

罗涛、罗勋《苏溪府君行述》云："守平阳凡三十阅月，大府倚如左右手，境内有大狱，无远近必属公平治。中间一署太原府，奉檄走旁郡者三四，能声益彰彻太行。"

凿城北渠数十里，浚城内故莲花池，修复府城东村黄芦泉水。道光十八年（1838）十二月动工，次年五月竣工，撰《修复山西平阳府莲花池记》。

罗涛、罗勋《苏溪府君行述》云："平阳城艰于汲，公凿城北渠数十里，又浚城内故莲花池，周袤亦数里，跨石梁其上，水饮不竭，民益利赖之。"

罗绕典《修复山西平阳府莲花池记》云："东村士民亦请修复黄芦泉水，由翟村县底开渠，迤逦至城。"

是年，撰《鄂水书院记》。

鄂水书院位于山西乡宁县，创建于道光十二年（1832）。创建者崔光笏，字正甫，直隶庆云县人，道光九年（1829）进士，分发山西，时任乡宁县知县。

是年，刊刻《知养恬斋试帖》三十卷。

道光十九年己亥（1839） 四十七岁

四月，迁陕西督粮道。

八月，担任陕西乡试监司。

十月，担任陕西武乡试提调官，作《陕西武乡试录后序》。

道光二十年庚子（1840） 四十八岁

在陕西督粮道任。

五月，署理陕西按察使。

六月，与李星沅、刘静轩、邓补吾、任蔚廷、夏敏斋、方和斋、吴竹溪等湖广同乡官宦，醵金创建关中湖广会馆于西安四辅街，并于次年三月撰《创修湖广会馆碑记》。

十一月，撰《赠翁领三蒋太先生传》。

道光二十一年辛丑（1841） 四十九岁

八月，迁山西按察使，请求入觐，"亲承训示"。朱批："着来见。"

八月二十日，内阁奉上谕："山西按察使员缺，着罗绕典补授。"

十月，入京听训，道光皇帝四次召见。

十月，刊刻《知养恬斋时文钞》六卷。

《知养恬斋时文钞》包括《大学》《上论》《下论》《中庸》《上孟》《下孟》六卷，共计时文一百四十篇。卷端有李炜《叙》。

十一月二十二日，抵太原到任。

十二月十九日，署理山西布政使。

罗绕典《奏报接署藩篆日期事》云："窃臣于道光二十一年十二月十八日奉到升任闽浙总督山西抚臣杨国桢行知奏署山西布政使，即于十九日准藩司乔用迁将印信文卷移交前来，当即恭设香案，望阙叩头，祗领任事讫。"

罗绕典《壬寅元旦》诗有"庆节刚祈玉局仙，拜恩暂许摄旬

"宣"句，注云："去腊十九日接署藩篆。"

是年，主持山西武乡试，作《山西武乡试录前序》。

是年，刊刻《蜀槎小草》二卷。

道光二十二年壬寅（1842） 五十岁

在山西按察使任，署理山西布政使。

六月初二日，回山西按察使本任。

二月初一日，伯父罗光涵去世，享年八十一岁。

其时，新任山西巡抚梁萼涵到任，署巡抚乔用迁回山西布政使本任。

是年，撰《渊泉公六秩寿文》。

道光二十三年癸卯（1843） 五十一岁

在山西按察使任。

二月初一日，伯父罗光涵去世，享年八十一岁。

三月，撰《太封君李君屏翁老伯大人八秩寿序》。

是年，作《阳曲县志序》。

《阳曲县志》十六卷，清李培谦等修、阎士骧等纂，道光二十三年（1843）刊刻。

是年，刊刻《知养恬斋诗钞》二卷、《知养恬斋赋钞》四卷。

道光二十四年甲辰（1844） 五十二岁

二月，迁贵州布政使，请求入觐。朱批："着来见。"

二月二十一日，内阁奉上谕："贵州布政使员缺，着罗绕典补授。"

张鹏万《〈知养恬斋诗赋文稿〉跋》云："甲辰春仲，我夫子晋秩黔藩，入都陛见。"

在京期间，因不赞成开采贵州平越州黄港苗洞金矿，与执政在朝房中发生争执。

　　罗涛、罗勋《苏溪府君行述》云："当是时，初息海疆兵，与英夷议和定约，耗帑金巨万，而累年黄河决，工费频兴，国家府库空竭，度支无所出。执政议开金矿平越州之黄港苗洞中，是以迁公贵州。公入觐，以苗洞天险，石门一线才通人，而苗守严，亘古无官府及能以师旅入者，开矿利不可知，或启衅转益增费，且扰边民，因力陈不可，与执政喧争朝房中，不得，则拂袖径出。执政方赫奕有大力，能拔挤人，人以是为公危，公恬然不顾。执政亦卒无所发怒公，惟别使人开矿，竟不得入洞而止。"

　　是年，续刻《知养恬斋试帖》二卷，并作《题解》。

道光二十五年乙巳（1845）　五十三岁

　　在贵州布政使任。

　　五月二十九日，署理贵州巡抚。

　　其时，贵州巡抚贺长龄升任云贵总督，这是罗绕典第一次署理贵州巡抚之职。

　　八月二十七日，回贵州布政使本任。

　　其时，新任贵州巡抚乔用迁到任。

道光二十六年丙午（1846）　五十四岁

　　在贵州布政使任。

　　十一月，撰《恭介树堂七兄大人五秩诞辰》。

　　是年，受业张鹏万将罗绕典的六种著述翻刻于四川，冠名《苏溪全集》，又称丙午新镌《苏溪全集》。

　　六种著述为《知养恬斋时文钞》、道光戊戌刊《知养恬斋试帖》、《蜀槎小草》、《知养恬斋诗钞》、道光甲辰刊《知养恬斋试帖》、《知养恬斋赋钞》。

道光二十七年丁未（1847）　五十五岁

　　在贵州布政使任。

三月二十二日，贵州布政使任期三年届满，奏请入京听训，未允。朱批："下届再行奏请。"

十一月，刊刻爱必达《黔南识略》三十二卷，并撰《缘起》。

十二月，编纂并刊刻《黔南职方纪略》九卷。

《黔南职方纪略》九卷，前六卷记贵州全省十二府、三直隶厅、一直隶州及各县之疆域、建置沿革、土地、居民等基本情况；第七、八卷记贵州各地土司行政沿革；第九卷记贵州各少数民族的称谓、居地及生活习性。卷端有罗绕典《自序》云："我皇上统驭之初，中丞长白嵩曼士先生，奏请编察通省客户，备有成籍。余承宣于斯，盖三年矣。一日出故府所藏，得而读之，见其考据往古，钩稽见在，具有本末，因芟削为是书。惟遵义、思州、仁怀为未备，盖吏失其册也，又求府厅诸志，为补遗佚。末傅之以土司、苗蛮。书虽无多，而十二府、三厅、一州之土地人民，咸有其梗概。官斯土者，常披览而赅存之，未必不有补于吏治也。"

道光二十八年戊申（1848） 五十六岁

在贵州布政使任。

荐举胡林翼守镇远，徐兴煜牧黄平，发饷募勇丁，令得专生杀，不一年下游苗不梗路，商旅以畅。

罗涛、罗勋《苏溪府君行述》云："首举胡文忠公守镇远，徐兴煜牧黄平，发饷募勇丁，令得专生杀，不一年下游苗不梗路，商旅以畅。"

议建月城南门外包河，及米谷市城中，巡抚乔用迁阴使人阻其议。

罗涛、罗勋《苏溪府君行述》云："省城隘，米谷之市隔河在南城外，城中仅一龙井资汲水。公曰：'一旦有变，闭城绝食饮，人立死矣。'议建月城南门外包河，及米谷市城中。而是时林文忠公督云贵，贵州事必诹公。巡抚以是忌之，阴使人阻其议。既而贵州大乱，省会数危，贵州人咨嗟恨公议不行焉。"

十二月初一日，署理贵州巡抚，增缮各营炮械。

其时，贵州巡抚乔用迁入觐进京。罗涛、罗勋《苏溪府君行述》云："署巡抚，发令增缮各营炮械，无弗完具，贵州于是有军政矣。"这是罗绕典第二次署理贵州巡抚之职。

道光二十九年己酉（1849）　五十七岁

在贵州布政使任，署理贵州巡抚。

二月，改革黔省矿务章程（又称铅厂章程），清查库款，置备荒谷五万石。

（民国）《贵州通志·前事志二十一》将此事列在道光二十八年十二月，称"署巡抚罗绕典奏定矿务章程"。

罗涛、罗勋《苏溪府君行述》云："公既至贵州，贵州故瘠区，岁倚他省济饷，或不能给，恒苦匮乏。公为变通铅厂章程，又清查库款，百务加裁节，顿余库储三十万金，复置备荒谷五万，贵州于是有积储矣。"

四月二十三日，回贵州布政使本任。

其时，贵州巡抚乔用迁回黔。

闰四月二十六日，迁湖北巡抚，请求陛见。朱批："着来见。"

罗绕典《奏为补授湖北巡抚谢恩并请陛见事》云："道光二十九年闰四月二十六日，接据贵州巡抚乔用迁行知准吏部咨，钦奉上谕：'罗绕典着补授湖北巡抚。等因。钦此。'"

十月十六日，父亲罗光奕病逝，享年八十四岁。其时，罗绕典在湖北巡抚任上，遂于十一月归籍守制。

是年，为《安化胡氏七修族谱》作序。

是年，长子罗涛选拔贡。

道光三十年庚戌（1850）　五十八岁

丁忧在籍。

是年，撰《重修安化县学宫记》。

咸丰元年辛亥（1851） 五十九岁
丁忧在籍。

咸丰二年壬子（1852） 六十岁
丁忧在籍。
五月，服阕入都。
五月初八日，奉旨帮同办理湖南军务。
五月十三日，出都。
六月十三日，行抵湖北。

罗绕典《奏为行抵湖北探询湖南军务大概情形并沿途筹办团练防堵事》云："窃臣五月初八日钦奉上谕，前往湖南帮同办理军务。……后于十三日出都，先即函致军机大臣赛尚阿、湖广总督程矞采，探询贼踪。……兹臣于六月十三日行抵湖北，面晤院司各官。……现拟即由岳州取道湘阴、沅江、益阳、宁乡，直抵（湖南）省城，沿途面邀各官绅，给与团练防堵条款谕令。"

六月二十八日，行抵湖南省城长沙。随后颁刻团练防堵章程，筹商省城防堵事宜。

七月二十八日，太平军突至长沙，扎营于南门外妙高峰，罗绕典登城督战，架大炮于南城魁星楼轰击，太平军稍退。

七月二十九日，登城督战。与鲍起豹、骆秉章奏报太平军逼进长沙，现筹防剿情形；又单衔奏报"筑堡清野"及"招募壮勇二千名以备调遣等情形"。

自七月二十九日以来，连日督战，"情形万紧，亟望援兵"。八月初三日，与鲍起豹、骆秉章奏报太平军攻逼湖南省城情形。

郭振墉《湘军志平议·湖南防守篇第一》云："先侍郎公（即郭嵩焘）曰：是时议筑垒豹子岭，罗文僖公躬往相度，出南城，遇溃兵，哗言贼至，急还闭城。"又云："先京卿公（即郭崑焘）

曰：罗绕典令于南城外筑土城，亲往监视，遇陕西受伤兵，始知贼至。疾趋南门，城门闭，遂绕城根入小西门，其时巡抚骆秉章固安坐署中未出也。"

李元度《罗文僖公别传》云："公驰抵长沙，贼已陷道州，议增筑土城南关外，而以陕兵扼守石马铺。七月杪，贼从间道突至，陕兵惊溃，陕安镇总兵福诚公、潼关协副将尹公培立等死之。公方督筑土城，贼旗入市，始绕县西门入，闭城拒守。"

郭振墉《湘军志平议·湖南防守篇第一》云："先侍郎公曰：时巡抚下令焚城南外民居，罗文僖公持不可，民大喜，至是尽为贼据。募民焚屋，一所辄赏数百金，而所焚卒无几，于是城中人皆以咎罪文僖。"

王定安《湘军记·粤湘战守篇》云："（罗）绕典与（骆）秉章议防守多不协，惟禁讹言示镇静。"又云："时城中兵勇八千余，隶巡抚，举、贡、生员或请领百人数十人，佐巡堞口，辄诣罗绕典言事。"

八月初六日，连日督战。太平军围攻长沙。与鲍起豹、骆秉章奏报援兵已到，"贼势仍属猖獗"；又奏报太平军大股突至，省城必须添调重兵防剿情形。

八月初六日，署理江西巡抚，未赴任。

八月初六日，内阁奉上谕："罗绕典着署理江西巡抚，即行驰驿前往。"

八月二十日，罗绕典《奏谢天恩命臣署理江西巡抚事》云："臣俟大学士臣赛尚阿抵省筹商一切，方能定夺迟速启程。"后来虽未赴赣就任，但当时已"飞咨江西院司各官及交界各府州县并属，密设侦探，以杜偷越"。

罗涛、罗勋《苏溪府君行述》云："文宗显皇帝既以南防委公至长沙，复奉上谕：贼如下岳州，窜湖北，则巡抚湖北；自醴陵，窜江西，则巡抚江西。"

八月初九日，太平军用地道攻城，罗绕典督饬兵勇防守。与鲍起豹、骆秉章奏报援兵到省获胜，飞催未到官兵，并商议防剿太平军情形；又奏报调遣官兵夹攻太平军情形。

八月十一日，连日督战。与鲍起豹、骆秉章奏报太平军负固不出及催兵防剿情形；又奏报调遣官兵防剿太平军情形。

八月十五日，授湖北巡抚，未赴任。

八月十五日，内阁奉上谕："罗绕典着补授湖北巡抚，俟长沙剿贼事竣，再赴新任，无庸来京请训。"

八月二十日，连日督战。与鲍起豹、骆秉章奏报向荣、和春等先后驰抵省城及连日防剿情形；又与湖广总督程矞采会奏于长沙设立军需总局事宜。

八月二十五日，连日督战。与鲍起豹、向荣、骆秉章奏报向荣抵省会商进剿，并探郴州大股太平军踵至，飞催上下游官兵赶紧应援。是日，新任湖南巡抚张亮基到达长沙。

九月初六日，上补授湖北巡抚谢恩折。从此衔名为"帮办军务湖北巡抚臣罗绕典"。

九月十四日，连日督战。与赛尚阿、鲍起豹、张亮基、骆秉章奏报省城连日战守及清军各路进剿情形，并报告赛尚阿到省，太平军有西窜之意。

九月二十二日，连日督战。与赛尚阿、鲍起豹、张亮基、骆秉章奏报逐日各路攻剿太平军营地及省城严加守御情形；又奏报九月十九日河西剿"贼"不甚得力情形。

十月初六日，连日督战。与骆秉章、张亮基、鲍起豹奏报围剿情形，并连日太平军猛扑省城，叠经官兵剿败情形；又奏报官兵防剿及太平军扎营处所情形；又奏报剿捕岳州等府滋事"土匪"情形。

十月十六日，与徐广缙、张亮基、骆秉章会衔奏请饬部宽筹粮糈，以资接济。

十月二十三日，与张亮基、骆秉章、鲍起豹奏报太平军全部撤退，省城解围情形。罗绕典连续督战八十余日，未尝就枕席，心血困竭，围解至家，一仆几绝。

罗涛、罗勋《苏溪府君行述》云："援兵未集时，长沙危如累卵者二十余日。公乞师于程公（程矞采），不至。既而公与诸公布画稍周备，惟剑家河无兵，又乞师于徐公（徐广缙）。久之，许以三千人来，而假无营垒为词，公发兵五百人为筑垒，垒成三日，师犹不至。"又云："贼见援师日集，攻城益力，梯冲如风雨，枪炮如尘沙，城岌岌震摇。公使以布裹糖护于城上，弹子陷之则力微，陴者始能立足。贼又为隧道，实火药轰城，一崩数十百丈。而公先所运街石及市椽久堆积城下，使兵众拒于前，工匠作于后，随崩随补砌完善，三崩三补，贼卒不得逞。"又云："公在围城八十余日，未尝就枕席，心血困竭。围解至家，一仆几绝，自是有疾，不复如前强健矣。"

十一月初三日，内阁奉上谕："罗绕典着交部从优议叙。"

十一月初九日，与徐广缙、张亮基、骆秉章奏报十一月初三日岳州失守，急筹堵剿情形。

《清文宗实录》卷七十六咸丰二年十一月十一日载："湖南省城现有张亮基、鲍起豹驻守，罗绕典着暂留湖南，若有应行带兵堵剿之处，着该大臣等酌量筹办，毋误事机。"

十一月十五日，因岳州失守奏报迟缓，交部议处。后经部议请将罗绕典"照溺职例革职"，奉旨："罗绕典改为降三级留任。"

十一月二十六日，由湖广总督徐广缙咨到当月十五日军机大臣字寄，罗绕典已列云贵总督衔名。

十一月二十九日，授云贵总督之职，上折谢恩。这是罗绕典第一次以"云贵总督"衔名上折，此后衔名为"帮办军务云贵总督臣罗绕典"。

同日有上谕："湖北荆州一带虽有台湧防堵，尚觉空虚，着罗绕典拣带得力文武员弁兵勇，驰赴襄阳，与荆州水路各兵，表里密防，遏贼西窜，俾不得由汉江北驶。"

十二月十三日，由长沙起程赴湖北襄阳布防。

十二月二十二日，与徐广缙、张亮基奏报遵旨酌保防守湖南省城文武员弁绅民，择其尤为出力者，请予奖叙，以昭激劝；又奏报审讯被俘太平军确知萧潮溃、石大开（即萧朝贵、石达开）毙命情形。（编者按：所谓石达开"毙命"，不实。）

十二月下旬，至荆州之金龙寺，面晤荆州将军台湧筹商一切。

是年，为《安化黄氏四修族谱》作序。

咸丰三年癸丑（1853）　六十一岁

在帮办军务云贵总督任。

正月初八日，抵达襄阳。奏报"土匪"被拿敛迹，并委员确实查缉。

正月初十日，奏报由长沙驰抵襄阳日期，并沿途查看及筹商防堵情形；又奏报恳请饬令湖北抚臣藩臬等员督驻荆襄，以便公务推行。

正月二十五日，奏报查拿襄阳"土匪"，水陆各道肃清，请将添调陕兵先行截回。

三月二十七日，奏报续获襄阳"土匪"多名，地方一律安静。

三月三十日，上谢恩折。前因岳州失守奏报迟缓案，经部议革职，后改为降三级留任。

四月初七日，赴云贵总督新任，交卸"帮办军务"之差。

四月初七日，奉到上谕："罗绕典着即赴新任，毋庸来京请训。"同日又奉谕旨："罗绕典奏续获襄阳土匪多名，地方一律安静，现仍谕令各州县加练联团，俾逃匪容留无地。复严立族规，增设义学，以清盗源，办理尚属妥协。罗绕典着交部议叙。"

四月二十四日，由襄阳起程赴云南，就任云贵总督之职，并请求顺道回家省亲。

自襄阳至荆州，从澧州入湖南。五月初八日抵常德。五月初十日从常德回安化大福坪，行二百余里山路，五月十四日抵家。

省亲期间，为《安化龙氏族谱咸丰谱》作序，撰《立廷何公传》。

五月下旬由家起程，于二十五日由桃源间道南行，一路幸无延阻。及抵黔省，留住两日。

七月十五日到达云南昆明，接受王命旗牌、关防，正式履职。

七月十八日，奏请将云南调往湖南防兵一千名，回调云南东川，会剿马二花起义军。

七月十八日至八月十八日，指挥围剿并平定东川马二花起义。

七月二十七日，与云南巡抚吴振棫奏报滇省添局广铸制钱，试行搭放，以裕军储；又奏报遵旨筹议接济部库要需，谨陈滇省酌办事宜；又奏报行用银票设立官钱局之事。

八月二十二日，与云南巡抚吴振棫奏报东川、寻甸一律肃清情形。

八月二十六日，与云南巡抚吴振棫奏报劝谕官民捐输，归补兵饷要款情形。

九月二十日，与云南巡抚吴振棫奏报文山县知县冯峻在前署通海县任内，拿获多名盗犯，奏请送部引见。因"送部引见"需预先请旨，此折中"率行奏闻，并未请旨，实属显违定制"，结果罗绕典、吴振棫"均着议处"。又奏报东川军务完竣，查明被扰各属情形，请求蠲免本年应征钱粮。

十月二十一日，与云南巡抚吴振棫奏报铜本支绌异常，甲寅京局正加六运铜斤，难以按额照数办解；又奏报遵奉部咨将乙卯年应需铜本银两另行照额请拨。

十一月二十八日，与云南巡抚吴振棫奏报遵旨查禁私铸小钱之事；又奏报遵旨酌保剿办东川在事出力文武。

十二月十八日，密陈滇黔两省提镇司道府各员考语，滇黔两省学政杨式毂、黄统考语。与云南巡抚吴振棫奏报查明滇省各属交代钱粮尚未结报各案，云南摊补清查案内米谷价银数目，查明上年云南铜厂民欠工本银两。

咸丰四年甲寅（1854） 六十二岁

在云贵总督任。

正月二十六日，与云南巡抚吴振棫奏报滇省文武各官捐输银两数目；又奏报查明滇省各属续捐东川军饷数目，请予奖励。

二月二十五日，与云南巡抚吴振棫奏报遵旨酌裁黔省兵数，以复绿营兵制旧额。

三月二十八日，与云南巡抚吴振棫奏报滇省官绅四次续捐军饷银两之事。

四月十八日，因咸丰三年九月二十日之"率行奏闻，并未请旨"，与吴振棫"均照违制公罪革职留任"。此后到去世，其衔名为"云贵总督革职留任臣罗绕典"。

四月二十日，与云南巡抚吴振棫奏报滇省铜本支绌，借动盐课银两之事。

五月二十八日，与云南巡抚吴振棫奏请拨丙辰年协滇铜本银两之事。

七月二十八日，与云南巡抚吴振棫奏报滇省试行官票及当十大钱并各府铸钱情形。

九月十二日，复调滇兵赴黔省遵义等地"剿办逆匪"，并亲往督剿。

八月初，贵州桐梓、怀仁等地发生以杨凤、陈起秀父子为首的农民起义。

十月，督师贵州遵义。

《清史列传·罗绕典传》云："四年十月，以贵州桐梓县匪徒杨凤等踞城滋扰，并分屯遵义府城外之雷台山等处，偕提督赵万春督师追剿，戮其渠，余匪溃。其由雷台山犯遵义府城之贼，亦经副将彭长春等击退。"

十一月初四日，中风，卒于军，享年六十二岁。

《清史列传·罗绕典传》云："时绕典已感疾，谍知黄泥堡屯贼五六千人，即移师前进，斩擒多名。十一月卒于军。遗疏入，谕曰：云贵总督罗绕典，由翰林外任道府，洊擢封圻。前年逆匪滋扰长沙，特命驰往湖南帮办防剿，嗣后驻扎襄阳剿办土匪，一切悉臻妥协。朕以其扬历有年，实心任事，特授为云贵总督，倚畀方殷。见值黔匪不靖，督师进剿，方冀小丑荡平，苗疆绥定，兹闻溘逝，悼惜良深。着加恩照总督军营病故例赐恤，任内一切处分，悉予开复。应得恤典，该衙门查例具奏。伊子捐纳知府罗涛、罗勖，着俟服阕后交吏部带领引见。长孙罗清浞，赏给举人，一体会试，以示朕笃念荩臣至意。寻赐祭葬，赠太子少保衔，予谥文僖。子涛，候选知府；勖，广东候补道。孙清浞，钦赐举人，恩荫以知县用。"

（民国）《贵州通志·前事志二十二》引《播变纪略》云："罗绕典以忧劳故，至遵义病。初三日，诸军进攻雷台，绕典登城督战，见诸军抵贼濠，急遣员持令促战，期必克，且许重赏。令未至而军遽退，绕典愤甚，痰益剧。初四日，贼来薄城，绕典力疾挥众奋击，贼退。绕典气上逆，遂卒。"

（民国）《贵州通志·前事志二十二》引《遵义访册》云："会绕典中风卒，民间讹传服毒。贼知援兵大集，城不易下，遂派李时荣、陈寿分扰四乡，省道几梗。"

（民国）《贵州通志·前事志二十二》引《瓮安访册》云："云贵总督罗绕典督师讨隆喜，战于遵义府之前山，大败，惊悸病卒。先时，遵义有'前山后山打破锣'之谣，至是果验，贼势愈炽。"

（同治）《安化县志·罗绕典传》云："日甫入，大星从西南坠下，殷殷有声，其光如电。顷之，身不能怿。扶坐，几不能语，手书属军事。夜三鼓卒，时十一月四日也，年六十二。遗疏入，优诏悼恤，赠太子少保，予祭葬，谥曰文僖。孙清浞，赏给举人，一体会试，旋荫知县，世袭骑都尉。十一年六月，遵义府绅耆以绕典有督战功，呈请署抚何冠英奏，允于遵义地方建立专祠，慰忠魂、酬民望也。"

罗涛、罗勋《苏溪府君行述》云："薨之时，书遗嘱犹谆谆以不能平贵州愧负朝廷，死不瞑目，盖忠孝皆出于天性。"

是年，撰《姚公德圃先生小传》。

是年，归葬于安化县归化乡扶竹新山。

同治七年（1868）正月二十七日，夫人田氏去世，享年七十六岁。

图书在版编目(CIP)数据

罗绕典集/(清)罗绕典著;曾主陶主编;刘时雨副主编. —长沙:
岳麓书社,2024.1
ISBN 978-7-5538-1900-6

Ⅰ.①罗…　Ⅱ.①罗…②曾…③刘…　Ⅲ.①罗绕典—文集
Ⅳ.①Z424.9

中国国家版本馆 CIP 数据核字(2023)第 128566 号

LUO RAODIAN JI

罗绕典集

[清]罗绕典 著　曾主陶 主编　刘时雨 副主编

出 版 人:崔　灿
出版统筹:马美著
项目统筹:李业鹏
责任编辑:李业鹏　胡宝亮　潘素雅
责任校对:舒　舍
封面设计:罗志义

岳麓书社出版发行
地址:湖南省长沙市爱民路 47 号
直销电话:0731-88804152　0731-88885616
邮编:410006

版次:2024 年 1 月第 1 版
印次:2024 年 1 月第 1 次印刷
开本:640mm×960mm　1/16
印张:105
字数:1420 千字
书号:ISBN 978-7-5538-1900-6
定价:600.00 元(全五册)

承印:长沙鸿发印务实业有限公司

如有印装质量问题,请与本社印务部联系
电话:0731-88884129